ZHONGGUO XIANDAI GAODENG JIAOYU ZHIDU YU

中国现代高等教育制度源流研究 (1949—1957)

刘岸冰 著

 四川大学出版社

项目策划：梁　平
责任编辑：陈克坚
责任校对：傅　奕
封面设计：璞信文化
责任印制：王　炜

图书在版编目（CIP）数据

中国现代高等教育制度源流研究 ： 1949—1957 / 刘
岸冰著． — 成都 ： 四川大学出版社，2020.8
　ISBN 978-7-5690-3784-5

　Ⅰ．①中… Ⅱ．①刘… Ⅲ．①高等教育－教育制度－
研究－中国－1949-1957 Ⅳ．① G649.22

　中国版本图书馆 CIP 数据核字（2020）第 113954 号

书名	中国现代高等教育制度源流研究（1949—1957）
著　者	刘岸冰
出　版	四川大学出版社
地　址	成都市一环路南一段 24 号（610065）
发　行	四川大学出版社
书　号	ISBN 978-7-5690-3784-5
印前制作	四川胜翔数码印务设计有限公司
印　刷	四川盛图彩色印刷有限公司
成品尺寸	170mm×240mm
印　张	17.5
字　数	336 千字
版　次	2020 年 8 月第 1 版
印　次	2020 年 8 月第 1 次印刷
定　价	78.00 元

扫码加入读者圈

◈ 读者邮购本书，请与本社发行科联系。
　电话：(028)85408408/(028)85401670/
　(028)86408023　邮政编码：610065
◆ 本社图书如有印装质量问题，请寄回出版社调换。
◆ 网址：http://press.scu.edu.cn

四川大学出版社
微信公众号

目　录

导　论

第一节　选题缘起

1949 年 10 月 1 日，中华人民共和国向世界宣告成立，标志着旧中国历史的结束，进入了从新民主主义向社会主义转变的历史新时期。从此，新中国在中国共产党的领导下，开始了有计划、有步骤地恢复和发展国民经济以及大规模开展社会主义现代化建设的进程。然而，要使旧中国的高等教育从为帝国主义、封建主义、官僚资本主义服务，转变到为人民服务、为革命和建设服务，从半殖民地半封建性质的教育转变为社会主义性质的教育，显然要经历一番脱胎换骨的根本变革。

鉴于高等教育在稳定和巩固新生政权及恢复和发展国民经济上的特殊作用，新政权首先使旧中国的高等教育回到人民手中，确立中国共产党在高等教育中的领导地位。为此，中国共产党秉持谨慎的态度，实行"维持原有学校，逐步加以必要的与可能的改良"的总方针，采取先接管，然后逐步加以改造的方法，先后接管了旧中国的公立学校、私立学校。随后的几年，中国共产党对接管的高等学校进行了一系列的社会主义改造。到 20 世纪 50 年代中后期，基本形成了一个框架结构比较严密的社会主义高等教育体系，一定程度上满足了我国经济建设对人才的发展需求。正如国际知名高等教育学者许美德所言："从总体上讲，在苏联办学模式的影响下，此期中国高等教育体系的改革曾获得了巨大的成就，特别是就这一体系适应经济快速增长的需要而言，更是如此。"[①]

新中国高等教育的起步阶段无疑是 20 世纪 50 年代。此时期的高等教

---

① 〔加〕许美德著，许洁英主译：《中国大学：1895—1995　一个文化冲突的世纪》，教育科学出版社 2000 年版，第 121 页。

育，一方面奠定了新中国高等教育发展的基础。如在指导思想上，强调以马克思主义、毛泽东思想为指导；在管理体制上，实行条块分割且高度集中的管理体制；在服务方向上，强调高等教育为国家经济建设及工农服务；在办学模式上，推崇苏联范式的教育制度；等等。另一方面，其出现过的弊端和矛盾也成为后来高等教育实施改革的路径与方向。1956年社会主义改造完成之后，新中国建立了高度集中统一的计划经济体制，同时，现代高等教育制度也得以形成。虽然此阶段中国高等教育的发展取得了一定的成绩，但是在此过程中所产生的弊病也不少，而这些，均成为改革开放之后中国高等教育制度改革的出发点和落脚点。

　　1977年8月12日至18日，中国共产党第十一次全国代表大会在北京举行。会议不仅宣告持续十年之久的"文化大革命"的正式结束，还恢复了中共八大关于把中国建设成"四个现代化"的社会主义强国的提法，并且明确将"在本世纪内，党要领导全国各族人民把我国建设成为农业、工业、国防和科学技术现代化的社会主义强国"的目标写进了党章。1978年12月18日至22日，中国共产党第十一届中央委员会第三次全体会议召开。全会决定把全党的工作重点转移到社会主义现代化建设上来，并作出了实行改革开放的新决策。从此，中国开始发生全局性的、根本性的变化。显而易见，能否确保这些宏伟目标的实现，完全取决于教育能否培养出所需的人才。从实现"四个现代化"需要的大量高级专门人才来看，在"文化大革命"结束之后的教育改革中，首要任务就是对高等教育进行改革。后来的事实表明，改革带来了一系列新面貌，主要是摆脱了"高度集中""固定不变""国家计划"的模式，引进了以"市场原理"为基础的"竞争机制"，追求教育的"多样性""灵活性""开放性"和"效率性"等。时至今日，高等教育领域的改革仍在进一步深化和优化。

　　然而，目前对现行高等教育制度的继续改革，有必要坚持问题导向，追本溯源。如果不对高等教育各种制度形成的来龙去脉加以探讨，对实施改革的主体来说，就会造成对各种教育问题理解的表面化，以至于难以做出正确的是非判断或者进行更优的选择。鉴于此，本书将以马克思主义思想为指导，以1949—1957年[①]中华人民共和国的高等教育为研究主题，以全国范

---

　　① 本书选题时间截至1957年，是因为当时国家要求高等教育建设必须符合社会主义建设的要求，必须同国民经济的发展计划相配合，而1957年是新中国实施发展国民经济第一个五年计划的完成年份，故选择之。

围内的高校，尤其是以上海为代表的华东地区的高校为研究对象，试图从高等学校的接管、院系调整、教学改革、招生入学、统一分配、对外交流、投资体制等多方面，阐述社会主义高等教育制度的形成、特点及效应，并在此基础上力求展现此时期高等教育制度变迁的实质与全貌。

第二节　学术史回顾

20 世纪 50 年代中国高等教育制度的形成与发展，尤其是高等教育的社会主义改造，是当代中国高等教育制度变迁的划时代事件，作为当代中国史、当代中国教育史、高等教育制度史的重要专题，广大学者对此展开了研究。

一、研究概况

对于 20 世纪 50 年代中国高等教育的研究，主要集中在以下两个大方面：一是对高等教育史的整体研究，二是对高等教育史的专题研究。

20 世纪 50 年代，国内学者对高等教育的研究主要是为配合党和国家对高等教育的政策与实践，其中绝大部分多为高等教育政府主管机构主编的政策资料文集。其中有代表性的有高等教育部办公厅的《高等教育文献法令汇编》（1～5 辑，1954—1958 年）、《教育文献法令汇编（1949—1952 年）》（1958 年）等，这些政策法令是研究 20 世纪 50 年代高等教育制度形成和发展的重要资料。

1978 年改革开放之后，一大批研究高等教育的著作面世。这些著作主要集中在以下方面。

（一）中国高等教育发展史研究

新中国高等教育发展史首先体现在中华人民共和国史、教育史及高等教育史的著作中，例如，郑谦、庞松的《中华人民共和国史（1949—1956）》（人民出版社 2010 年版），郭大钧的《中华人民共和国史：1949—1993》（北京师范大学出版社 1995 年版），何东昌的《中华人民共和国教育史》（海南出版社 2007 年版），方晓东等的《中华人民共和国教育史纲》（海南出版社 2002 年版），郝维谦、龙正中的《高等教育史》（海南出版社 2000 年版），董宝良的《中国近现代高等教育史》（华中科技大学出版社 2007 年版），郑登云、余立的《高等教育史》（上下册，华东师范大学出版社 1994 年版），等等。这些著作一般采用历史学、教育学等研究方法，对 20 世纪 50 年代中国高等教育史进行宏观整体介绍，反映这一时期高等教育的整体面貌。

值得一提的是全国教育科学"十五规划"重点选题《20 世纪高等教育》，由高等教育出版社在 2003—2009 年间陆续出版，分别由不同的作者编著，分为体制卷、高等教育研究卷、教学卷、科技卷、德育卷、学位制度与研究生教育卷，在占有大量史料的基础上对 20 世纪中国高等教育的发展历程进行了较为全面的总结，并从中概括出一些宝贵的经验教训，这无疑对 21 世纪的中国高等教育研究起了重要的借鉴和促进作用。

另外，潘懋元主编的《中国高等教育百年》（广东高等教育出版社 2003 年版），收录了一批从事高等教育研究的教授、副教授和博士们的经典论文，从不同视角考察了高等教育的百年演变。田正平、商丽浩的《中国高等教育百年史论：制度变迁、财政运作与教师流动》（人民教育出版社 2006 年版），以专题的形式深入地阐述了百年来中国高等教育发展史上事关全局的诸多重大问题。

（二）中国高等教育史专题研究

第一是关于高校接管的研究。著作方面，如刘颖的《除旧布新：新中国成立初期中共对高等教育的接管与改造》（人民出版社 2010 年版）等。论文方面，如闫团结的《建国初期陕西旧有学校的接管与改造》（《西安外事学院学报》，2006 年第 1 期）、王红岩的《新中国对教会大学接收与改造述评》（《许昌学院学报》，2004 年 3 期）、刘颖的《北平军管会对清华大学的接管》（《当代中国史研究》，2010 年 4 期）等。这些成果主要选取个案，描述了新中国成立前后我党对高校接管并进行改造的过程，并阐述了其意义与影响，是当代中国高等教育制度形成的重要内容之一。

第二是关于院系调整的研究。著作方面，如王红岩的《20 世纪五十年代中国高等学校院系调整的历史考察》（高等教育出版社 2004 年版）。论文方面，如王瑜、周川的《20 世纪 50 年代院系调整中江苏高等院校的变化研究》（《江苏高教》，2018 年 2 期），张德祥、方水凤的《1949 年以来中国大学院（系）治理的历史变迁——基于政策变革的思考》（《中国高教研究》，2017 年 1 期），王世岳的《一次教学功能最大化的尝试——论 20 世纪 50 年代中国高校的院系调整》（《河北师范大学学报》，2015 年 5 期），庞守兴的《20 世纪 50 年代初我国高校院系调整的几点辩证》（《河北师范大学学报》，2012 年 1 期）等。

第三是关于学习苏联教育制度的研究。如蒋纯焦的《20 世纪 50 年代高校教学改革学习苏联经验的史与思》(《河北师范大学学报》，2010 年 9 期)，郑刚、兰军的《20 世纪 50 年代高等教育界聘请苏联专家发展历程、特点及其影响》(《吉首大学学报》，2007 年 1 期)，姜树卿的《关于学习苏联教育经验的认识与评价》(《中国高教研究》，2002 年 7 期)，卜华仁的《苏联高等工程教育教学计划的内容及其结构分析》(《高等工程教育研究》，1985 年 1 期)，黄福涛的《苏联高等教育模式形成的历史考察》(《清华大学教育研究》，2002 年 5 期)等。

第四是关于大学制度的研究。著作方面，如胡建华的《现代中国大学制度的原点：50 年代初期的大学改革》(南京师范大学出版社 2001 年版)，该书介绍了中国近代大学制度的成立和发展、社会主义大学教育改革的理念、大学体制改革与院系调整、全面学习苏联模式之前的大学教学改革、教学研究组的形成与发展等内容。论文方面，如胡赤弼的《教育产权与现代大学制度构建》(广东高等教育出版社 2008 年版)、张应强的《新中国大学制度建设的艰难选择》(《清华大学教育研究》，2012 年 6 期)等。

第五是关于留学制度的研究。如唐静、李鹏的《建国初期选拔高中毕业生留学工作的历史考察》(《中国浦东干部学院学报》，2015 年 5 期)，左玲的《新中国建立初期归国留学生群体政治认同的模式与特点》(《郑州大学学报》，2016 年 4 期)，李涛、周全的《对建国初期吸引海外留学生归国工作的回顾——兼论其对我国文教事业的影响》(《党史文苑》，2004 年 4 期)，李灵革、赵文远的《建国初期争取海外留学生归国工作的回顾》(《天中学刊》，2003 年 6 期)，李佩珊的《1949 年以后归国留学生在中国科学、技术发展中的地位和作用》(《自然辩证法通讯》，1989 年 4 期)等。

第六是关于招生分配的研究。如王硕的《建国初期高等教育从自主招生到统一招生的发展述论》(《华北电力大学学报》，2013 年 5 期)，杨德广、姚栋华的《60 年来中国高校招生就业制度的改革》(《江苏高教》，2009 年 6 期)，宋葆初的《单独—联合—统招——忆新中国建国初期全国高校统招制度形成的过程》(《中国高校招生》，2001 年 5 期)等。

二、以往研究成果的特点与评析

综上所述，六十多年来，国内外学术界关于高等教育史的研究总体上渐有深入，尤其是近年来的研究，取得了长足的发展和丰富的成果，但仍存在一定的局限性，主要体现在以下几方面。

（一）从历史学、教育学视角的研究多于从其他学科视角的研究

高等教育的研究对象是大学本身及其与各方面的关系，虽然高等教育研究在本质上是一门教育学或历史学学科，它的研究方法更多的是教育学或历史学的研究方法。然而，由于高等教育与国民经济很多部门机构有着天然的紧密联系，因此，高等教育也可以用其他类似经济学、政治经济学、法学、社会学等学科方法来研究，如研究高等教育制度就可运用制度经济学理论与方法，研究高等教育投入产出效益就可用到理论经济学的内容与方法，研究高等教育法规可用到法学的内容与方法，研究高等教育的政策与效应自然要用到政治经济学的理论与方法，等等。所有这些学科的理论与方法对高等教育的相关研究不失为一种丰富和补充，更重要的是拓展了高等教育研究的新视角和新领域。现代学科理论发展日新月异，它们都为高等教育的研究提供了新的理论分析工具，今后应尝试向这方面的深入探索。

（二）从高等教育本身的特点和规律来研究的视角居多，而忽视了国家经济发展、公权力等视角

高等教育制度变革的基础奠定在经济基础和上层建筑的结构关系上，因而对高等教育制度形成与发展的研究无疑要遵循这一根本指导原则。在这一原则指导下，有必要对这一时期与高等教育制度变革的经济基础的多个方面的关系进行探讨，如投资规模、结构和布局、劳动力、劳动对象和劳动手段、经济效益、经济波动以及人口、就业和消耗等相关方面的深入研究；对于生产关系和上层建筑的各个方面，如路线、方针、政策，经济成分、经济运行机制、国民收入分配以及政治运动对经济的作用等，也要进行各有侧重的探讨。显然从近些年的研究来看，大多数成果关注的重点倾向于高等教育自身变迁的视角，对国家经济发展、公权力运行的研究关注不多，且恰当地运用经济学理论研究高等教育与经济的关系也比较少。

（三）研究对象的整体性与阶段性特点不明确

从整体上看，关于20世纪五六十年代高等教育的研究，已有的研究成果更多地集中于1958年"大跃进"运动发生之前，而"大跃进"运动发生之后的高等教育研究则相对比较简略。事实上，自新中国成立一直到1966年"文化大革命"发生之前，新中国的高等教育都处于一脉相承的制度探索阶段，因此，分析其发展演进的总体进程以及在此过程中表现出来的阶段性

特点和对中国高等教育发展的深远影响等，能对此时期新中国的高等教育有一个全方位的认识，同时也是中国高等教育制度研究的意义之所在。

（四）研究方法以及研究者主客观条件的限制

已有的研究在研究方法上主要运用历史学、教育学、政治学、社会学等研究方法。虽然近些年来一些中青年学者在新研究方法的使用和新研究专题的发掘等方面体现出努力的趋势，但由于受到学识功底、认识能力和资料情况等各种主客观条件的限制，还有提高、深入的空间。具体表现在：一是研究者对 20 世纪 50 年代高等教育这一历史整体宏观系统把握不够，对背景知识了解不周全，从而缺乏全局观。二是挖掘资料不够，尤其是少用档案原始资料，因而缺乏从第一手资料中发现历史的原貌并总结出的有深度和实际意义的观点，只是停留在附和别人的研究成果，或重复没有新意，或浅尝辄止没有深度的层面。三是研究者的理论知识掌握不够全面和透彻，因此并不能恰当或自如地运用理论分析工具指导自身的研究和分析。

综上所述，近年来关于 20 世纪 50 年代高等教育的各类研究正在逐步深入，但是仍存在一些缺陷，主要表现在：综合研究多，个案研究少；常见视角研究多，新颖视角研究少；等等。因此今后的研究应该主要致力于：一是研究的方法和角度要进一步拓展；二是进一步发掘新的史料，尤其是原始档案史料，力图从新史料中探索新观点；三是加强理论研究与现实生活的联系，实现理论研究为当前高教发展服务。随着时代的发展，高教理论的更新、研究的成果也在不断累计增多。现阶段，高等教育的研究应在创新理论、发掘新兴档案史料并结合当前高等教育发展状况的形势下进行，如此，我们的研究才能更前沿、更有深度和意义。

由上述现有研究状况及不足之处可以看出，如何从高等教育制度变迁的视角，全面地梳理高等教育制度变革的历史背景、过程、特征，高等教育各方面制度的形成与发展，以及这一制度的形成与发展对于现当代中国教育、社会、经济所产生的历史影响是至关重要的。无论如何，所有这些研究都为现有的研究提供了进一步出发的基础，这一点是毋庸置疑的。

第三节　资料情况、基本思路与研究方法

本书将在已有研究的基础上，利用上海市档案馆、高校档案馆等馆藏原始档案资料，综合各学科理论研究方法，以现代高等教育为主题，试图在新

的时代背景下，在前人研究和认识的基础上，揭示和分析 20 世纪 50 年代，中国现代高等教育制度的形成与发展。因此，本书的基本思路是问题的提出—权力确立—组织重构—管理制度的形成—制度效益—制度的创新发展路径选择等，据此提供解读中华人民共和国高等教育史的另一种视角。

本书的研究资料主要集中于四个方面：一是原始档案资料、报纸、杂志和当时的调查统计资料，二是学者们对新中国国史、教育史、高等教育史及其相关的史料性著述，三是党中央及其主要领导人相关政策文献资料，四是 20 世纪 50 年代与高等教育史、大学史等相关的著作或论文。

本书的基本思路之一是 20 世纪 50 年代高等教育发展及其特点与党和国家思想政策演变的紧密关系。现代高等教育制度从根本上来说，是中国共产党以苏联的教育制度为范式，在其自身的思想理念指导下，自上而下主动性的制度变革。其实质就是党和国家有关思想、政策的实践过程。20 世纪 50 年代，新生政府为稳定和巩固自己的政权，建立社会主义制度，首先最重要的是通过对农业、手工业和资本主义工商业的社会主义改造，建立高度集中统一的社会主义计划经济体制。而与之相伴随的就是建立同样符合社会主义意识形态的高等教育体制，以满足并服务于社会主义经济建设的人才需要。因此，中国共产党的宗旨和意志通过各种相关的高等教育政策全方位贯穿新中国高等教育制度的形成和发展过程之中，这在本书的每一章无不体现了这一点。

本书的基本思路之二是关于 20 世纪 50 年代高等教育制度演进的主要内容。随着高等教育制度形成过程的推进，高等教育首先通过接管旧政权的公、私立高校，并对其进行社会主义改造，确立了中国共产党对全国范围内所有高校的领导地位。在此基础上，中国共产党在各高校内部建立了党、团组织，确立了党的领导地位。随后又建立了党委领导下的校长负责制，即学校党委—校长办公室—各校行政机构—各学院或系科—各教研室等具有行政级别特征的科层的治理结构。高校外部建立了政务院—中华人民共和国教育部高等教育司①—各大行政区教育部—各省、市高等教育局—各高校的治理结构。可以说，在高等教育外部治理结构的政策指导下，通过高等学校内部治理结构去实施的这一套自上而下、内外结合的治理模式，推动着中国高等

---

① 新中国成立后，于 1949 年 10 月 19 日成立教育部，1952 年 11 月 15 日成立高等教育部，此后关于高等教育的许多文件都是由这两个部一起对外发布的。直到 1955 年 2 月，这两个部合并为教育部。

教育的发展。高等教育制度还包括教学、招生、分配、对外交流等方面。各项制度的形成和演进都推动了高等教育制度向前发展，它们是中华人民共和国高等教育制度系统内容的重要组成部分。

本书的基本思路之三是 20 世纪 50 年代高等教育制度形成和发展的制度绩效与其未来发展路径的选择。教育的最终目的是培养人才，并最终服务于国民经济的发展。社会主义高等教育体制的形成在新中国建立初期的国民经济恢复和发展过程中发生了积极的效应，尤其是推动了国家"一五"计划的顺利完成。然而，随着国家政治、经济情况的变化，高等教育体制开始日益僵化，高校内部治理结构日益僵化，缺乏激励监督机制，高校的创新与活力不足，这一切都表明高等教育制度需要进行思考并做出改进，这就是当时中国高等教育制度的发展方向，同时也是未来创新发展路径的出发点，将给中国高等教育乃至社会经济发展带来深远影响。因此，1949—1957 年中国高等教育制度的起步与发展，一方面体现了新中国建立以来对高等教育制度建立的探索的成果，奠定了新中国高等教育发展的基石；另一方面，在此过程中，其出现过的弊端和矛盾也成为此后中国高等教育实施进一步改革的重要参照。

此外，本书在研究方法上除了采用历史学、教育学、政治学、社会学等研究方法之外，还将重点运用现代经济学、制度经济学以及政治经济学理论分析 20 世纪 50 年代高等教育制度变迁这一段历史，尤其是对高等教育一系列制度变迁、发展路径、历史影响等方面的论述和分析，不仅可以使我们更加透彻和准确地理解中华人民共和国高等教育制度形成和发展过程中公权力的主导与核心作用，而且可以使我们更容易把握 20 世纪 50 年代中国社会特有的政治和经济架构下推动高等教育制度变迁的特征、制度效应，及其对中国社会、经济的影响。

第一章　旧式高等学校的接管

中华人民共和国成立前后，我党开始酝酿对社会各领域、各行业进行循序渐进的接管和改造。根据《中国人民政治协商会议共同纲领》关于"有计划有步骤地改革旧的教育制度、教学内容和教学方法"的规定，以及中共七届三中全会确定的"有步骤地谨慎地进行旧有学校教育事业和旧有社会文化事业的改革工作，争取一切爱国的知识分子为人民服务"的要求，逐步对旧有教育文化事业进行了深刻的改革。首先，随着解放战争的胜利发展，各地军管会立即接管了国民党政府统治下的高等学校，并派干部到这些学校帮助工作，使其迅速恢复正常秩序，开学上课。其次，逐步从旧政权手中收回高等教育事业的自主权，维护了中华民族的利益。高等教育的主权变更成为新中国高等教育制度形成和发展的起点，自此开始了漫长的制度变迁之路。

第一节　中国共产党接管旧式高等教育的思路

一、新中国成立前后高等教育基本概况

办学体制，主要是指由谁来举办教育教学的问题。中华人民共和国诞生以后，中国的教育事业也处于重大的历史转折时期。要使高等教育从旧中国时期的为帝国主义、封建主义、官僚资本主义服务转变到为人民服务、为革命和建设服务，从半殖民地半封建性质转变为社会主义性质，必须要经历一个过程。新中国成立初期的高等教育同当时的国民经济恢复、发展和民主改革相适应，首先的一个关键环节，也是最重要的一个步骤就是使高等教育回到人民手中，确立中国共产党在高等教育领域的领导地位。

新中国成立前，中国的教育十分落后，80％以上的人文化水平十分低下。根据国民党政府的统计，1947 年在高等学校学习的学生共计 15 万人。

按当时全国 4.7 亿人口计算，平均每万人中只有高等学校学生 3 人。① 旧中国的高等教育发展也很不平衡，大多集中在大城市，内地和少数民族地区的高等教育则更加落后。

1949 年 4 月 25 日，《中国人民解放军布告》明确规定："保护一切公私学校、医院、文化教育机关、体育场所和其他一切公益事业。凡在这些机关、体育场所供职的人员，均望照常供职，人民解放军一律保护，不受侵犯。"② 中国共产党对国民党遗留下来的旧学校的接管工作，早在解放战争时期就已经开始。随着人民解放战争的不断推进，新解放区的不断开辟，原有的学校从由管制委员会或人民政府接管，逐步变更为由地方教育部门管理。

1949 年 4 月 23 日，原国民党政府教育部由南京市军管会接管。同年 11 月 1 日，中央人民政府教育部举行成立典礼。从此，教育部成为政务院管理全国教育工作的最高行政机构。当时教育部设立了办公厅、高等教育司、初等教育司、社会教育司、视导司和高等教育委员会、识字运动委员会等一系列工作机构。中央人民政府教育部的成立标志着以教育部为中枢的教育管理组织系统开始建立。

二、中国共产党接管旧式高校的思路

高等教育的顺利接管与否意味着高等教育是否能平稳过渡。从当时中国高等教育的状况来看，就地域而言，分为老解放区与新解放区；就性质而言，又分为公立学校和私立学校；再加上近代以来中国高等教育发展的不平衡性和复杂性，预示着高等教育的接管和改造将是一个巨大的系统工程。因此，这就需要正确合理的接管思路为接管高校政策提供依据。根据当时中国的实际情况，我党在对高等教育的接管方面提出了以下几点思路。

一是"缓步进行"方针。

中国共产党的文化教育建设和管理经验主要是在解放区时期积累的。但是在战争环境中积累起来的高等教育的发展经验，对于领导新中国成立后的高等教育的建设还是较为不足的。因此在新旧政权更迭之际，我党对于高等教育的接管和改造始终秉持非常谨慎的态度，即缓步推进高等教育的接管与

---

① 苏渭昌、雷克啸、章炳良：《中国教育通史》，中华人民共和国卷（下），北京师范大学出版社 2013 年版，第 158 页。

② 乔明甫、翟泰奉：《中国共产党建设大辞典》，四川人民出版社 1991 年版，第 1094 页。

改造。1949 年 9 月 29 日，中国人民政治协商会议第一届全体会议通过的《中国人民政治协商会议共同纲领》第 46 条中即指出："人民政府应有计划有步骤地改革旧的教育制度、教育内容和教学方法。"周恩来早在新中国成立初期就指出教育发展的步伐要稳健："我们现在还在进行解放战争，教育的发展还不能求快，要稳步前进。即使全国解放了，联合政府成立了，困难也必定很多。所以我们的教育计划一定要切合实际。各项工作，孰轻孰重，孰前孰后，人才怎样集中，设备怎样充实，这些问题都要大家来考虑，大家来研究。我们在这方面缺乏经验，但我们还是有办法的。我们的办法就是集中大家的意见。大家的事要大家一起来做。"① 新中国成立之后，周恩来还批评了旧教育改造工作中急于求成的思想，他说："这项任务不是一朝一夕就能完成的。'欲速则不达'，如果急于求成，形式上好像肃清了，而实质上仍然存在。所以，我们在原则上一定要坚持民主主义的教育方针，在具体步骤上则必须一步一步地求其实现。"② 在 1949 年 12 月 23 日举行的第一次全国教育工作会议上，马叙伦、钱俊瑞也强调了对旧式高等教育的接管和改革必须缓步进行。马叙伦指出："我们对于旧式教育不能不作根本地改革，而这种改革正如我们的'共同纲领'所规定，必须是有计划有步骤地来进行。这样，在我们面前就发生了一系列的问题，如全国教育的制度、各级学校的课程、教材、教学方法、师资等等，都要求一个彻底的，同时是有计划有步骤地变革和解决。"③ 钱俊瑞在此次会议的总结报告中也强调："我们在新区坚决执行维持原有学校，逐步作可能与必要的改善的方针。所谓维持就是每到一处，不许破坏损毁这些学校的设备房屋，让一般的原有教员安心教下去，然后有计划有步骤地加以改善，绝不要采取激进的冒险的政策。"④ 正是因为奉行了"缓步进行"的思想政策，中国共产党在最初接管城市时，对于高等教育没有立即着手去改造，而是在接管后先维持原状，迅速复课，而后再逐步按计划推行必要改造的政策与办法。

全国高等教育会议结束之后，《人民教育》发表社论，题为《全国高等教育会议底成就》，该文指出："在对旧有的高等学校的改革工作，这次会

---

① 中共中央文献编辑委员会：《周恩来选集》，下卷，人民出版社 1984 年版，第 3~4 页。
② 中共中央文献编辑委员会：《周恩来选集》，下卷，人民出版社 1984 年版，第 15 页。
③ 中华人民共和国教育部办公厅：《教育文献法令汇编（1949—1952）》，中华人民共和国教育部编印，1958 年，第 6 页。
④ 中华人民共和国教育部办公厅：《教育文献法令汇编（1949—1952）》，中华人民共和国教育部编印，1958 年，第 8 页。

议，采取了毛主席所指示的有步骤的，谨慎的方针。旧有的高等学校必须改革，那是肯定的。但如何改革，这次会议，提出了方针、任务以及其他几项重要原则的规定，而且明确地指出，凡是具备了条件的学校，就立即进行妥善的改革；没有条件的学校，就应努力创造改革的条件。"① 这就为全国高等教育的缓步且稳步接管奠定了基调。

二是新旧区别对待。

由于全国各地解放的时间不同，故解放区高等教育分为新解放区和老解放区两部分。新解放区主要是指原国统区，而老解放区就是中国共产党领导的革命根据地。据 1949 年第一次全国高等教育会议统计，全国各类学校 200 余所，其中新解放区的原有高等学校占 95%，老解放区的新型高等学校占 15%。对新旧高等学校区别对待并制定合适的政策，才能保障其被顺利接管。

我党在处理新解放区与旧解放区高校的问题上提出了区别对待的方针。老区的高等教育因为一直是在党领导之下的，所以在全国解放后，主要是以巩固和提高为主。钱俊瑞曾在第一次全国教育工作会议上指出："老区教育，现在以巩固与提高为主，解决师资、教材问题。"② 而对于新区的高等教育则采取了与老区明显不同的改造思路，即"维持原状，逐步改善"。钱俊瑞指出："新区教育的关键，是争取团结改造知识分子，此外，必须维持原有学校，逐步改善。"③ 与此同时，中国共产党在对新区高等教育的接管与改造过程中，始终把新区高等教育的思想改造作为接管与改造的重点。1949 年 11 月，在教育部召开的华北京津十九院校负责人会议上讨论高等教育改造方针之时，同样指出了高等教育要密切关注思想改造这一点，当时提出："当前课程改革的中心环节是加强政治课的学习，使学生建立正确的人生观，建立为人民服务的观点。"④ 中国共产党强调在高等学校安顿以后的工作重心是进行高校内部整治和思想教育："对新区学校安顿以后的主要工作，是有计划、有步骤地在教师和青年学者中进行政治与思想教育，其主要目的乃

---

① 《全国高等教育会议底成就》，《人民教育》，1950 年第 3 期，第 78 页。
② 中华人民共和国教育部办公厅：《教育文献法令汇编（1949—1952）》，中华人民共和国教育部编印，1958 年，第 8 页。
③ 中华人民共和国教育部办公厅：《教育文献法令汇编（1949—1952）》，中华人民共和国教育部编印，1958 年，第 8 页。
④ 《教育部召开华北京北十九院校负责人会议讨论高等教育改造方针》，《人民日报》，1949 年 11 月 22 日，第 4 版。

是逐步地建立起革命的人生观。"①

在新解放区，中国共产党除了改造旧式高等教育之外，还提出了创建新型高等学校的打算，如提出创建中国人民大学，并提出向苏联学习，创办各种专科学校等想法。时任中华人民共和国教育部部长的马叙伦提出："我们的高等教育首先要为经济建设和其他各项建设服务。第二件重要的工作就是根据各项建设实际需要，由教育部与业务部门合作，创办中国人民大学和其他新型高等学校的教育设施，创设各种专科学校，并在各大学校各学院添设必要的系和设立切合实际需要的专修科和训练班。"②

三是遵循先后次序。

由于全国各地高等教育发展不平衡，甚至同一地域不同高校之间存在个性及发展的差异问题，故而，我党对高等教育的接管也必须依据这种差异性和不平衡性，采取遵循先后次序进行改造的思路。当时，中国共产党正是认识到了这些现状，决定分别先后轻重，找出重点，制订工作计划。周恩来就曾对高校接管过程中的孰先孰后、孰轻孰重作出过指示，他说："教育改革不能漫无计划，兴之所至乱搞一气，要区别轻重缓急，分阶段分步骤地进行，在有些问题上要善于等待。"③

针对接管高校过程中各类问题先后接连出现，1949年12月的第一次全国教育工作会议进行了讨论，并提出了一些建设性的意见。如马叙伦提出这样一条思路，即先对全国各地高等教育的情况进行初步了解，找出急需解决的问题，再制订相应计划。中央很认同这个思路，于是要求各地区给中央做系统的情况报告，提出各地当时亟待解决的重大问题。对于当时不能立刻得到解决的问题，则采取暂时维持现状，逐渐加以改造的办法。马叙伦还指出："我们主张凡是在短时间内不可能获得解决的问题，如全国各级教育的学制、课程、教材等等问题，就不应采取急躁的措施，要求加以立即的和全盘的解决，但同时我们又应当即刻开始准备工作，以便及早地即使是初步地解决这些问题。"④ 在此后召开的全国高等教育会议上，对于高等教育接管的先后问题，则提出更为明确的思路。其中，放在第一位的是高等教育领导

---

① 中华人民共和国教育部办公厅：《教育文献法令汇编（1949—1952）》，中华人民共和国教育部编印，1958年，第9页。
② 中华人民共和国教育部办公厅：《教育文献法令汇编（1949—1952）》，中华人民共和国教育部编印，1958年，第26页。
③ 中共中央文献编辑委员会：《周恩来选集》，下卷，人民出版社1984年版，第20页。
④ 中华人民共和国教育部办公厅：《教育文献法令汇编（1949—1952）》，中华人民共和国教育部编印，1958年，第7页。

权的问题。由于当时的条件所限，中央教育部在城市解放初期是委托各大行政区教育部或文教部领导各大行政区的高等学校。但是随着政权的进一步巩固，中国共产党则提出要逐步地实行对全国高等学校的直接管理。具体来说，第一步，逐步实现统一和集中的领导。中央人民政府教育部对全国公立高等学校，在方针、制度、设置计划、负责人任免、课程教材及教学方法等方面应该负有领导的责任。第二步，即要在统一的政策下，调整全国公、私立高等学校或某些院系，以便更好地配合国家经济建设的需要。第三步，是有计划有步骤地改造与培养高等学校的师资和编辑高等学校的教材等。可见，中国共产党已在新政权高等教育制度的建立与发展道路上逐步前行。

四是公私统筹兼顾。

新中国成立前的高等教育体系中，私立高等教育一直占有很重要的地位，是中国近代史上高等教育体系中的重要组成部分。国民政府留下了一定数量的私立大学、专门学院和专科学校。在这些私立高校中，一种是国人以私人或个人团体身份创办的私立学校；另一种则是外国传教士和其他外国人在中国境内创办的学校。根据第一次全国高等教育会议统计："根据现有的材料，今天全国除台湾外，共有高等学校 227 所（各地人民革命大学一类性质的学校和各地军政大学不在内），学生共约 134000 人，其中公立学校 138 所，约占全国高等学校总数的 61％，中国私人创办的私立学校 5 所，约占总数的 29％，教会设立的学校 24 所，约占总数的 10％。"①

根据这种情况，中国共产党当时对公、私立学校的接管与改造给予了特别的关注。周恩来、郭沫若、马叙伦、钱俊瑞等领导人对这一问题也都作了专门论述，在对于私立学校的改造上，主要提出的是公私统筹兼顾的指导思想。

根据当时的条件，在 1949 年 12 月举行的第一次全国教育工作会议上，提出了对中国人办的私立学校除极坏者应予取缔或接管外，一般的应采取"保护维持、加强领导、逐步改造"的方针。随后，马叙伦在全国高等教育会议上也进一步强调了这一核心思想。他指出："我们对私人办的私立高等学校，除办理成绩太坏者外，一律采取积极维持和逐步改造的方针，对于其

---

① 何东昌：《中华人民共和国重要教育文献（1949—1975）》，海南出版社 2003 年版，第 25 页。

中成绩优良而经济困难的院系，一定要予以可能的补助。"① 在改造的过程中，因为有一些私立学校面临着学生失学、学校停办的问题，中国共产党据此又提出，在"私立学校中，办理成绩较好，经多方设法而仍无法维持和改造者，政府应予以适当的经费补助，少数办理太坏者而确实无法维持和改造者，可劝导其和其他学校合并"②。此外，周恩来在《在全国高等教育会议上的讲话》中也指出："在教育方面，也要'公私兼顾'。这次高等教育会议就有许多私立学校的代表参加，这是很好的。今天私立学校处于困难的境地，以前它们的经济来源大都依靠军阀、官僚资产阶级，现在没有了，学田，土改时也分了。这些困难，政府应该照顾。教会学校在与外国断绝关系后，经费上有很大困难，政府也应该照顾。私立学校问题怎么解决，教育部要考虑。这也是学校自身的事。现在，国家经济处在恢复过程中，大家要多想办法，度过这一二年。"③

可见，党和政府采取十分谨慎的态度，对高等教育实行"维持原有学校，逐步加以必要的与可能的改良"的总方针是十分必要的，为顺利接管旧式高等学校准备了前提条件。

第二节　接管旧式公立高校

高等教育的接管与改造涉及具体操作，这是一项更为实际的问题，它不仅关系到高等教育的领导权能否平稳顺利过渡，而且各高等学校内部，诸如教师、学生、家长思想与诉求等问题也很多，它们都需要逐一去解决。中国高等教育发展的不平衡和复杂性注定了接管与改造将是一个浩大的工程。

一、公立高校接管的阶段

（一）公立高校接管的整体概况

1948 年下半年，人民解放战争的形势出现了重大转折，人民解放军不仅在数量上，而且在质量上已远远超过国民党军队。随着辽沈、淮海、平津

---

① 何东昌：《中华人民共和国重要教育文献（1949—1975）》，海南出版社 2003 年版，第 26 页。

② 何东昌：《中华人民共和国重要教育文献（1949—1975）》，海南出版社 2003 年版，第 39 页。

③ 中共中央文献编辑委员会：《周恩来选集》，下卷，人民出版社 1984 年版，第 20 页。

三大战役胜利结束，大中城市相继得到解放。在新的解放区，人民解放军和人民政权十分重视保护文化教育，采取了有力地保护文化遗产、维持学校教育的措施。1948 年 12 月中旬，人民解放军攻到北京城下，平津前线司令部发出布告，宣布"保护学校、医院、文化教育机关、体育场所，及其他一切公共建筑，任何人不得破坏。学校教职员、文化教育机关，及其他社会公益机关供职的人员，均望照常供职，本军一律保护，不受侵犯"①。1949 年 4 月 25 日，中国人民解放军总部发出《中国人民解放军布告》，再次重申以上内容。对于城市中的高等学校，人民解放军军事管制委员会或人民政府采取"积极维持、逐步改造"的方针，从公立学校开始，进行接管。

公立高等学校占了待接管高等学校的大部分。为保障高等教育的顺利和有序接管，各地军事管制委员会下设立了文化教育接管委员会，主抓高校接管工作，并在组织机构设立、人员配备、思想动员、工作内容与步骤等方面作了一系列周密准备工作。一般是通过向各主要学校派出工作组、军代表与联络员，宣传新解放区的教育政策，团结广大师生员工，并进行调查研究，摸清原有学校的政治、思想、组织、经济情况，在做了充分酝酿之后，由各地军事管制委员会或人民政府召开全校师生员工大会宣布接管。同时，对学校作些必要的改造：一是取消反动的政治课程；二是取缔国民党的训导制度；三是新开设新民主主义论、中国革命与中国共产党、社会发展史等思想政治教育课程；四是组成校务委员会，行使管理学校的权利，实行民主管理。教师、职员和工人，除极少数与人民为敌的反动分子之外，一律继续工作；学校办学经费，照旧拨发；等等。全国高校的接管工作大致花了半年多的时间就得以胜利完成。总体来说这段时间可分为三个阶段。

1. 准备阶段

以南京为例。1949 年 4 月 21 日，人民解放军百万雄师强渡长江，4 月 23 日，解放了国民党政府首都南京，宣告了蒋介石集团在全国 22 年统治的结束。4 月 26 日，应周恩来之邀，中央大学梁希、潘菽两位教授秘密北上参加新政治协商会议筹备工作，并自北平发电："庆贺南京解放，并祝学校平安。"27 日，中央大学教授会、维持会电复梁、潘："亟盼就近催促，派员接收，并恳速驾返校，共策前途。"梁、潘二教授立即电请刘伯承将军早

---

① 郝维谦、龙正中、张晋峰：《中华人民共和国高等教育史》，新世界出版社 2011 年版，第 33 页。

日派员办理中央大学接管事宜。[①]

　　1949 年 5 月 3 日，杭州也继南京之后迎来解放。在中国共产党接管浙江大学之前，为了防止国民党逃跑前对学校进行破坏，在中共浙江大学地下党的组织下，由竺可桢校长倡议，于 4 月 23 日成立了浙江大学“应变委员会”，领导教职员工开展护校斗争。许多知名教授积极参加了护校迎解放活动，使得学校的师资队伍和教学设施得以完整保留。由于准备充足，浙江大学是在没有停课的情况下迎来解放的，为顺利接管创造了条件。

　　在上海的高校正式被接管之前，中国共产党也做了很多准备工作。上海高教处在全体干部入城后，首先号召学校复校复课。1949 年 5 月 31 日，上海市军管会文化教育委员会发出文字第二号通告：“本市业已全部解放，凡因战事影响，尚未复课之公私立各级学校、民校、补习学校等，应即设法进行复课，教职员工应照常供职，除取消训导制度及公民等课程外，其余暂行照旧。所有国立、上海市立以及在市区内的江苏省立各级学校及社教机关负责人，均须造具清册（包括房屋、图书、仪器、教具、用具、车辆及其他公产、教职员工名册，学级学生数、最近情况）向本会作书面报告。国立专科以上学校，可于六月一日起陆续送本会高等教育处备案，上海市立学校，在市区内之省立学校及社教机关，可于六月一日起陆续送市政教育处。”[②] 6 月初，市军管会主任陈毅还写信给有关大学的教授会，信中指出：“上海的解放与上海市文化界教授们的若干次爱国英勇斗争是分不开的，尚望共同努力，建设新民主主义的新中国。”[③] 鼓励高校教师接受政府号召。上海高校的学生中进步力量也较强大，因此在号召发出后，学校热烈响应，除少数私立学校已提前放假外，绝大部分学校在通告发出一周后开始复课，稳定了教职员工、学生及家长的情绪。

　　接着，上海市高教处分别召开了公、私立大学的校长、教授和学生的座谈会，宣布“维持原状，逐步改造”的接管方针和实行新民主主义教育的基本政策，使得各校彷徨不安的混乱情绪进一步得以安抚。同时依靠各校地下党组织进行调查研究，了解各校人员的思想状况，发现有些进步教授认为军管会的政策太宽，流露出不满等思想。高教处针对这些思想又召开座谈会，

————————

　　① 王德滋：《南京大学史（1902—1992）》，南京大学出版社 1992 年版，第 238 页。
　　② 中共上海市委党史研究室、上海市档案馆：《接管上海》，上卷，中国广播电视出版社 1993年版，第 427 页。
　　③ 中共上海市委党史研究室、上海市档案馆：《接管上海》，下卷，中国广播电视出版社 1993年版，第 235 页。

防止进步人士中的过"左"情绪蔓延，避免接管时可能产生的偏差。① 组织工作上，研究确定了各接管单位的军事代表和联络员人选。军事代表一般由高教处负责同志兼任，联络员从各高校地下党同志中抽调一些担任，接管时宣布军代表和联络员人选。联络员进驻大学后，规定必须每晚回高教处汇报学校情况，及时研究解决学校发生的各种问题。思想，组织准备工作就绪后，进入第二阶段的接收工作。

2. 接收阶段

仍以南京为例。1949 年 5 月 7 日，人民解放军南京军事管制委员会主任刘伯承、副主任宋任穷委派市军管会文教接管委员会大专部部长赵卓为中央大学军代表，并负责中央大学接管事宜。被派往中央大学的接管人员的任务是：收缴国民党散兵游勇丢弃的枪支弹药及单位、个人收藏的武器；清点公共财产，造具清册；维护正常教学秩序，确保教学顺利进行等。在市军管会文教接管委员会的指导下，中央大学成立了由师生员工代表组成的接管工作组。5 月中旬，传达了军管会"维持现状、立即开学"的方针，并向师生员工广泛宣传接管的意义。在深入动员的基础上，采取公开报名的方式，组织师生员工参加接收工作。几天之后，先后有 2900 余名师生员工踊跃报名，占全校师生员工的 92%。全校一共分为 15 个分组、400 多个小组，从 5 月 18 日起对各院系、各部门的物资、设备进行清点、查验。6 月 10 日，分别在四牌楼校区本部和丁家桥二部举行了正式接管仪式。8 月 8 日，根据南京市军管会文教委员会通知，"国立中央大学"改名为"国立南京大学"。10 月 10 日，华东军政委员会教育部部长吴有训签发通知："经政务院核定，除私立学校于校名上加冠'私立'二字外，各级学校校名概不加国立、省立、市立及公立字样。"自此，校名彻底更改为"南京大学"。② 8 月 15 日，原校务维持委员会常务委员会在军代表监督下，向新的校务委员会移交了所有清册文件。③ 至此，中央大学的接管工作顺利结束，从此开启了创办社会主义新型大学的历史性进程。

浙江大学的接收上，6 月 6 日，杭州市的军管会派出军代表林乎加、副

---

① 中共上海市委党史研究室、上海市档案馆：《接管上海》，下卷，中国广播电视出版社 1993 年版，第 235 页。

② 王德滋：《南京大学史（1902—1992）》，南京大学出版社 1992 年版，第 237~239 页。

③ 郝维谦、龙正中、张晋峰：《中华人民共和国高等教育史》，新世界出版社 2011 年版，第 34 页。

军代表刘亦夫到浙江大学进行接管。在学校欢迎军代表会议上，林乎加发言，他对军管会的性质与意义进行了介绍，同时还对军代表的任务、接管的办法、步骤等做了详细说明，此外，还宣读了杭州市军管会指派接管小组成员的命令。接管小组在军代表直接领导下开展对学校的接管工作。接着，军代表召开了全校师生员工动员大会，师生员工纷纷表示拥护接管，积极协助接管小组做好工作。随之，军代表发布了布告：一是立即废除国民党党义、伦理学、国父实业计划、新唯实论、民法、刑法、诉讼法、诉讼刑法、民事诉讼实务、诉讼实习等11种课程；二是本学期停考的课程有哲学概论、理则学、伦理学原理、政治学、社会学、罗马法、土地法、英美法、行政法、商法、政治地理、经济政策等12种；三是废除的课程部分有宪法课程不恰当部分；四是停考的课程学分照算，不记成绩，废除的课程学分不计；五是撤销师范学院，将教育学系并入文学院；六是各年级新添学分为3分的必修政治课。6月8日，军代表发布接管的第1号通告，公布了各院、处的接管分组人员名单。9日废除训导处，接管校刊。16日，军代表发布第2号通告，对接管检查清点手续作了9条规定，接管工作的主要任务：一是对学校财产、图书、设备进行登记造册和移交；二是调整教师的聘任；三是调整学校和各学院的领导班子，建立新的校务委员会和院务委员会。接管检点工作于6月30日基本结束。7月27日，杭州市军管会发布命令，公布了学校新的校、院、处领导人员名单。7月28日举行校务委员会成立典礼。①

由于杭州市军管会采取"暂维现状，即日开学"的正确方针，浙江大学原有教职员工一般照常供职，学生公费金照常发给，所以人心安定，师生员工政治热情高涨，为以后的高教制度变革打下了良好的基础。

3. 管理阶段

比较顺利地被接管了之后的各高校面临着开学、招生、学校管理等诸多方面的问题。1949年下半年新学期开始，上海高教处对所属各高校主要推动了五个方面的工作：

一是建立校务委员会，推进民主管理。高校被接管后，旧的管理机构已不适应新形势的需要，因此酝酿组建各高校的校务委员会提上日程，这是一项极其复杂和细致的工作。经过深入调查，广泛征求各方面的意见，平衡各

---

① 浙江大学校史编写组：《浙江大学简史》，第一、二卷，浙江大学出版社1996年版，第299~305页。

方势力，公立高校的校委会名单在 8 月份陆续批准公布①，详情如下：

交　　大	主任委员	吴有训	副主任委员	陈石英
复　　旦	主任委员	张志让	副主任委员	陈望道
同　　济	主任委员	夏坚白		
上　　商	主任委员	褚葆一		
暨　　大	主任委员	李正文（兼）		
吴淞商专	主任委员	曹仲渊		
幼　　专	主任委员	陈鹤琴		
高级机械职校	主任委员	杨铭功		

　　校委会成立后，学校的教务、总务、人事等工作均由校委会直接处理和决定，逐步减轻接管时派驻学校的联络员工作压力，11 月决定撤销联络员，建立学校主任委员联席会议制度，以便及时研究各校共同的问题，交流工作经验以及研究拟订校委会工作条例。

　　二是公立院校实行联合招生。为节省人力、物力，各公立院校实行联合招生。上海市高教处拟定和公布了招生办法，决定各校招生名额，收取报名费作为招考费用的开支。确定聘请专家组成阅卷委员会。新生录取后，再经口试、体检，分别录取为正取生和备取生。对革命干部和军队干部的子弟适当给予照顾，但入学后与普通学生一样，学习期满成绩不合格者退学。这些原则和办法一直沿用下来，只是根据不同要求，在具体办法上有所改进。

　　三是迁校并校。为贯彻上海市第一届人民代表会议号召的"精简节约"等精神，上海经请示中央同意对上海大学中必须整理合并的高校、系科作了有计划的归并工作。但执行过程中，忽视了条件是否成熟，有操之过急的偏向，中央及市委及时阻止，迁并工作速度放慢，直到 1952 年全国范围内院系的调整才告一段落。关于院系调整，本书第二章将进行专门阐述。

　　四是课程改革。高校课程改革最主要的是废除公民、党义等反动课程，开设政治课，把思想改造作为学校当时的中心工作，集中力量抓好学生的政治课教学，对于文、法学院的某些课程也根据客观条件进行了初步的改革。

---

　　① 中共上海市委党史研究室、上海市档案馆：《接管上海》，下卷，中国广播电视出版社 1993 年版，第 239 页。

关于课程改革，本书第三章将专门论述。

五是精简职工，举办训练班。高校被接管后，基本上采取了"包下来"的政策，上海各高校校委会对教授的解聘和增聘问题，处理较慎重，没有发生偏差，但在职员精简问题上，尤其是那些停办或撤并单位，事先发动群众、广泛征求群众意见不够，突然宣布精简，举办精简人员训练班，职员思想上发生较大波动。鉴于此，上海高教处经研究改为带薪学习，不安情绪才逐渐稳定下来。

全国各地高校接管工作首先是从公立高校开始的，由于解放前夕国民党政府的崩溃，各高校当时实际上是处于无主管部门、无经济来源的状态。为确保接管工作顺利进行，研究决定采取先进行高校试点，然后逐步推开的工作方式。以上海为例，交通大学在解放前即有"民主堡垒"之称，进步力量较强，政治条件较好，离上海高教处距离较近，为此，上海市军管会决定以交通大学为试点进行接管。取得经验后，向其他公立高校展开，并逐步推向私立高校。

二、以交通大学为例的接管与改造

（一）接管前的准备工作

上海全部解放后，人民政权当即着手接管国民党政府留下来的文化教育事业，加以恢复和整顿，以稳定学校秩序，逐步进行改造。接管与改造高等学校是一项比较繁复的工作，不仅牵涉的人员较多，涉及面也较广。并且在此过程中还要对学校中的反动残余分子采取坚决改造或取缔措施，因此，中国共产党在正式接管交通大学之前，必须做好充分的准备工作。

1. 恢复学校正常教学秩序

1949 年 5 月 25 日，上海沪西解放。交通大学校门口红旗飘扬，中共地下党组织的人民保安队守护着交通大学校门，扩音机反复播放着雄壮响亮的《义勇军进行曲》，新搭建的牌楼高高悬挂着一副对联："载歌载舞迎解放，全心全意为人民。"校园内外一派喜庆。5 月 27 日，上海全部解放。

在欢庆解放的时间里，为了尽快复课，在中共地下党推动下，教授会推举校应变委员会主席陈石英、教务长曹鹤荪、总务长王龙甫、理学院院长周同庆、工学院院长王达时 5 人组成临时校务维持会，陈石英为召集人，着手恢复学校正常工作。① 25 日，临时校务维持会即召开了第一次会议，主要做出了四项决定：一是通知上海解放前留居在绍兴路中华学艺社的 300 名师生员工即日回到校内积极筹备复课；二是清理校园，整理水、电、煤气；三是加强警卫工作；四是将疏散期内寄存校外的仪器和被借用的教具全部运回学校。② 28 日，临时校务维持会即召开第四次会议，决定 6 月 2 日全校正式复课。

在临时校务维持会的主持下，校园各项整理恢复工作秩序井然。"师生员工组织起来，打扫教室和实验室，修复、整理被破坏的校园；把贵重的实验仪器和设备从校外一一搬回学校，复原安装；把集中在工程馆、科学馆的仪器设备启封复原；图书馆也着手整理封存图书……大家从各方面做好恢复校园的工作，准备早日开学上课。"③ 在全体师生员工的努力下，只用了一周时间各项整理工作即告罄。6 月 2 日，全校学生 2300 余人正式复课。

2. 设立接管机构

1949 年 5 月上旬，中共中央华东局在江苏丹阳召开会议（史称"丹阳会议"），研究部署上海解放后的接管工作，邓小平、陈毅等党军政领导和上海各系统地下党负责人及准备参加接管的南下干部等参加了会议。会议根据中央和华东局关于城市接管工作的"稳步前进，实事求是"的政策精神，对解放后的上海制定了"按照系统，整套接收，调查研究，逐步改造"的方针，在时间上分为接收、管理、改造三个时间段，并按系统确定了各接管工作的具体政策。

在各城市即将解放之时，中国共产党对各城市都实行了军事管制的办法。上海也成立了上海军事管制委员会（以下简称"军管会"）。其组织情况如图 1-1 所示：

---

① 上海交通大学校史编纂委员会：《上海交通大学纪事（1896—2005）》，上卷，上海交通大学出版社 2006 年版，第 419 页。

② 王宗光：《上海交通大学史（1949—1959）》，第 5 卷，上海交通大学出版社 2016 年版，第 3 页。

③ 刘露茜、陈贻芳：《交通大学校史（1949—1959）》，高等教育出版社 1996 年版，第 198 页。

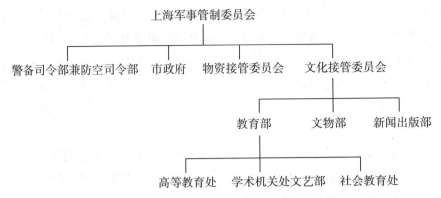

图 1-1　上海军事管制委员会组织情况示意图

资料来源：根据中共上海市委党史研究室、上海市档案馆：《接管上海》，上卷，中国广播电视出版社 1993 年版，第 78～81 页；孙怀仁：《上海社会主义经济建设发展简史（1949—1985 年）》，上海人民出版社 1990 年版，第 19～21 页编制而成。

上海军管会各机构各司其职，负责不同部门的接收、管理和改造工作。从军管会的组织机构设立来看，当时高等学校的接管由文化接管委员会负责并领导，并且还专门设立了一个机构——高等教育处，负责接管高等教育相关各项事务。机构设立使得接管工作奠定了组织基础。高等教育处根据地下党所提供的资料，开始对上海高等院校的情况进行摸底，筹划解放军进城后接管工作的具体步骤和方法。此外，上海军管会还对接管工作人员的安排、分工及任务等都进行了具体的规定。

3. 宣传党的接管方针政策

为了顺利推进高等学校的接管工作，接管之前，市军管会和市人民政府多次面向文化教育界召开会议，向他们解读、宣传党的接收、管理和改造政策。1949 年 6 月 5 日，上海市人民政府召开文化教育界人士座谈会，科学、文化、教育、新闻、出版、文艺、美术、音乐、游艺等各界知名人士共 162人与会。交通大学教授吴有训、陈石英、钟伟成、钟兆琳参加了会议。会上，上海军管会主任、市长陈毅对党的文化教育方针进行了详细的宣传解释，指出人民解放军军事管制委员会和人民政府对这些解放了的大中城市里的高等学校采取的总方针是"维持原有学校，逐步加以必要的和可能的改良"[①]，并号召上海文化教育界人士团结合作，共同建设新中国。这些政策

---

① 刘一凡：《中国当代高等教育史略》，华中理工大学出版社 1991 年版，第 3 页。

宣传给广大文化教育界吃了一颗定心丸，与会人士纷纷表示赞同并表示了建设新中国的决心。吴有训、钟兆琳等先后在会上发言。曾任南京中央大学校长的吴有训讲述了国民党几次动员他去台湾地区，都被他巧妙拒绝，并表示愿在中国共产党和人民政府的领导下，以"苦干、实干、硬干"建设新中国。钟兆琳在会上也建议科学技术界应与产业界密切合作，发挥集体力量，建设新中国的观点。①

6月6—7日，交通大学又派出代表参加了由上海市军管会高教处召开的国立大专和私立大专学校校长、院长、教授及学生代表联合座谈会，对我党的"按照系统，整套接收，调查研究，逐步改造"的接管方针有了更深入的了解。

6月15日，时任上海市委书记饶漱石，市长、军管会主任陈毅特别邀集上海"十老"座谈。"十老"为交大教授吴有训、交大老校长张元济、唐文治，交大著名校友茅以升，以及颜惠庆、蔡元培夫人周峻、竺可桢、陶孟和、陈望道、俞寰澄。市委领导向他们解释党对文化教育界的方针政策，并请他们提出参考建议并支持党的文化教育工作。

中国共产党通过与文化教育界著名人士及负责人的接触、交流和探讨，大大缩短了与广大知识分子的距离，加深了他们对党的知识分子政策和接管方针的理解，有效地减少甚至消除了知识分子的疑虑，为高校的顺利接管创造了条件。

此外，上海军管会还就党对高等学校的接管政策印制了大量书报，散发了大量宣传单并有计划地分发给各高等学校。强有力的宣传动员工作使得广大教职员工思想趋于安定团结，争取了人民群众，尤其是持观望态度的知识分子的支持，为高校的顺利接管奠定了思想基础。

（二）交通大学接管的过程

1. 清点校产和办理交接

为保证接管工作的有序进行，军管会在正式接管交通大学之前，还制定了《接管简则》，主要包括六个方面的内容：一是确定接管日期；二是前任于交卸之日应将印章、员工名册、学生名册、成绩单、公物、图书、仪器、房地产契约、文卷账册及结存现金分别缮具清册，一一移交新任；三是各项

---

① 王宗光：《上海交通大学史（1949—1959）》，第5卷，上海交通大学出版社2016年版，第6页。

移交清册以接管时清点清册为准，由各主管部比较内容增减再行编造正式移交，以接任前一天为截止日期；各项清册一式三份，一份存校备查，一份连同交代清结证明书交前任收执，其余一份报高教处备查；五是办理交代时由高教处派员监督；六是各项清册须经由新任监督卸任主管人员一一签名盖章。[①] 在此简则指导下，对交通大学"接"的过程开始了。

6月16日，即接管仪式结束后的第二天，交通大学在徐汇校区容闳堂召开了全校各方面代表参加的座谈会。军代表唐守愚提出接管工作的第一步就是对交通大学的校产进行全面清点。清点工作主要依靠全校师生来进行，希望通过清点，师生员工能全面了解学校情况，以便今后更好地管理好自己的学校。为了有组织、有领导地做好这项工作，学校成立了包括教授、讲师、助教、学生、技工在内的21人清点委员会，唐守愚为负责人。清点委员会设常委会，由军代表唐守愚、军管会联络员甘京林、教授会代表张鸿、讲助会代表胡永畅、学生代表林雄超5人组成。清点委员会下设秘书、会计、总务、教务4个处。同日，清点委员会向全校发出第一号通告，宣布即日开始办公，19日开始大清点。

6月18日，王之卓校长向全校发出通知，各院、系、科、所，各处、组、室以及各实习工厂等所有单位主管人员，务必在6月19日、20日上午8时准时到校，亲自办理清点移交。20日（周一）停课一天。[②] 全校所有部门编制清点清册101本。参加清点工作的师生员工计约900人，其中学生800人（主要是一、二、三年级学生），教职工100人，分成90个清点小队。[③] 此外，为配合做好清点工作，学生自治会在学生中进行动员，在校内各处张贴了大幅标语口号，并在《交大生活》杂志上登载清点快报，及时报道各小队工作进展情况，交流经验。

6月19日一早，参加清点的人员都集中在图书馆前的大草坪。唐守愚发表了简短讲话，清点工作正式展开。经过两天紧张工作，20日清点工作基本结束，部分遗留或一时难以解决的问题持续至7月1日全部结束。

6月24日，清点委员会公布了主要清点结果：截至1949年市军管会接管交通大学时，交通大学共设3院、17系、1个专修科和1个研究所；库存

---

① 《本市军管会正式接管交通大学》，《解放日报》，1949年6月10日，第4版。
② 王宗光：《上海交通大学史（1949—1959）》，第5卷，上海交通大学出版社2016年版，第3页。
③ 上海交通大学校史编纂委员会：《上海交通大学纪事（1896—2005）》，上卷，上海交通大学出版社2006版，第420页。

财产共计有：黄金 63.207 两、银元 30 枚、人民币 1555542 元[①]，福特轿车 1 辆、吉普车 1 辆；校园土地共 505.314 亩，其中校本部 361.3 亩（包括建筑基地 48.475 亩、园地 24.6 亩、空地 191.305 亩、被棚户占用地 96.92 亩），校外的原同文书院地块 140.619 亩，校外宿舍 3.395 亩；校舍建筑房屋 53 幢，总建筑面积 56510 平方米，其中教学用房 23441 平方米，教学辅助用房 3611 平方米，校、系行政用房 7873 平方米，生活及福利用房 12974 平方米，其他用房 8611 平方米；校园内树木 40 余种，计 1226 棵；图书馆藏书 107585 册，中文期刊 1500 种，西文期刊 814 种，报纸 55 种；图书馆有普通阅览室 3 间，新文化阅览室 1 间，报刊阅览室 1 间，实验室仪器设备总金额 191 亿元。[②③]

2.　收回人事权

6 月 15 日，上海市军管会文管会高教处副处长、军代表唐守愚代表上海市军管会正式接管交通大学。军管会代表在学校中首先被赋予的就是人事权。唐守愚在接管仪式上发表讲话，谈到了学校的人事、工薪问题。他说，人事方面，根据"保持现状、逐步改造"的原则，自校长以下所有教职员工应一律照常供职，安心工作；下学期的聘书，凡是愿意继续任教任职的，原则上一律照发；至于教职员的地位是否有保障，凡有真才实学，为学生爱戴拥护的，一定有保障；薪金待遇问题，现在正在商讨一个公平合理的标准；等等。[④] 8 月 16 日，校务委员会第三次会议通过了《国立交通大学校务委员会组织章程》（简称《章程》），《章程》第三条明确规定："本会设委员十九人，由军管会指派教授十五人，讲助二人及学生代表二人组成之。"第四条规定："本会设常务委员九人组织常务委员会，由军管会就校务委员会中指派教授七人、讲助一人、学生代表一人组织之。"第五条规定："本会设主任委员及副主任委员各一人，由军管会从常务委员中指派之。"而且该《章程》第一条开宗明义地介绍："本会根据上海市军事管制委员会（以下简称军管会）命令组织之。"[⑤]

---

① 《交大清点委员会工作报告》，1949 年 6 月 24 日，上海交通大学档案馆藏档案：长期-2。
② 此处为人民币旧币。1955 年 3 月 1 日，中国人民银行开始发行第二套人民币。新币与旧币的兑换比率为：1∶10000，即第一套人民币一万元兑换新币一元。
③ 上海交通大学校史编纂委员会：《上海交通大学纪事（1896—2005）》，上卷，上海交通大学出版社 2006 版，第 420 页。
④ 王宗光：《上海交通大学史（1949—1959）》，第 5 卷，上海交通大学出版社 2016 年版，第 7~8 页。
⑤ 刘露茜、陈贻芳：《交通大学校史（1949—1959）》，高等教育出版社 1996 年版，第 195 页。

3. 成立新的学校领导机构——校务委员会

在接收工作结束之后，上海市军管会和市人民政府决定交通大学成立校务委员会，领导和管理学校的行政工作。7月29日，陈毅、粟裕签署《中国人民解放军上海市军事管制委员会命令》（"文高教字第壹号令"）。这是给交通大学的第二个"壹号令"，全文如下："兹派吴有训、陈石英、王之卓、钟伟成、陈大燮、朱物华、陈维稷、钟兆琳、王龙甫、黄席棠、曹鹤荪、裘维裕、张鸿、张震、王旭庄、胡永畅、蒋大宗、沈友益（学生代表）、张立秉（学生代表）为国立交通大学校务委员，并以吴有训、陈石英、王之卓、钟伟成、陈大燮、朱物华、陈维稷、胡永畅、沈友益为常务委员，吴有训为主任委员，陈石英为副主任委员，以陈大燮兼教务长，王龙甫兼秘书长，朱物华兼工学院院长，裘维裕兼理学院院长，钟伟成兼管理学院院长。除分令各新任人员即日到职视事外，着该校原有负责人克日办理移交，并将交接情况具报。"①

8月16日，校务委员会召开第三次会议，通过了《国立交通大学校务委员会组织章程》，共15条。该章程指出："本会依据上海市军事管制委员会命令组织之，为本校最高权力机构。"该章程第四条规定："本会设常务委员会九人组织常务委员会，由军管会就校务委员会中指派教授七人、讲助一人，学生代表一人组成之。"第八条规定："本会职权如下：一是关于全校校务之策划与执行；二是关于本校行政系统编制之订定；三是关于全校人事之聘任委派及考核；四是关于全校经费之预算分配及审核；五是关于本校教务策划与推进；六是关于本校师生员工福利事项之举办。"② 从组织章程的内容来看，交通大学的行政领导权已经发生转变，改为我党领导，校务委员会采用民主集中制，校务委员会成员由军管会指派，且政治进步，积极拥护中国共产党的领导，体现了接管后的交通大学在行政管理上的新特征。

4. 制定了一批新的规章制度

在市军管会高教处的领导下，交通大学校务委员会随之制定了一系列新的规章制度。如8月19日，校务委员会第六次会议上讨论通过了《国立交通大学行政系统组织条例》，全文共十八条。新的学校行政系统在校务委员会下设主要行政管理机构2个，为教务处和秘书处；学院3个，为工学院、

---

① 上海交通大学校史编纂委员会：《上海交通大学纪事（1896—2005）》，上卷，上海交通大学出版社 2006 版，第 421 页。

② 王宗光：《上海交通大学史（1949—1959）》，第 5 卷，上海交通大学出版社 2016 版，第 12 页。

管理学院和理学院，此外，还设有系 17 个、研究所 1 个、专修科 1 个、图书馆 1 个，以及各种专门委员会，取消了训导处。

8 月 25 日，校委会举行第七次会议，会议通过《关于添聘补聘教授讲师助教之暂行原则》，规定教授每周任课 8~10 学分，专任教员原则上不兼校外专任职务，若要兼任需经本校同意。会议还通过决定聘请施复亮为政治学科教授等 12 项议案。8 月 28 日，校委会又通过了《国立交通大学聘任教员规则》，该规则有 13 个要点，主要有：教授、副教授、讲师、助教及兼任教员经校务委员会通过后由正副主任委员署名盖章聘任之；专任教授、副教授及讲师每星期任课以 8~10 学分为度，每讲授 1 小时作 1 学分。专任教授兼任本校职务者得酌减授课学分。各系科主任减授 3 学分。各院院长、教务长、秘书长减授 6 学分。正副主任委员可不授课。本校专任教授及讲师、助教均有充任导师及协助学校推进校务之义务。9 月 5 日，校委会讨论通过《讲助分配工作暂行办法》，共 8 条，规定了讲师、助教的工作职责，其中规定：升任未满 2 年之讲师及担任授课之助教，其所主持课程以 8 学分为限；讲助以经常在校为原则等。9 月 20 日，第二次教务会议通过了《国立交通大学学籍规则》，对招生、入学、转学、转系、考试、缺席、学程、学分以及成绩、补考、重读、留级、停学、休学、复学、退学、毕业等作出规定，全文共 10 章 78 条。9 月 28 日，第三次教务会议通过了《大考采取重点考试办法》。此外，学校还制定了《学生请假办法》《课堂管理规则》《点名制度实行办法》等。

这些规章制度涉及教学、人事、教师管理、学生管理等各个方面，相对新中国成立前有许多新的调整和变更。

（三）接管的影响

上海军管会通过清点校产、收归人事权、建立新的校行政领导机构等措施成功实现了和平、稳定、有序地接管交通大学的目标。这是双方共同努力的结果，一是中国共产党领导下的上海军管会接管政策深得人心，并且事先做好了各种准备工作；二是交通大学对接管的欢迎态度和密切配合；第三点也是最根本的一点是遵循了高等教育的发展规律。上海军事管制委员会对交通大学的成功接管对后续工作有着深远的意义。

1. 遵循了高等教育继承与发展的关系，积极维护了学校的稳定

高等学校作为思想前沿阵地，在新旧政权交替变革时期，高等学校的发展面临的最重要的一个问题就是维稳。只有在师资、经费、校舍、教学等各

种环境和条件稳定的情况下，高校才能得以继续维持并稳定发展。当时上海高校维稳措施首先是顺利复课。1949 年 5 月上旬，中共中央华东局在丹阳会议上研究部署上海解放后的接管工作时认为："上海解放时必定异常混乱，而且暑假期近，马上复课必不可能。"事实上不然，当解放军到达上海后，由于事前中共地下党工作开展得比较好，上海秩序比较井然，而且华东局"了解到复校（解放前郊区学校被强迫疏散并遭受破坏）复课为教育界师生家长的一致要求，而且迅速复校复课有稳定人心的作用"，故军管会"决定立即号召复校复课"，大部分高校"五天以内都恢复了上课"。这一举措及时维护了高校师生员工包括家长心理的稳定，促进了学校平稳过渡。①

2. 为其他高校的接管提供了经验

到新中国成立前夕，上海共有大专院校 48 所，其中公立 15 所、私立 27 所、教会学校 6 所。②为何选择交通大学作为上海首先接管的大学，其原因有三：一是交通大学是公立高等学校中历史最悠久、规模最大，并且拥有一大批知名教授，曾培养出众多杰出人才，在上海甚至全国高等学校中都享有一定的声望和影响。二是交通大学在民国时期具有优良的革命传统，学生运动广泛深入，享有"民主堡垒"之称。三是交通大学的校长王之卓先生爱国、正直、同情学生运动，拒绝将交通大学迁往台湾地区。唐守愚后来撰文回忆说："我们对于高等学校，大致是按学校领导的左、中、右的政治态度来分析的。我们接管工作的重点，在高等学校方面是四所国立大学，就是交通大学、复旦大学、同济大学和暨南大学。……交通大学在当时曾被称为上海的'民主堡垒'……当我们开始进行接管时，由于没有经验，决定采取突破一点，取得经验之后再全面铺开的办法。我们首先接管了各方面条件都比较好的交通大学。"③

事实上，在中国共产党对高校的"按照系统，整套接收，调查研究，逐步改造"的接管方针的指导下，交通大学成立清点委员会，发动全校师生全面清点校产，一周之内完成了"接"的工作。在接收工作结束后，上海市军管会和上海市人民政府决定在交通大学成立校务委员会，领导和管理学校的

---

① 中共上海市委党史研究室：《中共上海历史实录》，上海教育出版社 2004 年版，第 6 页。
② 中共上海市高等教育局党史资料征集领导小组办公室：《中共上海市高等教育系统党史大事记（1949.5—1989.12）》，上海市档案馆馆藏档案：B1—1—2198。
③ 唐守愚：《回忆上海高等学校接管前后的统战工作》，载石鸿熙：《接管上海亲历记》，上海市政协文史资料编辑部，1997 年，第 361~363 页。

各项工作。自 1949 年 6 月 15 日上海市军管会正式接管交大到清点工作结束，前后大概只用了不到一周的时间。交通大学接管的经验被验证是高效的之后，上海市军管会立刻着手对上海其他高校进行接管，有的高校甚至同时同步进行接管。

6 月 24 日，上海市军管会派代表李正文接管了复旦大学。接管时，复旦大学有教授、副教授 161 人，讲师 29 人，助教 58 人，职员 170 人，工友 200 人（包括警卫、农场工人），注册学生 2127 人（含补习班），共计 2745 人；共有土地 15.23 公顷，房屋 4 万余平方米，图书 8 万余册及有关实验用的仪器设备。设有文、理、法、商、农 5 个学院，27 个系、科、所、班。接着军管会任命张志让、陈望道担任校务委员会正、副主任委员。

6 月 25 日，军管会派军事代表杨西光、副市长韦悫接管同济大学，6 月底也完成了接收工作，7 月底开始进入管理阶段，直至年底。自此，上海几所重要的公立大学全部顺利被接管，实现了上海高等教育主权的平稳过渡，为中国共产党领导高等学校并对之进行相应的管理奠定了基础。1950 年 3 月 11 日，以上海市高等教育处的机构为基础，正式成立了华东军政委员会教育部。自此，上海高等学校的管理权均移归该部管理，社会主义大学制度开始逐步确立。

3. 保持了高校相对的独立性，为后续党对高等教育的改革赢得了时间

高校具有相对独立性是近现代高等教育发展的一个重要特征和规律。近现代高等学校保持相对独立性的一项重要内容就是坚持教授治校。上海市军事管理委员会在接管交通大学过程中，虽然收回了人事权，但除了对校内反动的教职员工进行了处理之外，其他方面都基本保持了原有格局，很大程度上尊重了高校的独立性和发展规律。交通大学新校务委员会委员绝大部分是学术界知名教授，在 19 名委员中，教授占到 15 人，占总人数的 80%；常务委员 9 人中，教授就有 7 人，约占总人数的 78%。他们都是爱国人士，有些是具有欧美教育背景并在学术界有很高威望的专家学者，而且有几位委员还分别兼任各院院长及教务长、秘书长等。这种教授治校的理念基本上延续了新中国成立前高等学校的治理理念，一方面保证了接管过程的顺利进行，维护了学校局面的稳定；另一方面在一段时间内保持了高校的相对独立性，为学校在管理、教学等方面的和平过渡创造了条件。

社会变革伴随着高等学校的转型。上海解放前夕，交通大学依靠党的地

下组织和进步力量，组织师生员工开展了护校斗争，使学校免遭破坏。再加上中国共产党采取的维持现状、立即开学的办法，符合教育事业的发展特点和当时需要平稳过渡的实际情况，受到广大教职员工的支持和拥护，从而使得交通大学的接管工作得以顺利完成，为中国共产党接管和改造其他高校树立了一个成功的典型，从此开始了发展社会主义新型大学的历史性进程。

第三节　接管旧式私立高校

一、新中国成立初期私立高校的基本概况

新中国成立初期，中国共产党在接管和改造高等教育的过程中，面对的除了公立高校之外，还包括大量的中国民办与外国教会所创办的私立高校。新中国成立初期，私立高等学校数及学生数都占了相当一部分比例，在一些地方私立学校数量甚至还多过公立学校。如上海有高校 40 所，其中私立高校有 30 所，占高校总数的 75％；西南地区有高校 52 所，其中私立 30 所；南京市、武汉市的公私立高校各占一半。[①] 具体详见表 1-1、表 1-2。

表 1-1　中国私立高等学校大致情况表

高校性质	大学	学院	专科学校	总计
国立	31	23	20	74
省立、市立	—	20	33	53
私立	22	26	19	67

注：以上是截至 1947 年 7 月份，全国专科以上学校数。

资料来源：刘颖：《除旧布新：新中国成立初期中共对高等教育的接管与改造》，人民出版社 2010 年版，第 153 页。

表 1-2　新中国各大城市公、私立学校学生人数统计表

高校性质		北京	天津	上海	南京	武汉	广州	洛阳	合计
专科以上学校	公立学校	9759	4783	9037	2627	3224	3671	6064	39165
	私立学校	2376	1401	13189	974	1185	4005	—	23130
	小计	12135	6184	22226	3601	4409	7676	6064	62295

资料来源：刘颖：《除旧布新：新中国成立初期中共对高等教育的接管与改造》，人民出版社 2010 年版，第 153 页。

---

① 毛礼锐、沈灌群：《中国教育通史》，第六卷，山东教育出版社 1989 年版，第 24 页。

中国创办私立学校的传统源远流长，但是近代意义上的私立高校始创于清末，经过民国时期的发展，中国的私立高校逐渐成为中国高等教育体系的一个重要组成部分。私立高校以其多渠道办学、灵活多样的特性，在数量、系科上弥补了公立大学的不足之处，减轻了国家财政的负担，为中国社会发展培养了大批的人才，可以说，这些私立大学是对公立高等教育的有益补充，为中国教育事业的发展作出了一定的贡献。

旧中国私立学校的大量存在，是由中国当时殖民地半殖民地封建社会的性质决定的。按照各国一般惯例，主权国家是不允许外国在本国领土上兴办教育事业的（外国侨民为其子女所开办的学校除外）。1840 年以后，伴随着资本主义的军事、经济、文化侵略和一个个不平等条约的签订，中国逐步沦为半殖民地半封建社会。1908 年，美国政府提议利用庚子赔款发展在帝国主义控制下的中国文化教育事业。因此在中国的私立高等学校中，还包括一大部分受外国教会津贴的教会大学。中华人民共和国成立后，全国范围内存在教会大学 21 所，即辅仁大学、燕京大学、北京协和医学院、津沽大学、铭贤学院、圣约翰大学、沪江大学、震旦大学、震旦女子文理学院、东吴大学、金陵大学、金陵女子文理学院、齐鲁大学、之江大学、福建协和大学、华南女子文理学院、华中大学、武昌文华图书馆专科学校、岭南大学、华西协合大学和求精商学院。教会大学在一定程度上是西方文明的载体，在传播西方文化、推动中西文化的融合与贯通上起了不少的作用，它在传播西方文明和价值理念的同时，也为中国培养了不少精英人才。正如有资料评价当时的燕京大学："燕大确曾为许多中国青年学子提供了第一流的现代化教育。然而，除了纯学科方面的训练外，燕大那种浓郁的精神气氛、对社会服务的情调，以及一九三五年十二月九日一二九运动所显现的爱国情操等等，都值得称许，而且较中国境内的其他各高等学府，燕大只有过之而无不及。"①

1949 年上海解放前夕，上海共有私立院校 26 所（见表 1-3），占全市高校总数的 54.2%，再加上外国教会所办的 6 所院校，则占 66.6%。②

---

① 邵玉铭著，马凯南、汤历明译：《传教士　教育家　大使——司徒雷登与中美关系》，九歌出版社 2003 年版，第 50 页。
② 《上海高等教育志》编纂委员会：《上海高等教育志》，上海社会科学院出版社 2010 年版，第 138 页。

表1-3　民国时期上海私立高等学校一览表

类型	数量（所）	学校名称	隶属管理机构
大学	3	大同大学	民国政府教育部
		大厦大学	民国政府教育部
		光华大学	民国政府教育部
学院	8	上海法政学院	民国政府教育部
		上海法学院	民国政府教育部
		诚明文学院	民国政府教育部
		新中国法商学院	民国政府教育部
		东吴大学法学院	民国政府教育部
		同德医学院	民国政府教育部
		东南医学院	民国政府教育部
		中国纺织工学院	民国政府教育部
专科学校	15	立新会计专科学校	民国政府教育部
		上海美术专科学校	民国政府教育部
		中华工商专科学校	民国政府教育部
		中国新闻专科学校	民国政府教育部
		民治新闻专科学校	民国政府教育部
		上海牙医专科学校	民国政府教育部
		中法药学专科学校	民国政府教育部
		上海纺织专科学校	民国政府教育部
		上海商业专科学校	民国政府教育部
		光夏商业专科学校	民国政府教育部
		诚孚纺织专科学校	民国政府教育部
		东亚体育专科学校	民国政府教育部
		苏州美术专科学校沪校	民国政府教育部
		无锡国学专科学校沪校	民国政府教育部
		南京工业专科学校沪校	民国政府教育部

　　资料来源：《上海高等教育志》编纂委员会：《上海高等教育志》，上海社会科学院出版社2010年版，第138～139页。

　　到1949年上海解放前，上海的教会大学有圣约翰大学、沪江大学、震旦大学、震旦女子文理学院、东吴大学法学院、东吴大学法学院6所（见表

1—4），占全市高校总数的八分之一，占全国教会大学总数的 37.5%。[①]

表 1—4　上海各教会大学一览表

学校名称	隶属管理机构	备注	与现在的大学关系
圣约翰大学	美国基督教会监理会	拒绝在民国政府教育部立案	原址现为华东政法大学
东吴大学法学院	民国政府教育部	中西书院后并入，校名不变	
震旦大学	民国政府教育部		原址现为上海第二医科大学
沪江大学	民国政府教育部		原址现为上海理工大学
东吴大学法学院	民国政府教育部		
震旦女子文理学院	民国政府教育部		

　　资料来源：《上海高等教育志》编纂委员会：《上海高等教育志》，上海社会科学院出版社 2010 年版，第 143 页。

　　1949 年 5 月上海解放后，中国人民解放军军事管制委员会接收了教会大学。9 月，在教会大学成立了校务委员会。1950 年，震旦女子文理学院并入震旦大学。1952 年，由华东地区高等学校院系调整委员会决定，圣约翰大学、沪江大学、震旦大学、东吴大学法学院经院系调整后停办。之江大学再度迁回浙江。教会办学体制在上海地区彻底结束。

二、中国共产党对私立高校的接管与改造政策

（一）私立高校维持办学的困境

　　新中国成立后，中国共产党没收了官僚成本，进行了土地改革，官僚资本和地主的经济基础都处于被摧毁瓦解的状态，民族工商业由于在新中国成立前受到严重破坏和打击，也无法对私立学校在资金上给予援助。一方面私立学校的学生大多是民族工商业者的子弟；另一方面作为学生家长的民族工商业者对中国共产党政策知之甚少甚至存在疑虑，再加上一些别有用心之人造谣破坏，使其不仅在资助私立学校的力度上大打折扣，而且还禁止其子弟上学。总之，当时私立学校继续办学存在许多困难，如经费困难，师资缺乏，学生锐减，教学设备匮乏，等等。这种状况在西南、华东一些历史较

　　① 《上海高等教育志》编纂委员会：《上海高等教育志》，上海社会科学院出版社 2010 年版，第 143 页。

短、规模较小的专科学校更为严重。而在上海一些私立大学内，状况也是层出不穷。如上海大夏大学商学院除会计课外，无可选读的课程。大夏大学兼任教师占全校教师总数的80%以上。上海大同大学理工学院教授全部由交通大学和同济大学的教授兼任。上海中华工商专科学校虽设有机械工程、土木、工商管理、会计等学科，招收了800多名学生，但仅有一幢四层楼房，没有任何实验仪器设备。私立高校的系科设置也很不适应时局发展的需要，文、法、商科占多数，理、工科偏少。① 可见，旧的办学方针已不能适应当时经济建设发展的需要。

当然，当时也存在个别办学目标明确且办学状况良好的私立学校，它们主要是由一些工商业资本家创办的。其办学目的，一是为培养自己企业所需要的技术人才。二是一些民族资本家本人热心教育事业，故而捐资兴学，为造福全社会考虑。如江南大学，其经费由中国近现代史上著名的民族工业杰出代表——荣氏家族按月拨款补助；上海纺织工学院经费全部由上海市棉纺织业同业公会拨款，该同业公会主要负责人多半担任校董事。1950年7月，该校董事会还决定集中人力物力，将私立中国纺织工学院、上海纺织工业专科学校、诚孚纺织专科学校及文绮纺织专科学校合并，办成一个多层次的纺织工学院。私立广州大学、国民大学、文化大学和广州法学院自动联合，组成华南联合大学。上海私立东南医学院响应政府号召"面向农村，走向内地"，于1949年12月即迁移到安徽怀远县办学，至1952年更名安徽医学院。

（二）对私立高校的接管与改造政策

中国近代私立高校分为中国民办学校和外国教会学校两类，由于主权属性不同，对它们的接管与改造政策也有所区别。

1. 对中国民办高校的接管与改造政策

新中国成立初期，如何正确对待私立高等学校，做好对私立学校的领导与管理，是当时高等教育事业发展中的一个重要问题。

为了加强领导，积极扶植与改造私立高等学校以适应国家建设的需要，1950年8月14日，教育部公布经政务院批准的《私立高等学校管理暂行办法》（以下简称《办法》）。《办法》规定私立高等学校办学的方针、任务、课

---

① 郝维谦、龙正中、张晋峰：《中华人民共和国高等教育史》，新世界出版社2011年版，第40页。

程、教学及行政管理，均须遵照《高等学校暂行规程》及《专科学校暂行规程》办理。办学成绩优良而经费困难的私立学校报请中央教育部酌予补助。私立学校的行政权、财产权均由中国人掌握。私立学校不得以宗教科目为必修课或强迫学生参加宗教仪式或活动。①《办法》还规定，全国私立学校无论过去已立案与否均需重新申请立案，校长由董事会任免报部备案。所有财产不得移作学校以外之用。《办法》是管理、改造私立高等学校的依据。

总的来说，人民政府对私立学校采取了"积极维持，逐步改造，重点补助"的方针，以便在为国家培养建设人才的总目标下，使公私立学校各尽其力，各得其所。

"积极维持"，即除对极少数过去为反动派所创办，而新中国成立初期仍然为反动分子所控制，以及个别办得太差或办不下去的私立学校予以停办或合并外，一般私立学校都要维持下去。如有困难，一方面学校本身要用一切可能的正当的办法力求自力更生；另一方面政府在财政许可的情况下，作适当的补助。

"逐步改造"，即私立学校应根据人民政府的方针政策，以国家主人翁的责任感，积极、主动，并有计划有步骤地改革学校的制度、教育内容和教学方法。政府则加强对私立学校的领导，积极帮助他们实行改革，适当地解决他们的困难，并对他们的工作进行严格的考核。

"重点补助"，即对于办理成绩特别优良或者当前建设所十分需要的私立学校，如因经费困难不能维持或不能发展的，政府要安排专款予以补助，逐步地把它们纳入国家建设的轨道，发挥更大的效益。

此外，上海高教处在 1949 年 7 月下旬召开私立高校校长负责人会议，还宣布私校办学应遵守三点原则：首先是实行新民主主义教育，取消党义、公民等反动课程，停止反人民宣传，教会学校不得以宗教课程为必修课；其次是实行民主管理，组织成立校务委员会；再次是经济公开。②

根据国家对私立学校的接管和改造政策，当时对私立学校进行整顿，主要采取两项具体措施：

一是改组、健全董事会。校董事会是私立学校中所特有的一种组织形

---

①　中央教育科学研究所：《中华人民共和国大事记（1949—1982）》，教育科学出版社 1984 年版，第 26 页。

②　中共上海市委党史研究室、上海市档案馆：《接管上海》，下卷，中国广播电视出版社 1993 年版，第 238～239 页。

式，它是创办者的代表，对学校直接负责，曾经有任免校长、筹措经费、拟定发展规划等职权。全国解放后，有不少校董事会已经不发挥作用甚至已解散。因此，改组、健全校董事会是摆在私立高校改造面前最为紧要的一项重大课题。一方面，校董事会在文化教育统一战线上也是不可缺少的形式，可以团结更多的进步力量、有志人士为国家建设出力；另一方面，校董事会组织健全，功能全面，并作为学校坚强的后盾，在办学经费的稳定持续供给以及师生员工的人心稳定方面具有不可替代的作用。

二是重新立案。立案作为一项加强对私立学校管理的举措，一方面使得学校的合法地位得以确立，提高了其办学的积极性；另一方面进一步了解了学校的具体情况，解决了一些需要紧急解决的问题。而且，一些私立学校重新立案后，他们的办学热情与日俱增。

2. 对外国教会学校的接管与改造政策

考虑到教会学校在旧中国是以私立学校登记备案，人民政府一般暂时按照对待中国民办高校一样来对待接受外国津贴的教会学校，要求它们遵守人民政府的政策法令，允许暂时接受外国津贴，但不允许强迫学生信仰宗教，不得以宗教课目为必修课或强迫学生参加宗教仪式或活动等。此外，对中国民办高校所采取的"积极维持，逐步改造，重点补助"的接管与改造方针也同样适应于外国教会学校。

随着情况的发展，一方面是因为私立高校在经济上越来越难维持，学生越来越少，更重要的是由于我国大规模的经济建设即将开始，需要大量的经济建设专门人才，如果不接管和办理私立高校，国家就难以从国家层面进行全面统筹。因此1952年前后，当国家决定对全国高校进行院系调整，私立高校也被纳入调整范围之时，对外国教会学校进行接办并收回主权的日子也就不远了。事实也证明，在全国大部分公立高等学校秩序基本稳定的条件下，再考虑收回依靠外国津贴办学的私立高等学校的教育主权，这是一条成功的经验。

为了消除帝国主义的影响和干涉，维护中国人民对文化教育、宗教、救济等事业的自主权，我国政府做出了接收教会学校的决定。1950年12月29日，政务院第65次政务会议通过了《关于处理接受美国津贴的文化教育救济机关及宗教团体的方针的决定》（以下简称《决定》），《决定》明确指出："政府应计划并协助人民使现有接受美国津贴的文化教育救济机关和宗教团体实行完全自办。对接受美国津贴的文化教育医疗机关，应分别情况，或由政府接办，改为国家事业，或由私人团体继续经营，改为中国人民完全自办的事业；私人团体经营确有困难者，政府予以适当补助。"① 此次会议还批准了郭沫若副总理的《关于处理接受美国津贴的文化教育救济机关及宗教团体的方针的报告》，报告提出了肃清美帝国主义的影响，维护中国人民文化教育宗教事业自主权利的方针以及相应的办法和措施。《决定》受到许多接受外国津贴学校师生员工的热烈拥护。

人民政府首先接收了接受美国津贴的学校，并规定期限进行登记。1951年1月，教育部召开了处理接受外国津贴的高等学校会议。会议确定了处理接受外国津贴的学校的原则、办法和具体政策措施：第一，一切接受外国津贴的高等学校必须登记。第二，1951年内将接受美国津贴的高等学校处理完毕，按学校具体情况，采取政府接管、改为公立或者维持私立、政府补助等不同办法。第三，解除外籍人员的董事及学校行政职务。第四，对中国籍教职员工一般原职留用，待遇照旧。

截至1951年年底，除辅仁大学已经接管之外，其余20所教会高校的处理工作已告一段落。原来经费绝大部分来自美国或其他国家的津贴，在经费来源断绝之后，改由中国人私人出资办学的11所教会学校，由政府接管，改为公立。这11所高校是燕京大学、津沽大学、协和医学院（接收后改为中国协和医学院）、铭贤学院（接收后部分系科改为山西农学院，部分系科与山西大学工学院及西北工学院合并）、金陵大学、金陵女子文理学院（接收后两校合并为金陵大学）、协和大学、华南女子文理学院（接收后两校合并为福州大学）、华中大学（接收后调为华中师范学院）、文华图书馆专科学校、华西协合大学（接收后改为华西大学）。原来学校经费一部分来自外国津贴，大部分靠学费收入和中国人私人筹集，而中国籍董事及学校行政负责人又愿意改为中国人自己办学，维持私立的9所私立学校，政府予以补助。这9所高校是：沪江大学、东吴大学、圣约翰大学、之江大学、齐鲁大学、岭南大学、求精商学院、震旦大学、震旦女子文理学院（后两校接收后合并为震旦大学）。②

---

① 中央教育科学研究所：《中华人民共和国大事记（1949—1982）》，教育科学出版社1984年版，第31页。
② 苏渭昌、雷克啸、章炳良：《中国教育通史》，中华人民共和国卷（下），北京师范大学出版社2013年版，第164~165页。

三、以辅仁大学为例的接管与改造

（一）辅仁大学概况

从外国资本主义手中收回中国各种文化教育、宗教事业的自主权，是新中国成立初期在文化领域的一项重要任务。

辅仁大学由天主教会创办，经费由罗马教廷筹备，学校最高领导由教会直接派遣。1911年，中国天主教界知名人士、江苏丹徒人马相伯和北平人英敛之鉴于天主教在中国仅有两所大学，上书罗马教廷，请人来中国增设公教大学，发扬中国文化，介绍世界知识。但因为一战爆发，计划未能实现。1919年，罗马教廷派遣代表来华，考察教育情形，在考察报告书中，提出中国的高等教育机构不足，庇约十一世当选教宗后，下谕本笃会立即执行，并亲自捐款10万美元作为学校基金，带头倡议此活动。1923年8月7日，全美本笃会遵照教宗的下谕召开会议，会议决定委托宾夕法尼亚州圣文森学院院长司泰全权办理此事，司泰随即委派在华筹备天主教大学甚为积极的奥图尔为校长。1925年1月，奥图尔来到中国，在旧涛贝勒府先开办大学预科一班，取名为辅仁社，并聘请英敛之为社长。1927年，北洋政府准予学校试办，并正式将校名改为"私立北平辅仁大学"①。1927年以前，辅仁大学尚未完全形成，在校师生不过几十人；此后十年，辅仁大学的规模日渐扩大，院、系、学科发展比较完备，师生人数也大大增加，到1948年发展为四个学院——文学院、理学院、教育学院和农学院，16个系——国文学系、西洋语言文学系、史学系、经济学系、社会学系、数学系、物理系、化学系、生物系、农学系、医预系、教育学系、哲学心理学系、美术系、人类学系、家政系。1948年在校学生2435人。②

（二）接管前中共地下党在辅仁大学的活动

在中国共产党接管与改造各高校的过程中，除采取正确的接管政策确保了接管的顺利进行之外，为了配合学校的接管，中国共产党的地下组织、党的外围组织分别调查了学校人员、教学、设施等各种情况，并组织护校、纠察队等组织推进各项准备工作。辅仁大学全体党员、民主青年联盟对辅仁大

---

① 刘松林：《1950："辅仁大学事件"始末》，《党史文汇》，2005年第8期，第42~43页。
② 刘颖：《除旧布新：新中国成立初期中共对高等教育的接管与改造》，人民出版社2010年版，第156~157页。

学的顺利接管与改造也发挥了重要作用。

解放军进城之前，辅仁大学内部就建立了中共地下党组织。1948 年 9 月新学期开学之后，辅仁大学中国共产党的组织先后建立了三个支部，每个支部设书记一名，委员二名，其中两个支部都是由二、三、四年级的学生党员组成。

1948 年 11 月，由于解放战争的迅猛发展和工作需要，上级党委决定辅仁大学地下党三个支部合成一个总支部，党员 27 人，总支委员会由三人组成，季魁翰任书记，季学录、顾传沄为委员，李哲生同志负责联系。总支委员会每个星期开会一次，地点设在北平东城史家胡同雷国桢同志的家中，直至北平解放。①

除了地下党组织之外，1947 年下半年，辅仁大学还建立了民主青年联盟，简称"辅联"，即党的外围组织。当时中共地下党支部决定由刘振隆、李学录负责此项工作，计划单独成立辅仁大学民主青年支部，后因形势恶化，为避免暴露，便于确定保持对盟员单位的联系，决定谁发展的盟员成员，就由谁联系，均由党支部领导。②

为了迎接北平的解放，上级党组织给辅仁的地下党作出了迎接北平解放的指示，地下党随即在各方面展开了工作。中共辅仁大学总支部也认真贯彻了上级党组织的指示，积极开展迎接北平解放的工作。1948 年，中共辅仁大学总支委员会第二支部在指出党组织的活动情况时就提出："1948 年 10 月至 1949 年 2 月，本支部主要工作是在一年级新生中学习宣传党的方针政策、调查研究政治思想情况、团结争取群众、发展壮大党、辅联队伍和护校迎接解放等工作。"在护校的过程中，辅仁大学地下党为迎接解放做了不少工作："到 1948 年年底、1949 年年初，党组织传来了大快人心的消息，傅作义接受和平解放北平的条件，和平起义，国民党军待我军整编。地下党积极为组织同学迎接解放军入城开展活动：（1）要求党员、民联成员住进学校或经常来学校，以便在学校中进行联系活动，开展护校工作。如对校内教学仪器设备等组织可靠的人保护，对可疑的人物提高警惕，暗中监视，以防止进行破坏。（2）散发传单'告北平市民书'，阐明党对城市政策、和平解放北平的条件等，在校内外广泛发动党员、民联成员张贴，以安定民心。

①　徐乃乾：《北京辅仁大学》（校史资料革命史部分），北京辅仁大学校友会，第 92 页。
②　徐乃乾：《北京辅仁大学》（校史资料革命史部分），北京辅仁大学校友会，第 91 页。

（3）筹建全校迎接解放军委员会，组织学生出壁报，组织同学排练文艺节目，准备欢迎解放军入城。这时，许多班系都有了地下党领导的班系学生会组织，发挥公开组织的作用。"[1]

在接管与改造辅仁大学前后，辅仁大学的地下党及外围组织主要开展了以下几项工作：

一是开展宣传。地下党员在辅仁大学教职员工和学生中公开或秘密地宣传中国人民解放军平津前线司令部的约法八章、北平市军管会的布告、新年献词、《将革命进行到底》、《中国人民解放军北平军事管制委员会告北平各界同胞书》、《中共中央毛泽东主席关于时局的声明》等文件的精神，让广大师生尽快地接收到中国共产党的最新时政消息，并做出相应的思想和行动准备。

二是发动群众护校。1948年秋，在国民党东北不保、华北危急的形势下，辅仁大学地下党接到上级学委指示，发动师生员工进行护校活动和做各种准备工作。计划组织八个纠察大队，严防敌人破坏，监视敌特分子动向，以保障师生员工的生命财产安全。

三是组织调查研究。为了配合人民解放军解放北平，并使解放后城市接管顺利，我党曾要求各厂矿、机关、学校的地下党组织抓紧时间进行调查。辅仁大学地下党组织按照上级党委指示开展调查工作。其调查内容主要是：辅仁大学基本情况、校内敌特反动党团组织人员、西北城区敌军驻地、各机关地点、社会知名人士等。对这些信息的调查了解有助于我党全面掌控辅仁大学的情况与形势，为快速有效地接管创造条件。

四是开展统战工作。接管与改造前，华北局城工部曾提出一项重要任务，即团结、争取教授学者和专家留在北平。为此，辅仁大学的地下党进行了周密的安排。其举措主要有：一是通过进步教师向一些对时局尚持观望态度的人做思想工作；二是选派一些学习成绩好的党员、盟员拜访师长，向他们宣传中国共产党的政策，特别是对陈垣校长做了大量工作。[2] 中共地下党所做的大量工作为顺利接管辅仁大学创造了前提。

1949年1月31日，北平解放之际，辅仁大学组织成立了"辅仁大学迎接解放服务人民委员会"，这个委员会成立后广泛地开展了迎接北平解放的

① 徐乃乾：《北京辅仁大学》（校史资料革命史部分），北京辅仁大学校友会，第101页。
② 徐乃乾：《北京辅仁大学》（校史资料革命史部分），北京辅仁大学校友会，第103页。

各种群众性活动。该委员会组成人员的情况如下：

主席团：刘翰屏、郭熙宁、刘福惠

办公处：设总务部、联络部、宣传部，每部各2人负责

迎接大队：设立四个大队，每队2人负责

艺工大队：总指挥王春元，下设音乐组、舞蹈组、戏剧组、演说组、出版组、画报标语组

（三）接管前辅仁大学自身的调整

北平和平解放后，面对新旧政权的更迭以及随之而来的新的政治形势，辅仁大学随即为适应这一新的变化对自身进行了相应的调整。"他们的反应非常迅速。解放后仅过10天，即2月9日，芮哥尼神父就早早与陈垣校长讨论'辅仁大学调整方案'。"① 调整方案的主要内容有：芮哥尼辞去副校长职务；撤销训育处；在大学管理执行机构的监督下，公开大学的档案和收支账目等。之后不久，辅仁大学于1949年3月3日成立了临时校政会议，这是一个临时性的料理校政的机构，临时校政会议由17人组成，其中教员会代表6人（教授、讲师、助教各2人），学生代表2人，志愿代表2人，工人代表2人。临时校政会议主席为陈垣，成员有15人。②

同年3月，各系也相继设立了决策及执行机构，即由本系系主任、教授、讲师、助教和学生代表组成的系务委员会。此外还成立了临时学生生活辅导委员会、生产委员会、临时教务委员会。这些临时机构的成立促进了学校正常教学的进行。1949年6月19日，辅仁大学正式成立校务委员会。校务委员会有校长1人、教授5人、教会代表1人、讲师代表1人、学生代表1人。校务委员会规定，应根据事实设立各种委员会。

校务会成立时还邀请了华北高等教育委员会秘书长张宗麟出席，对此，《人民日报》曾这样写道："北平辅仁大学于十九日召开校务委员会成立大会，该校教职员、工友、学生二百余人到会，华北高等教育委员会秘书长张宗麟亦被邀请出席指导。陈垣校长报告校务委员会成立经过后，宣布校务委员会名单，计有校长陈垣、教授顾随、徐士峰、张重一、杜任之、赵光贤、

---

① 〔日〕大塚丰著，黄福涛译：《现代中国高等教育的形成》，北京师范大学出版社1998年版，第20页。

② 徐乃乾：《北京辅仁大学》（校史资料革命史部分），北京辅仁大学校友会，第115页。

欧阳湘、余嘉锡等十二人，讲助代表二人，学生代表二人，及教会代表芮哥尼、卢修女二人，并推定张重一为秘书长，徐士峰为教务长，余嘉锡为文学院长，芮哥尼为理学院长。在高等教育委员会代表张宗麟讲话后，教授、学生代表亦相继致辞，一致表示要在人民政府领导下团结合作，共同克服困难，为建设新辅仁而努力。"①

辅仁大学由临时校政会议及后来成立的校务委员会共同管理学校的日常工作。校务委员会遵照人民政府法令，在主持全校校务的同时，实行了一系列的改革，并且在新的政治形势下，辅仁大学出现了一系列新现象。1949年2月18日，在中共学校党组织领导下，首先由教员以书面形式向校长陈垣和天主教会驻辅仁大学代表芮哥尼提出了八项主张：

1. 今后的教育宗旨及措施必须符合新民主主义教育性的精神。

2. 宗教与教育必须严格区分，学校内不能作宗教性的宣传。

3. 学校经费之管理及使用权必须交与中国人，今后财政必须完全分开。

4. 学校行政权必须完全交与中国人。

5. 将来新的行政机构及其人选决定，必须采取民主方式，不许由少数人擅自决定。

6. 目前贫苦学生必须由学校设法维持其生活。

7. 凡关涉同人之待遇及福利事项必须由大家协议决定，我们保留最后决定的权利。

8. 在学校发行期中，校政不得停顿，以免影响相应同学的学业。②

1949年3月3日，辅仁大学召开的第一次临时校政会议提出，辅仁大学今后的教育方针应符合新民主主义，努力团结合作，并决定在课程设置方面，取消公教学、公教史、教宗通牒、伦理学等课，暂停讲授理则学、哲学概论。"1949年7月11日，组织辅仁大学教职员暑假学习委员会……教职员暑期学习的目的，是为了使新生的辅仁能从文化教育上，负担起建设新中国的任务，并利用暑期展开学习。北平解放后，在人民政府的领导下，辅仁大学先后成立了工会和学生会，增设了马列主义课程，师生员工的政治觉悟

---

① 《北平辅仁大学成立校务委员会》，《人民日报》，1949年6月21日，第2版。
② 刘颖：《除旧布新：新中国成立初期中共对高等教育的接管与改造》，人民出版社2010年版，第162页。

逐步得到提高，使得勾结美蒋反动派的教会势力有所削弱。学习内容主要有：'社会发展史'、'新民主主义论'、'中国革命与中国共产党'、'辩证唯物主义'与'历史唯物论'等。学习方法，以个人阅读为主，进行小组讨论，总结报告与问题解答。"① "1949 年下半年开始，全校师生开展了马列主义理论学习，加强思想教育工作。发动群众参加南下工作团，支援解放战争。"② 辅仁大学内部的这些自身调整为中国共产党正式接管埋下了伏笔。

（四）对辅仁大学的正式接管

1949 年 6 月 13 日，华北高等教育委员会主席周扬接见了辅仁大学教授芮哥尼，明确提出了下列接收意见：

1. 政府对私立学校的政策，是任何私立学校包括大学在内，只要它遵守人民政府的一切法令，不违背新民主主义教育方针，均允许其存在。政府对它们加以一定的指导和监督，并视其办学历史成绩予以必要的可能的帮助。

政府希望辅仁大学应按照新民主主义精神培养学生，热爱自己的国家，树立全心全意为人民服务的观念。按照当前国家建设的需要培养各种的科学人才。

2. 外国人在中国开办的学校无任何特权，应将学校主要行政权交给中国人，自己则与一般中国教授处于同等地位，因而享受同等的权利。

3. 教育与宗教应该分开，因为新民主主义的文化教育，是民族的科学的大众的。如果把宗教当作课程在课堂内进行宣传，那就与我们的教育政策相违背了。我们共产党人本人虽然是不相信任何宗教的，但却不干涉别人信教与传教，共产党与人民政府允许信教自由，允许在课外传教，宗教学说为学术研究，当作选修课是可以的，但必须保证学生真正自愿选修，不得加以任何勉强。

4. 社会科学其中最基本的，就是《辩证唯物论和历史唯物论》，应当列为大学必修课。

5. 职工的聘请权，属于校务委员会。教职工享有哪些权利，由校委会及教职员协会商定。③

---

① 徐乃乾：《北京辅仁大学》（校史资料革命史部分），北京辅仁大学校友会，第 53 页。
② 徐乃乾：《北京辅仁大学》（校史资料革命史部分），北京辅仁大学校友会，第 124 页。
③ 徐乃乾：《北京辅仁大学校史》，中国社会出版社 2005 年版，第 48 页。

由于中国共产党的态度以及领导下的辅仁大学各方面的转变，教会及其所代表的外国势力认为这种转变对他们存在极大的不利。因此，外国教会方面首先挑起了冲突，而这种冲突导致新政权对辅仁大学进行了相应处理。

教会首先提出减少对于辅仁大学的补助经费，并提出补助的条件，明目张胆地对学校权力机构进行各种干涉。1949 年教会将学校的补助费由 22 万美元减少到 16 万美元。1950 年 7 月 2 日和 14 日，教会驻校代表芮哥尼先后致函陈校长表示，经费问题必须在下列条件下才能拨付：一是由教会选任一个新的董事会，二是教会代表对人事聘任有否决权。信外还附带提出要求解聘杨荣春、魏重庆、刘景芳、王玢、李世繁五位进步教授，作为补助当年经费的条件。此外，补助费还由每年的 16 万美元再减至 14.4 万美元。

1949 年 7 月 19 日，陈垣校长和校务委员会就教会提出的上述事项请示中央教育部，被理所当然地拒绝了，并明确学校人事聘任权属于中国教育主权，新董事会由教会和校长选任，经中央教育部批准可以成立。1950 年 7 月 24 日，校务委员会召开第 37 次会议。陈垣校长将下年度经费问题和与教会代表往来书信的内容正式向校委会报告。与会全体一致拥护陈校长对教会代表回信中关于人事否决权不能答应的主张。但是，教会驻校代表芮哥尼表示在经费问题没有解决前聘书暂不发出，也不参加任何与之相关的会议。1950 年 7 月 27 日，芮哥尼再次写信给校长，重复坚持所提两项条件，并表示是教会的本意，也是教会继续补助辅仁大学经费的主要条件，结果仍遭拒绝。1950 年 7 月 29 日，芮哥尼发出《告本校同仁同学书》，提出"在过去一年中，由于本校有几位同仁为海外热心教育的天主教人士所不满，致使辅助费的来源日益枯竭"。"本人最后向陈校长所提出的那几位同仁，教会最高当局来电示意，如仍留校任职，即为目前断绝下年度经费来源的原因。为此，本人曾将此点向陈校长一再声明，惜终遭拒绝。因此，自本 8 月 1 日起，教会对辅仁大学之赞助费即告断绝。此后校内所有问题应归陈校长负责，教会无法再来辅助。"[①] 为了保证辅仁大学 3000 多师生员工正常的学习和工作，人民政府当即决定按期支付该校每月需要的经费。另外，本着公私兼顾和维持整个人民教育事业的方针，对教会驻校代表仍继续采取解释和说服的态度，希望他能有所悔悟而撤回原案。但芮哥尼却以为得计，继续四处活动，还两次发表《告同学同仁书》进行挑拨离间，鼓动少数不明真相的工友

---

① 徐乃乾：《北京辅仁大学》（校史资料革命史部分），北京辅仁大学校友会，第 60 页。

向学校请愿，更企图组织新校董事会撤换陈垣校长，使学校工作陷入混乱和停顿。至此，人民政府已不能容忍。

1950 年 9 月 25 日，中央教育部部长马叙伦以中国政府名义通知教会驻校代表芮哥尼谈话，向他阐述清楚了人民政府对待教会学校的政策和态度，正式声明中央人民政府在认为最不能容忍的时候，即将学校收回自办，并重点提出：中央人民政府最近颁布的《高等学校暂行规程》及《私立高等学校管理暂行办法》是全国私立高等学校都要遵守的法令。谈话中强调了中央人民政府对待教会学校的原则，详列如下：

1. 在一个独立民主的国家里，不允许外国人办学校，除非是他们的侨民自己设立而为教育他们的子女的学校，这是世界通例。

2. 外国人在旧中国所办的教会学校，因为它已经办了多年，所以必须在它真实地遵守中国人民政治协商会议共同纲领及教育方针与法令的条件下，可以暂时允许它继续办，但中央人民政府保有根据需要以命令收回自办的权利，更绝对不允许新设这类形式的学校。

3. 宗教与学校教育是两回事，必须明确分开，不允许任何曲解与含混，在学校课堂内不允许进行做礼拜、查经等宗教活动。

4. 教会设立的高等学校，可以设宗教的课程，但只准是选修，而且不允许任何强迫与利诱学生选修宗教课程。

5. 中央人民政府教育部最近颁布的《高等学校暂行规程》和《私立高等学校管理暂行办法》是全国私立高等学校都要遵守的法令。[1]

1950 年 9 月 26 日，教会驻辅仁大学代表报告教育部，因为罗马教廷来电，决定停止对辅仁大学的补助。

1950 年 9 月 30 日，教会回电："补助费决定停止，除非条件基本上改变，教会坚持决定。"可见，教会仍然坚持干涉中国教育主权的无理要求。为了整个人民教育事业的恢复和发展，中央人民政府授权教育部于 10 月 12 日接收辅仁大学，并明令"将该校接收自办，并提请任命陈垣为校长，负责

---

[1] 刘颖：《除旧布新：新中国成立初期中共对高等教育的接管与改造》，人民出版社 2010 年版，第 165 页。

主持校务"①。辅仁大学的接收给其他教会大学的师生以极大的鼓舞，也预示着教会大学的历史将一去不复返。同日，辅仁大学校务委员会召开会议，决定要求人民政府接办辅仁大学，并立即召开全校教职学工大会，表示全校意志一致，要求北京辅仁大学由人民政府接办。大会要求教徒与非教徒加强团结，一切为新辅仁而奋斗。

中央教育部为了彻底解决辅仁大学问题，提请政务院核准将辅仁大学接收自办。1950年10月10日，颁布《中央人民政府教育部令》。10月12日，经教育部报请政务院批准，明令接收辅仁大学自办，并提请任命陈垣为校长，主持校务，张重一任秘书长，赵光贤任教务长。教育部部长马叙伦为此发表了书面谈话，阐述了接办辅仁大学的原因、事实过程以及我国政府接办的原则、方针和办法。同时还说明，此次政府解决辅仁大学的问题，纯属教育主权问题，与宗教问题毫无关系。接收自办的是私立辅仁大学，对辅仁大学的宗教选修课及信仰天主教的教授、学生、员工保证一切如常。

接管后的辅仁大学迅速融入党领导人民开展的一系列波澜壮阔的革命运动之中。辅仁大学师生广泛参加了抗美援朝、土地改革、镇压反革命、"三反""五反"等运动。"1950年10月，抗美援朝运动开始，广大师生、职工通过学习，批判亲美崇美恐美思想，增强了民族自尊心、自信心，受到了深刻的爱国主义教育和国际主义教育。广大教职员工订立爱国公约，开展了捐献飞机、大炮等活动。"②在国际国内的政治运动中，都表现出了新接管学校的风范。

1952年，在全国范围内院系调整的过程中，根据国家"以培养工业建设人才和学校师资为重点，发展专门学校，整顿和加强综合大学"这一总的方针，3月，政务院周恩来总理正式决定将辅仁大学并入北京师范大学。4月，学校成立校舍、教务、人事三个小组，进行院系调整工作。5月正式成立"北京辅仁大学、北京师范大学院系调整小组"。1952年9月，经中央最终决定，北京辅仁大学中文系、西语学系（二、三年级）、史学系、数学系、物理学系、化学系、生物学系、教育学系、心理学系一共53个班，学生共计1123人并入北京师范大学；哲学系、西语学系（四年级）并入北京大学；

---

① 中央教育科学研究所：《中华人民共和国大事记（1949—1982）》，教育科学出版社1984年版，第27～28页。

② 刘颖：《除旧布新：新中国成立初期中共对高等教育的接管与改造》，人民出版社2010年版，第124页。

经济学系贸易专修科、保险专修科、社会学系劳动组与北京大学、清华大学、燕京大学经济学系调整合组成立中央财经学院，一年后中央财经学院并入中国人民大学；社会学系内务组并入北京政法学院。至此，私立辅仁大学的发展历史在新中国得以终结。

综上所述，从中国共产党对以交通大学为例的公立高等学校和以辅仁大学为例的私立高等学校的接管和改造过程来看，其之所以能顺利进行，是我党与高校双方共同努力的结果。一方面是我党接管政策的正确以及事先宣传动员工作的准备充分，另一方面是在于校方对中国共产党接管高校政策的拥护认可和积极配合的态度。实践证明，在新中国成立初期，对旧中国的高等学校实行"维持原有学校，逐步加以必要的与可能的改良"的总方针是正确可行的，这样，在学校秩序基本稳定的条件下，发动全校师生员工顺利接管公立学校，采取多种形式收回私立学校的教育主权，先维持再逐步加以改造，不仅可以快速地恢复正常的教学秩序，维持高校师生的稳定，使教师安心教学和研究，更使学生有一个稳定的学习环境，从根本上来说，既巩固了新生政权，也为此后高等学校的进一步改造赢得了先机。

中国共产党对这些高等学校的接管可以说是一个稳定而有序的过程。在这个过程中，通过对高校人事权的接管、建立新的学校领导机构等步骤成功地实现了顺利接管的目的，并通过接下来的一系列改造逐步将众多高校转变成为新中国建设服务，贯彻党的意识形态、教育方针、教育思想的高校。尤其最重要的是逐步确立了中国共产党对全国范围内所有高校教育主权的领导地位。接管后的高校在性质上已经开始发生根本性变化，主要体现在：一是在领导权上，从代表大地主大资产阶级的国民党政府的手中以及从外国侵略者手中收回，归人民所有并受中国共产党领导。二是在思想上，从接受封建地主阶级、买办资产阶级的影响，转变为接受马克思主义、毛泽东思想的指导；三是在办学方向上，从为大地主大资产阶级统治的旧中国服务，转变到为工人阶级领导的，以工农联盟为基础的新中国服务等等，这些转变无疑是巨大的、根本的、前所未有的。

确立了领导权之后的中国高校，从此在中国共产党的领导之下，开始了新中国高等教育的发展与创新之路。

第二章 "院系调整"——高等学校组织的重构

20世纪50年代，为了适应当时国家经济建设发展的需要，在中央的统一部署下，以苏联高等教育为参照，中国高等院校进行了全国范围内的院系调整。它是中华人民共和国高等教育发展史上的一个重要转折，从根本上改变了新中国成立前高校内部的院系设置，重新建立了新中国高校内部的组织结构，初步改变了中国高校过于集中在大城市和沿海地区的不合理的分布格局，尤其是把民国时期效仿英国、美国构建的高校体系改造成为效仿苏联的高校体系，新中国高等教育系统的基本格局由此发端。

第一节 院系调整的设想

1949年9月29日中国人民政治协商会议第一届全体会议通过的《中国人民政治协商会议共同纲领》规定："中华人民共和国的文化教育为新民主主义的，民族的、科学的、大众的文化教育。人民政府的文化教育工作，应以提高人民的文化水平，培养国家建设人才，肃清封建的、买办的、法西斯主义的思想，发展为人民服务的思想为主要任务"，并指出要"有计划有步骤地实行普及教育，加强中等教育和高等教育，注重技术教育，加强劳动者的业余教育和在职干部教育，给青年知识分子和旧知识分子以革命的政治教育，以应革命工作和国家建设工作的广泛需要"[1]。1950年第一次全国高等教育会议提出新中国高等教育的方针和任务，是"以理论与实际一致的方法，培养具有高等文化水平，掌握现代科学和技术的成就、全心全意为人民服务的高级建设人才"[2]。根据这些方针和规定，全国解放后，人民政府做

---

[1] 《中国人民政治协商会议共同纲领（摘录）》，北京师大高等学校干部进修班：《中国高等教育文献法令选编》，北京师大高等学校干部进修班编印，1981年，第1页。

[2] 钱俊瑞：《团结一致，为贯彻新高等教育的方针，培养国家高级建设人才而奋斗》，北京师大高等学校干部进修班：《中国高等教育文献法令选编》，北京师大高等学校干部进修班编印，1981年，第3页。

了大量工作，对旧中国的高等教育进行了社会主义改造，以适应国民经济的恢复和发展。

（一）国家经济建设发展的需要

新中国成立之初，国家面临社会经济恢复和发展的巨大人才需求。正如1950年6月周恩来总理在第一次全国高等教育会议讲话中指出的："现在我们国家的经济正处在恢复阶段，需要人'急'，需要才'专'。"① 民国时期，中国高等教育虽然有一定的基础，但由于战争等原因极大地破坏了高等教育赖以生存和发展的经济基础。而且，高等教育学科结构不合理，人文学科比例高达60％以上；且工科培养能力过低，理论与实际脱节。学校规模也偏小。据1947年的统计，在207所高等学校中，规模在500人以下的占54.2％。② 无论是在数量上还是质量上（主要指是毕业生理论联系实际的能力），旧有的高等教育是难以适应和满足大规模的工农业建设对人才的需求的。因此，1950年召开的第一次全国高等教育会议提出："我们要在统一的方针下，按照必要和可能，初步地调整全国公私立高等学校或某些院系，以便配合国家建设的需要。"③

（二）学习苏联高等教育经验

20世纪50年代初，新生的中华人民共和国面临复杂的、严峻的国际、国内形势，当时苏联作为世界上第一个社会主义国家与中国交好，且其在各方面的发展情况甚为平稳，由此新生的中华人民共和国在进行社会主义建设时提出"以俄为师"（即向苏联学习）。1949年12月30日，教育部副部长钱俊瑞在第一次全国教育工作会议上的总结报告中，多次明确表示要借鉴苏联的教育经验，并把学习苏联教育经验作为建设新教育的方向。苏联高等教育强调专业教育和教育发展的计划性。新中国成立初期，被认为是资产阶级高等教育的旧式的通才教育模式不可能再继续下去，建立专门学院，发展专业教育，培养高级专门建设人才就成为新中国高等教育的主要任务。院系调整这一举措就是为此而进行的。

（三）中国高等教育自身发展的需求

民国时期的高等教育具有百家争鸣、类型多样化的特点。有公立的，有

---

① 中央教育科学研究所：《周恩来教育文选》，教育科学出版社1984年版，第9页。
② 《中国高等学校简介》编审委员会：《中国高等学校简介》，教育科学出版社1982年版，第3页。
③ 马叙伦：《第一次全国高等教育会议开幕词》，《人民教育》，1950年第1期，第11～14页。

私立的（包括接受外资津贴的），但是，就民国后期的高等学校而言，公立学校布局不合理，学科设置或重复偏科或设置庞杂。为迅速改变新中国一穷二白的落后面貌，加强工业发展的基础，国家急需工业建设人才和师资力量。1952 年 5 月，教育部确定了院系调整的方针和政策："以培养工业建设干部和师资为重点，发展专门学校和专科学校，整顿和加强综合性大学。"①调整的原则包括：一是基本取消原有系统庞杂的、不能适应培养国家建设干部需要的旧制大学，改造成为培养目标明确的新制大学；二是国家建设所迫切需要的学科专业，予以分别集中或独立，建立新的专门学院，使之在师资、设备上更好地发挥潜力，在培养干部的质量上更符合国家建设的需要；三是将原来设置过多、过散的摊子，予以适当集中，以便整顿；四是条件太差，一时难以加强，不能继续办下去的学校予以撤销或合并。高等学校存在的基础是社会对高等教育的需求。随着战乱的结束及国家经济的恢复和发展，高等教育自身面临着社会适应性的问题，旧有的办学模式或已失去社会基础。

新中国成立之初，先后有过知识分子思想改造运动、土地革命、镇压反革命、抗美援朝等运动，这些运动成为进行院系调整的基础性条件。这实际上也表明，中国共产党始终是把高等教育改革纳入新民主主义社会的整体发展中去考虑的。高等教育的功能也只有定位在服务社会主义建设上才有生存和发展的通道，因而，打破旧有高等教育体系的办学模式，重新整合并设计新中国高等教育体系和秩序就成为当时高等教育发展的主题。

第二节　院系调整的试点

一、院系调整的酝酿

1949 年 1 月北平解放，中央文化接管委员会开始接收各级各类学校。在接管初期，文化接管委员会就发现北平高校院系不仅设置重复，而且发展不平衡，于是，提出了北京大学与清华大学两校调整问题。1949 年 3 月 14 日，文化接管委员会召开大学教育座谈会，主要讨论北平各国立大学的课程

---

① 赵存荣、柳春元：《五十年代初山西高等教育的"院系调整"及其影响》，《高等教育研究》，2002 年第 3 期，第 102～105 页。

改革、院系调整以及私立大学的存废改进问题。在这次会议中形成了北平高校院系调整的初步方案，其思路大致是以北京大学、华北大学以及其他学校的文法科为基础构建社会科学和文学类的大学；以清华大学为基础，合并各校的理、工院系组建理工大学；以北京师范大学为基础，合并各校的教育系成立师范大学；华北医大和北平各医科学校合并组成医科大学；各大学的农学院以及农场合并成立农学院；铁路方面的则全部合并组成铁路学院。会议结束后，文化接管委员会将调整方案上报中央。中央认为，"清华大学教授中的门户之见甚深，主张调整的进步教授占少数"①，不宜立即进行调整合并。而且还认为，像华北大学这样的学校在新中国成立初期还需要担负短期的政治训练班的任务，与北京大学的性质有异，也不宜将两校合并。鉴于此，中央建议先做一些调查，做一些准备工作，在清华大学、北京大学这类学校中先"吸收一批社会科学、文学的进步教授，先打些底子，以便将来合并时能占优势"②。会后，文化接管委员会与随后成立的教育部一起开始从各方面为高校的调整工作做准备。

1950年5月27日，教育部为准备高等教育会议的召开，并就制定的《高等教育组织法草案》征求意见，在清华大学组织了高等教育问题的大讨论。这次讨论会的参与人员主要有清华大学、北京大学和燕京大学的教授，教育部技术教育处的处长周钟岐、科长杨民华也参加了会议。座谈会主要就以下问题展开了讨论：一是大学的性质和任务，二是"通才"和"专才"的问题，三是如何理解"理论与实际一致"，四是课程改革和院系调整的问题，五是师资培养问题。③ 座谈会上，教育部提出的大学教育专门化的发展方向遭到了教授们的反对。他们指出大学的性质应是"全面的、向上的、创造的"，大学中"学术的研究成分应当重于实用的技术成分"，大学应该走综合化的发展道路，工学院不应该与文法学院分离。大学教育训练的目的应该是在通才的基础上培养具有创造力的人才，而不是狭隘性的实用人才。

为了全面探讨新中国高等教育的发展方向和研究相关政策，1950年6月1日至9日，中央相关部门召集了中央及地方教育行政干部和高等学校的

---

① 陈大白：《北京高等教育文献资料选编（1949—1976）》，首都师范大学出版社2002年版，第153页。

② 陈大白：《北京高等教育文献资料选编（1949—1976）》，首都师范大学出版社2002年版，第157页。

③ 韩晋芳：《20世纪50年代清华大学院系调整初探》，《工程研究——跨学科视野中的工程》，2008年第4卷，第142~152页。

主要负责人共计 180 多人举行了第一次全国高等教育会议。这次会议对院系调整影响深远。

时任教育部部长马叙伦在开幕词中指出："我们要在统一的方针下，按照必要和可能，初步调整全国公、私立高等学校或其某些院系，以便更好地配合国家建设的需要。我们对私人办的私立高等学校，除办理成绩太坏者外，一律采取积极维持和逐步改造的方针，对于其中成绩优良而经济困难的院系，一定要予以可能的补助。"[①] 他的话道出了院系调整的原因、方针和策略，拉开了全国范围内统一地有计划有步骤地院系调整的序幕。

在长达近十天的会议期间，不仅对高等学校的规程进行了全面的探讨，而且还请苏联专家做了报告。在 6 月 8 日的全体会议上，苏联专家针对中国高等教育改革作了发言，他回顾了苏联高等教育的经验："怎样在技术上赶上并跨过帝国主义国家的成就呢？苏联立刻就采取了有效的具体的措施：第一是迅速地建设轻、重工业的工厂；第二是培养大批的工业、农业专家和干部。自然，后者便成了苏联高等教育的主要任务。……在苏联大学只有三十所，而中国高等学校的总数却有八百多，这表示苏联高等教育的发展是走的发展独立学院的道路。……所以，高等教育改革的目的即是要把'抽象'、'广博'的学府逐步改变成具体的、专业的学府。"[②] 强调在高等教育中重点发展独立学院，而不是综合大学。此后，中国的高等教育政策与定位深受苏联影响。

但是，对大会领导层发言中表露出的进行全国范围内的院系调整，尤其是重视发展专门学院的意图，大多数与会者并没有明确表态，而是采取旁观的态度。"清华大学的教授们，也不愿意谈到自己的问题，总以为高等学校的组织规程只是应用到旁的学校，而与清华无涉。"[③] 不过，在这种气氛下，也有迅速顺应将来的发展方向，选择重点发展专门学院道路的大学，这就是东北的大连大学。大连大学是在 1949 年东北地区高等教育的调整过程中成立的大学。创建后仅一年多，就在全国高等教育会议改革精神的指导下，由东北人民政府教育部决定将该校划分为大连工学院、大连理学院和大连俄文

---

① 马叙伦：《第一次全国高等教育会议开幕词》，北京师大高等学校干部进修班：《中国高等教育文献法令选编》，北京师大高等学校干部进修班印，1981 年，第 27 页。
② 〔苏〕阿尔欣捷也夫：《从苏联高等教育看中国高等教育的改革》，《新华月报》，1950 年第 2 卷第 3 期，第 657 页。
③ 周培源：《从高等学校的院系调整谈肃清崇美思想》，《人民日报》，1951 年 12 月 2 日，第 4 版。

专科学校三部分，分别成立独立学院，直到 7 月 23 日，即高等教育会议召开后不到两个月的时间内完成。当然，在东北人民政府教育部正式决定分校之前，大连大学也曾就分校问题进行过激烈的讨论。一部分教师强烈要求在现有的学院和专修科基础上，增设文学院和法学院，发展综合性大学。有些非党员教师甚至公开质疑："为什么共产党把刚办了一年的大学就要拆散了呢？"还有很多教师对大学被拆分为几个单科学院之后改名为"大连工学院"表示反对，要求改为"大连工业大学"。他们认为大学比学院要高一等，因而坚持要求办成综合大学。①

1950 年 7 月 28 日，政务院第 43 次政务会议通过《关于实施高等学校课程改革的决定》《关于高等学校领导关系的决定》，8 月 2 日政务院公布施行。其中《关于高等学校领导关系的决定》规定：中央人民政府教育部对全国高等学校（军事学校除外），均负有领导的责任，各大行政区人民政府或军政委员会教育部或文教部均有根据中央统一的方针政策，领导本区高等学校的责任。华北区内高等学校，除已交由省政府领导者外，由中央教育部直接领导。其他各大行政区内高等学校，暂由中央教育部委托各大行政区教育部直接领导。中央教育部得视条件，有计划、有步骤地将各地区高等学校收归中央教育部直接领导。同时，会议还修正批准了《高等学校暂行规程》和《私立高等学校管理暂行办法》等决定。这些基本法规奠定了全国高等学校院系调整的政策基础，同时也为日后全国范围内的院系调整提供了一种行政性的指导。

1951 年 3 月 30 日，根据全国高等教育会议的精神，北京大学工学院召开了院系调整重点发展问题座谈会。土木系部分教师提出"理工可并入清华学，文法可并入北大"。② 北京大学土木系教师之所以提出与清华大学合并，主要是考虑到清华大学、北京大学两家土木系的性质类似，两系的教师之间存在着师友关系，更重要的是，教师们感觉到，院系调整是必然之趋势，如不主动提出调整到清华大学，将来就有可能被调整到不熟悉的院校。从座谈会讨论的结果来看，当时北京大学土木系教师中主张调整的意见占大多数。会后，北京大学土木系的教师们向教育部提出了与清华大学土木系合并的意见。当时教育部对这一提议十分赞同，但后来又以经费不足、不能添盖校舍

---

① 屈伯川：《大连工学院是怎样进行改革的？》，《人民日报》，1951 年 11 月 30 日，第 4 版。
② 韩晋芳：《20 世纪 50 年代清华大学院系调整初探》，《工程研究——跨学科视野中的工程》，2008 年第 4 卷，第 142～152 页。

为由拒绝了两校土木系合并的要求。

1951 年 4 月，教育部召开部分工学院的院长会议，讨论对工科院校的调整工作。对于这次会议，很多教育史研究的著作和论文中提及不多。据中科院魏寿昆院士回忆，1951 年 4 月，教育部邀请各大学的工学院院长召开会议，会议持续一天，当时参加会议的至少有二三十人，这些人大多都是各学校工学院的负责人、教授。上午的会议由清华大学工学院院长施嘉炀主持，下午由时任北洋大学工学院院长的魏寿昆主持。这次会议主要是请各工学院轮流报告工学院情况，教育部派专人做会议记录。各工学院报告完毕后并没有对相应问题进行讨论，教育部与会人员也没有发言，会议也并未形成相关决定。据清华大学档案馆的相关资料记载，这次会议其实是京、津、唐院校领导的一次联席会议。① 同时期，华东地区也召开了各公立高等院校工学院的院系调整会议。

由此可见，1951 年 4 月的工学院会议上并没有形成清华大学、北京大学的调整方案，仅根据华北地区和华东地区的工学院会议形成了以下调整方案：北洋大学与河北工学院合并，成立天津大学；清华大学、北洋大学和河北工学院合并，成立清华大学航空系；交通大学运输管理系并入北方交通大学；复旦大学土木系与交通大学土木系合并等。此后，按照调整计划，北洋大学和河北工学院合并，于 1951 年 8 月完成合并工作。华东地区也按照预定的计划进行了调整。但是，清华大学与北京大学的调整工作却未能实施，而是分别形成了新的调整计划。

新中国成立后不久，在全国范围内进行了被称为"院系调整"的大规模大学组织机构改革，即对民国时期的大学学部或学科的"学院"或"系"进行全面调整，以便从国家整体利益和长远规划出发，有针对性地有计划地培养新中国需要的各式人才。这次院系调整不局限于对部分高校或某一所高校的内部组织机构进行调整，而是在全国绝大部分高校之间进行跨省或跨地区的，以大学、学院、系为单位的改组、撤销或合并。与之相伴随的是，对调整后高校的课程进行了重新安排，对教材的编纂以及教师队伍等各个方面都进行了改革。大学组织的重新调整和新的高等教育秩序与制度的形成，标志着中国高等教育基本结构的形成。

---

① 韩晋芳：《20 世纪 50 年代清华大学院系调整初探》，《工程研究——跨学科视野中的工程》，2008 年第 4 卷，第 142～152 页。

二、1949—1950年的院系调整

从新中国成立初期接管高等学校开始，院系调整就局部开始了。虽然规模不大，但是新中国成立前后已经出现了高校之间吸收、合并以及改组、重建等具体案例。虽然这些合并或调整不能说是没有事先计划或进行准备，但是，就统一性和计划性而言，它们无法与之后全国范围内进行的院系调整相比。

早在新中国成立前夕，解放较早的东北地区就决定对本地区的高等教育机构进行调整，通过合并"伪满"时代的教育或研究机构等方式，设立了沈阳工学院、哈尔滨工业大学、东北大学、大连大学和东北行政学院等14所高等院校。

为创建有利于中国农业建设发展的全国性农业大学，北京大学、清华大学和华北大学所属的农学院合并成立了北京农业大学，校园即北京大学农学院的所在地，并规定当时已被三所大学录取的新生，在各大学分别登记注册后，统一转入新大学学习，1949年10月5日的《人民日报》对此进行了报道。1949年6月1日，还设立了暂时管理华北区高等教育行政的华北高等教育委员会，委员为钱俊瑞、乐天宇以及三所高校的教师和学生代表共计17人。

然而，华北高等教育委员会并没有存在多久，在下属各大学的初步改造完成之后，于同年10月20日宣布解散。根据该委员会最后一次全体会议的总结报告，该委员会除了负责上述三所大学的农学院的合并外，还负责指导以下各大学进行改编和合并，即撤销清华大学人类学系；将北京大学教育系和南开大学哲学系并入北京师范大学；清华大学法律系并入北京大学；撤销南开大学政治系，改编并入南开大学政法学院的财经学院。① 1949年，华北区天津市的国术体育师范专科学校和河北女子师范学院合并成立河北师范学院。②

当时，除上述东北和华北地区之外，华东、中南、西南和西北各大行政区也对高等学校进行了相应改革。在华东区，福建音乐专科学校并入中央音

---

① 金凤：《完成各大学初步改造，华北高教会结束，董必武作总结报告》，《人民日报》，1949年10月21日，第4版。
② 《中国教育年鉴》编辑部：《中国教育年鉴（地方教育）》，湖南教育出版社1986年版，第104页。

乐学院上海分院，同济大学文学院和法学院并入复旦大学。[①] 上海幼儿师范专科学校、上海体育师范专科学校和上海师范专科学校并入南京大学师范学院，省立安徽学院并入安徽大学。[②] 不过，与上述各校不同的是，为了将暨南大学重新办成面向华侨和海外侨胞的大学，决定将文、法、商三所学院的在校生转入复旦大学，理学院的学生转入交通大学。[③]

此外，在中南区，省立音乐专科学校、南岳国师、私立克强学院和私立民国大学四校合并成湖南大学。省立助产学校和省立看护学校合并成立江西省医学专科学校，中正大学与省立的工业、农业、体育、水利和兽医等五所专科学校合并成立南昌大学。[④] 在西北地区，1949 年 9 月，陕西师范专科学校与陕西商业专科学校并入西北大学，陕西省立医学专科学校并入国立西北大学医学院。[⑤]

到 1950 年，这种小规模的、几所大学之间的合并重组越来越频繁。例如，在东北区，沈阳农学院与哈尔滨农学院合并成立东北农学院。[⑥] 在华北区的山西省，白求恩国际医学专科学校、私立川至医学专科学校和太原助产学校并入山西大学，北京师范大学学工部也合并到该校，成为山西大学的理学部，同时，山西大学法学院的法学系被合并到北京大学。[⑦] 华东区的私立上海法学院合并到上海财经学院。福建泉州海疆学校的商科和师范科分别被并入福建省高等商业学校和省立师范专科学校。位于无锡的江苏省立教育学院、苏州国立社会教育学院和私立中国文学院三校合并，成立苏南文化教育学院。另外，复旦大学生物系并入山东大学；济南大学理学院并入上海交通大学；震旦女子文理学院并入震旦大学；安徽大学土木系和艺术系并入南京大学；吴淞商船学院和交通大学航运管理系合并，改为上海航务学院；中法

---

① 《中国高等教育简介》编辑部：《中国高等学校简介》，教育科学出版社 1982 年版，第 228 页、268 页。

② 华东军政委员会教育部：《华东高等教育概况》，华东军政委员会教育部编印，1950 年，第 5 页。

③ 华东军政委员会教育部：《华东高等教育概况》，华东军政委员会教育部编印，1950 年，第 3 页。

④ 《中国高等教育简介》编辑部：《中国高等学校简介》，教育科学出版社 1982 年版，第 475、379、381 页。

⑤ 《中国高等教育简介》编辑部：《中国高等学校简介》，教育科学出版社 1982 年版，第 625、627 页。

⑥ 《中国高等教育简介》编辑部：《中国高等学校简介》，教育科学出版社 1982 年版，第 212 页。

⑦ 《中国教育年鉴》编辑部：《中国教育年鉴（地方教育）》，湖南教育出版社 1986 年版，第 179 页。

药学专科学校并入上海医学院等合并工作亦得以实施。①

1949 年底才得以解放的西南区，在 1949 年没有进行较大规模的大学合并与调整，但到了 1950 年，国立女子师范学院和四川省立教育学院合并，在重庆北碚成立西南师范学院，四川省立教育学院的农艺、园艺、农业生产三个系和华西大学的农学系、私立相辉学院农艺系合并，也在北碚成立西南农学院。南宁师范学院并入广西大学。② 在西北区，西北农业专科学校的农田水利科并入西北农学院，畜牧和兽医科并入西北兽医学院，农业经济科并入兰州大学，撤销农业专科学校。③

据 1950 年 9 月 4 日安徽大学土木系和艺术系并入南京大学时互换的协议书，可以了解当时院系合并的实际情况。在教师问题上，该协议书对教师的工资和待遇作了相应规定。根据协议书，并入后，希望增加安徽大学土木系二名教师中一名教师的工资，另一名保持原有待遇。三名助教的待遇则根据其毕业年月依照南京大学的标准执行。艺术系三名教师来到南大后，工资按南京大学标准发放。另一名教师到南大后应立即开课，但是否能来南京大学，必须征得本人的同意再作决定。因此，9 月份前半月的工资由安徽大学支付，后半月的工资由南京大学支付。此外，土木和艺术两系的所有设备都随系同时迁往南京大学。④ 在学生问题上，土木系四年级学生按照南京大学的课程标准进行补课方可承认其学籍，否则视为借读生。二、三年级的学生则按照南京大学的课程补课，根据本人意愿，也可以留级学习，但并不勉强。此外，二年级学生也可转入水利系学习。艺术系的学生必须参加学年等级考试，并带上自己的作品。以上补课、考试和留级措施等方面反映了一个事实，那就是实力悬殊的两个高校之间的合并，在一些制度方面必然遵循实力强的高校。

由上可见，两校间的合并并非一件容易的事。然而值得一提的是，这一时期高校间的合并重组不仅根据双方意向签订协议，而且，主管部门并不针对合并采取强制措施。以下各校的合并或调整也反映了这一点。

---

① 邱雁、杨新：《解放初院系调整大事记（1949—1953）》，《辽宁高等教育研究》，1982 年第 4 期，第 200~201 页。
② 《中国高等教育简介》编辑部：《中国高等学校简介》，教育科学出版社 1982 年版，第 573、559、522 页。
③ 《中国教育年鉴》编辑部：《中国教育年鉴（地方教育）》，湖南教育出版社 1986 年版，第 1220 页。
④ 南京大学校庆办公室校史资料编辑组、南京大学学报编辑部：《南京大学校史资料选辑》（内部出版），1982 年印刷，第 496~497 页。

1950 年 6 月，上海市的上海纺织、中国纺织和诚孚纺织三所私立专科学校因为生源不足，经营困难，难以继续维持，学生向学校申请要求合并。在征得当时作为主管部门的华东纺织工业部的同意后，华东区教育部考虑到"私立学校的合并尚无先例"，于是报请中央教育部决定，中央教育部在批复电中指出，"如仅系学生发动，而各校多数员工或学校当局尚有不同意见，则应加以充分考虑，不宜急进，必俟酝酿成熟后，始可合并"①。可见，在当时条件尚未具备，政策尚未明朗的情况下，此时中央对高校的合并调整态度是十分谨慎的。

三、1951 年的院系调整

与 1950 年全国高等院校会议上简单提到院系调整相比，1951 年，有关部门制定了更加具体的院系调整方针，对院系调整中的某些重点专业和地区也做了相应安排。同年 5 月 8 日，马叙伦在政务院第 85 次政务会议上做了《关于 1950 年全国教育工作总结和 1951 年全国教育工作的方针和任务的报告》。报告指出："首先调整工学院各系，或增设新系"，"此项工作先从华北和华东作起"，"调整航空系"；"整顿与加强各高等学校的政治、法律等系"，"以各大学现有的师范学院、教育学院、教育系和个别的文理学院为基础，加以调整，向着每一大行政区办一所师范学院，每一省或两三个省办一所师范专科学校的方向发展"②。

针对华北地区的院系调整，1951 年初，清华大学在教务处的领导下，提出全校的调整方案，拟将原有的 4 院 21 系扩充到 14 院 42 系。但是，经过多次开会研究和讨论，"由于各方面的领导通知不从国家发展需要考虑问题，这个问题始终不能得以解决"③。可见，如果将院系调整自主权下放到各个院校，那么院校组织的合并与调整要达到国家预期的目的并非易事。中央教育部主持的全国工学院系调整会议就是在这种背景下召开的。

1951 年 11 月 3 日至 9 日，中央教育部召开了持续一周的全国工学院院长会议。会议的议题是适应国家建设需要，有计划地发展工业教育，其中心

---

① 邱雁、杨新：《解放初院系调整大事记（1949—1953）》，《辽宁高等教育研究》，1982 年第 4 期，第 199~214 页。

② 马叙伦：《关于 1950 年全国教育工作总结和 1951 年全国教育工作的方针和任务的报告》，《新华月报》，1951 年第 4 卷第 4 期，第 898 页。

③ 张维：《努力改造思想，做一个新中国的人民教师！我看到的清华大学的一些问题》，《人民日报》，1951 年 11 月 23 日，第 3 版。

内容是制定 1952 年工科院校的调整方案。当时，全国共有工学院 42 所，设有工科系、科的综合大学 6 所，工业专科学校 17 所，共计 42 种系科 44 种专科（二年课程）及专修科（一至二年级课程），学生共 42000 多人。这些院校存在着许多问题，如"在地理分布上很不合理；师资设备分散，使用极不经济；系科庞杂"，[①] 学生数量远不能满足国家当前工业建设的迫切需要等。因此，教育部和重工业部、燃料工业部及其他有关部门经过多次协商，向会议提交了全国工学院调整方案的草案。草案规定，为了增加学生数量，决定 1952 年全国共招生 29500 名，其中 55% 为专修科与专科学校学生。此外，对生源、教师、设备以及经费的筹集等问题也做了具体的部署。其中占有很大篇幅的是以下院校的合并及调整方案，具体方案如下：

一是将北京大学工学院、燕京大学工科方面各系并入清华大学。清华大学改为多科性的工业高等学校，校名不变，清华大学的文、理、法三学院及燕京大学的文、理、法方面各系并入北京大学。北京大学成为综合性的大学，燕京大学校名撤销。

二是将南开大学的工学院及津沽大学的工学院合并到天津大学。

三是将浙江大学改为多科性的工业高等学校，校名不变。将之江大学的土木、机械两系并入浙江大学，浙江大学的文学院并入之江大学。

四是将南京大学的工学院划分出来和金陵大学的电机工程系、化学工程系及之江大学的建筑系合并成为独立的工学院。

五是将南京大学、浙江大学两个航空工程系合并于交通大学，成立航空工程学院。

六是将武汉大学的矿冶工程系、湖南大学的矿业系、广西大学的矿业系、南昌大学的采矿系调整出来，在湖南长沙成立独立的矿冶学院，以培养有色金属的采矿冶炼人才为主，并增设采煤系及钢铁冶炼系。

七是将武汉大学的水利系、南昌大学的水利系、广西大学土木系的水利组合并，成立水利学院，仍设于武汉大学。

八是将中山大学的工学院、华南联合大学的工学院、岭南大学工程方面

---

① 马叙伦：《中央人民政府教育部关于全国工学院调整方案的报告》，《江西政报》，1952 年第 4 期，第 75～76 页。

的系科及广东工业专科学校合并成独立的工学院。[①]

上述调整草案涉及的主要是华北、华东和中南三大行政区的大学。与前面提到的 5 月份马叙伦的报告内容相比，增加了中南地区的大学，而且尽管是工学院的调整案，对于北京、燕京和清华三校，也涉及工科以外的其他学科。

1951 年 11 月中旬，政务院文化委员会批准中央教育部关于北京大学、燕京大学和清华大学三所大学的调整方案，并于 1952 年夏实施。[②] 但是，恰巧这时《人民日报》刊登了清华大学地质和煤炭两系数名青年教师来信，反映大学内部对于院系调整的意见并不一致，一些教师认为："原则上我完全赞成，但是希望其他学校调整进来而不要把我们合并出去"，"现在某校某系是我们的劲敌，我们已经到了生死存亡的关头了"，"本系要从我的手里合并出去，对不起毕业的校友"，等等，反映了部分教师从本位主义和利己主义出发，完全从自己的利益考虑的立场。[③]

华北地区的院系调整中，最早进行合并的是有着 56 年历史的、中国近代最早的高等工业教育机构北洋大学和有着 48 年历史的河北工学院。这两个学校的合并存在一些客观条件，如两校地理位置近、交流频繁、课程设置基本相同和人事关系融洽等，1951 年 8 月，两校合并，由 11 个系组成的天津大学诞生。

1951 年 3 月，教育部召开全国航空系会议，讨论马叙伦部长报告中提出的航空系等重点专业的调整问题。会议期间，教育部阐述了为发展航空事业需要对有关部门进行合并的必要性和重要性。会议后，清华大学、北洋大学、西北工学院和厦门大学四校的代表在北京集中，筹备关于航空学院的校舍准备、课程的编订、学校间的联络及搬迁准备等合并工作。但是，即使如此，各个院校对合并的意见还是很不统一。清华大学的一部分人认为，合并后，就把清华的资历和聘任制度搞乱了。北洋大学的教师则担心，清华太重视学位和论文，而北洋的一些教授有工厂工作经验，却没有学位，合并后，后者怕受歧视。同样，厦门大学和北洋大学都想把设备和仪器留在本校，西

① 马叙伦：《中央人民政府教育部关于全国工学院调整方案的报告》，《江西政报》，1952 年第 4 期，第 75~76 页。
② 苏渭昌：《五十年代的院系调整》，《高等教育学报》，1989 年第 4 期，第 9~19 页。
③ 屈佰川：《大连工学院是怎样进行改革的?》《人民日报》，1951 年 11 月 30 日，第 4 版。

北工学院则希望把教师留在本校。① 经历了各种意见的纷争和调整工作，直到 1951 年 10 月，合并后的清华大学航空学院才正式起步。

为培育中等教育师资人员，华东教育部还根据中央教育部的指示决定成立华东师范大学。首先合并现有的光华大学、大夏大学两所大学，作为成立华东师范大学的基础，然后合并复旦大学教育系、同济大学动物系和植物系、沪江大学音乐系和东亚体育专科学校，以这些院系为基础，成立华东师范大学。光华大学、大夏大学两所大学有关土木的系、学科与同济大学合并，财经和政法各系、学科分别并入复旦大学和上海财经学院，停办光华大学、大夏大学和上海东亚体育专科学校三所学校。与前一年专管部门对私立大学合并秉持谨慎态度不同的是，华东教育部召集各校代表参加座谈会，阐述有关私立大学的合并原则：一是过去办理成绩尚好的，师资设备等还可以的，应考虑选择重点，办好一两个或几个系科；二是条件较差，单独办理无前途的，应考虑合并；三是各种条件均太差的，应考虑停办或改为中等学校。但在实行调整之前，应该由各方面协调，取得一致的意见。光华大学和大夏大学便是根据以上原则进行合并的。此外，上海法政学院、诚明文学院、上海法学院法律系、新中国法商学院、新中国学院和光夏商业专科学院六所私立院校，合并为私立上海学院。杭州的重辉商业专科学校、苏南正则艺术专科学校改为中等技术学校，停办浙江体育专科学校和福州私立福建学院。②

除了华北和华东两地区外，1951 年，其他地区也相继进行了院系调整。在中南区，广州市的广州大学、国民大学、文化大学和广州法学院四所私立大学合并成立华南联合大学。③ 同年 10 月，华南联合大学大教育系与广东文理学院、中山大学师范学院合并，在广州成立华南师范学院。④ 此外，武汉、湖南、广西和南昌四所大学的矿山冶金系合并，在长沙成立中南矿冶学院，湖南大学农学院和华南农业专科学校合并，成立湖南省农学院。⑤ 在西

---

① 王铁：《清华大学航空学院院系调整的经验》，《人民教育》，1952 年第 11 期，第 25～26 页。

② 〔日〕大塚丰著，黄福涛译，《现代中国高等教育的形成》，北京师范大学出版社 1998 年版，第 94 页。

③ 《文化生活动态》，《人民日报》，1951 年 2 月 28 日，第 3 版。

④ 《中国高等教育简介》编辑部：《中国高等学校简介》，教育科学出版社 1982 年版，第 512 页。

⑤ 《中国高等教育简介》编辑部：《中国高等学校简介》，教育科学出版社 1982 年版，第 477、481 页。

南区，云南大学与西南工业专科学校的航空系并入四川大学。[①]

由此可见，1949 年以来的局部院系调整有以下几个特点，一是对现有若干所高校的某一部分进行合并，建立全新的高等学校；二是将现有的一所或多所学校的一部分或全体并入实力较强的高校；三是对若干在思想上与新政权的思想体系相违背的人类学、政治学等学科的某些院校实施停办策略；四是大学组织机构不作调整，仅是学生迁往他校，如暨南大学。

第三节　1952 年全国高校院系调整

教育部在正式提出上述"工学院调整方案"之后，随即召开了相关专业改革会议，进行了相关调研，又于 1952 年 5 月制定了"1952 年全国高等学校院系调整方案"。该方案是全国范围内大规模院系调整的主要文件。下面主要以华东地区院系调整为例，分析 1952 年全国范围内大规模的院系调整的这一历史事实，以及它给中国高等教育带来的深远影响。

一、1952 年华东地区高校的院系调整

20 世纪 50 年代初期中国的行政管理体制中，在中央政府与各省之间有大行政区军事政治委员会这一组织。各大区大学的院系调整正是在大行政区军政委员会教育部直接领导下进行的。1951 年 11 月，全国工学院院长会议之后，华东军政委员会教育部就根据中央教育部的指示，着手制定华东地区院系调整的具体政策和计划，并开展院系调整的准备工作。

（一）院系调整组织机构的建立

1952 年 8 月，华东地区高等学校院系调整委员会（以下简称"华东调委会"）成立，委员会成员共计 51 人，包括华东地区各主要高校的负责人。舒同任委员长，冯定、孟宪承任副委员长。华东调委会的任务是制定华东地区高等学校院系调整的政策与计划，领导各高等学校的调整与图书设备、教师、学生的迁移工作。在华东调委会成立后，各省、市以及大学的院系调整委员会也相继成立。"在院系调整进行期间，凡属有关重要决定，各调整分委会及调整小组应经常向华东区高等学校调整委员会请示报告。"此外，"华

---

①　邱雁、杨新：《解放初院系调整大事记（1949—1953）》，《辽宁高等教育研究》，1982 年第 4 期，第 199～214 页。

东区高等学校院系调整方案系经华东教育部秉承中央教育部指示报请及华东军政委员会文教委员会指示报请中央人民政府政务院批准执行,所有各地区或学校之调整方案,未经批准,在执行时不得任意更动"[①]。

为了保证思想改造的彻底胜利以及有计划有步骤地进行院系调整工作,华东军政委员会教育部和华东调委会联合通知规定:"各校建校筹委会或调整小组,今后进行一切有关院系调整的工作,均须经过各校学委会统一研究部署,并在各校学委会的领导下进行各项工作",而"学校与学校间进行有关院系调整工作,须由学校学委会介绍至有关学校学委会联系后始得进行工作"[②]。

以南京为例,为了领导南京大学、金陵大学两校的合并与调整,1952年7月成立了两校校务委员会联席会议,制定了《南京大学、金陵大学合并、调整工作进行办法》。该办法规定分别成立南京大学、南京师范学院、南京工学院、南京农学院建设准备委员会(成员在13人以内),各建设准备委员会下设校舍利用、图书调配、校舍建设、设备调配、教师调配、宿舍调配等专门委员会。另外,南京大学、金陵大学预定合并的系中成立了以包括系主任、教师工会主席、教师代表在内的联合委员会,负责系的合并与调整的相关事宜。交通大学由党委副书记万钧具体负责,制订了调整计划,全校成立福利、师资调配、职工调整、器材调整、图书、房屋家具调配、秘书、运输8个小组,9月份开始行动。[③] 这种以"大区—省、市—院校—系"的四级院系调整组织机构,为院系调整的顺利实施提供了组织上的保障。

(二) 院系调整的阶段与方案

整体来说,1952年华东地区的院系调整,可以分为三个阶段。

第一阶段是从1951年11月全国工学院院长会议的召开到1952年7月,为院系调整的计划准备阶段。在这一阶段,协商制定各大学的调整方案,并进行校舍调整及新建校舍的工作。华东军政委员会教育部在调查了上海若干所大学的校舍状况之后,制订了校舍调配与新建计划。根据这一计划,在上海市政府的批准下,一些院校购买了新建校舍的土地。如交通大学购买了

① 《关于华东区高等学校院系调整工作的几项规定(草案)》,1952年,上海市档案馆藏档案:A26—2—152。

② 《华东军政委员会教育部、华东区高等学校院系调整委员会联合通知》,1952年,上海市档案馆藏档案:Q256—1—54。

③ 王宗光:《上海交通大学史(1949—1959)》,第5卷,上海交通大学出版社2016年版,第42页。

40 万平方米，同济大学购买了 106 万平方米，华东师范大学购买了 66 万平方米，上海俄语专科学校购买了 7 万平方米。

第二阶段是 1952 年 8—9 月，为院系调整的实施阶段。8 月 2 日，华东调委会的正式成立标志着这一阶段的开始。华东调委会成立之后，立刻召开会议，研究决定华东地区高等学校院系调整的最终方案和有关院系调整方案的一系列政策规定。会后，各省、市高等学院院系调整委员会相继成立。为了保证院系调整的顺利进行，确保 8—9 月完成调整，10 月 15 日开学，11 月 1 日开始上课，华东调委会还与上海的一些大学签订了调整协议书。

华东调委会办公室 8 月份的工作计划中明确了 11 项任务：一是召集交通大学、同济大学、上海财经学院、复旦大学、华东纺织工学院、华东师范大学调整会议。二是召集华东化工学院、华东政法学院、华东体育学院、华东艺术专科学校建校会议。三是参加华东卫生部所召开的医药学院调整会议。四是成立各省市的调整分会。五是草拟各校行政人员配备方案。六是草拟理科师资调配方案。七是草拟工科、文科、基础课程师资调配方案。八是草拟职工调配方案。九是草拟仪器图书调配方案。十是草拟校具调配方案。十一是在 8 月 31 日以前基本完成下列学校——上海俄文专修学校、华东政法学院、上海财经学院、华东师范大学附属中学、中华工商专科学校、东吴法学院 103 号院址的迁移工作，以便为其他学校调整工作准备条件。9 月份的工作任务也列了 5 条：一是在 9 月 10 日以前完成下列学校——沪江大学、市立工专、上海学院、立信会专、震旦大学长乐路支部、大同大学的迁移工作，以便为上海市工人技校、上海电业专科学校、震旦大学附中、圣约翰大学附中、华东政法学院的筹备开学准备条件。二是在 9 月 20 日以前完成下列学校——交通大学、同济大学、复旦大学、上海体育学院、上海化工学院等的迁移工作，以及上海市对其他省市、华东区对其他大行政区间的调整工作。三是推动各校草拟各专修科教学计划。四是协助各校进行图书仪器迁移工作。五是协助各校教职员工与学生的迁移工作。[①]

第三阶段为 1952 年 9 月至 10 月，为设置专业与制订教学计划的阶段。第二阶段院系合并、调整，教师、学生、图书设备迁移之后，为了使教学活动迅速走上正轨，在各院校开展了设置专业与制订教学计划的工

---

① 《华东区高等学校院系调整委员会办公室八九月份工作计划》，1952 年，上海市档案馆馆藏档案：Q259－2－65。

作。9月22日至26日华东调委会召开了机械、电机、土木三个系科座谈会，讨论制定了这三个门类的专业设置与教学计划问题。在这次会议上，中央教育部顾问、苏联专家福民发言强调了全面学习苏联经验、进行教学改革的必要性。

华东区在1952年的高等学校调整后共设立了55所院校，其中上海区共设了18所院校。

（三）院系调整后停办的私立高校情况

院系调整之后，华东区一部分私立、公立高校的系科被调配或者合并到其他学校或者成立新的高校，致使一批旧的高校停办或者结束，如震旦大学、圣约翰大学、沪江大学、大同大学、东吴法学院、立信会计专科学校、上海学院、上海市工业专科学校、上海商业专科学校夜校、中华工商专科学校、之江大学建筑系、东吴大学、上海美术专科学校、同德医学院等等。其停办之后的结束工作有如下几点规定：

首先是移交问题。一是各停办学校的一切校产都须移交，其中校舍、图书、仪器及家具等都按已拟定的调配方案移交给有关单位；至于档案卷宗等则分两类处理，在校师生员工的材料随系科调整，其他过去的档案则编造清册送交华东调委会听候处理。二是在各项移交工作中手续清楚，交方、收方准备完成之后由调委会派人监交，力求避免损失、遗漏、隐藏等现象。三是移交的准备工作如编造移交清册，包括装运、运费等，都由移交单位负责；点收后物资之监运工作则由接收单位负责办理（家具由移交单位负责运至接收单位所指定地点）。

其次是校产问题。一是学校校产（包括动产、有价证券、现金等）由各校行政上负责整理清楚分别移交，凡不属于调整范围者，全部移交院系调整委员会。二是根据中央的指示，凡现为学校所有并所用者，今后仍一律归属学校。三是所有纠纷尚未解决的校产需将详细情况及有关材料呈报院系调整委员会处理。四是租用别人的房屋和租给别人的房屋都不得自行退约或转租，须一律移交院系调整委员会。五是欠费问题，学生欠费或其他欠费等项，可编制清册，随同上报。

再次是结束工作。为处理上海14所停办高校的未了事宜，华东调委会决定实施以下步骤：一是组织成立14所高校联合结束办事处，由各校按实际需要推荐派职工一至五人组成（规模小的学校可派一至三人，规模大的学校三至五人）。二是各校交华东调委会的各种物资暂时尚须存放原处，因此须和接收各校校舍的学校洽商，留出几间房子使用，等调委会将这批物资运走后再行移交。

最后是迁并日程。上海各校的迁并工作自1952年下半年开始，其具体日期可由各校校委会领导有关方面洽商后做出书面决定，并报告调委会即可。①

二、院系调整规则的制定

由于院系调整是一项在大学间、系科间大规模的重组、合并，所以人员、图书、设备等的调整、搬迁、变动是不可避免的。从1952年7月到9月，为了在短时间内完成院系调整，把对正常教学秩序的影响控制在最低程度，华东调委会在制订院系计划的同时，还制定了有关人员、校舍、图书、设备等的分配、移动的一系列规则。这些规则从制度上确保了院系调整有条不紊地进行。

（一）华东地区院系调整的原则

为了确保院系调整的顺利和有序进行，华东调委会在《关于华东地区高等学校院系调整工作的几项规定》中就院系调整的原则问题作了如下规定：一是院系调整的最终方案是经中央教育部批准的，在执行过程中不得任意改动；二是华东调委会负责领导华东地区的院系调整，在华东调委会的指导下成立各省、市院系调整委员会；三是在各省、市院系调整委员会的指导下成立各院校调整委员会或建校委员会；四是在调整工作进行中所有师资、学生、设备等均以各院系科为单位随同调整，其余各院校的校舍、财产（土地、房屋、证券、银行存款等）等全部由华东调委会统一进行安排。②

（二）有关师资调配的规定

1952年院系调整时，华东地区的高等院校师资总人数为6193人。为统一掌握院系调整时师资的调配，根据华东现有师资配备情况及工作需要，结合个人的专长、适宜担任的工作，华东调委会首先制定了《关于华东区高等学校院系调整师资调配的几项规定》，规定了在考虑到教师的具体情况和困难的基础上统一调配师资的基本原则。关于这一规定的具体内容，部分摘录

---

① 《华东区高等学校院系调整委员会通知》，1952年9月24日，上海市档案馆馆藏档案：Q256-1-54。

② 《关于华东区高等学校院系调整工作的几项规定（草案）》，1952年，上海市档案馆馆藏档案：A26-2-152。

如下：

1. 院系调整时师资的调配，原则上均随院系科调整之。如有变动，须报经华东调委会批准。

2. 各系科师资，其中个别的在某种课程上有一定的造诣或专长，但该课程非所在系科所应开设或非所在系科的主要课程，而为其他院系科所急切需要者，原则上应予调整。

3. 理科师资按照下列原则调配之：一是数学、物理、化学、生物4系基础课程（微积分、微分方程、普通物理、普通化学、普通生物、动物、植物）师资，应根据工、师范、医、农（包括水产）等学院及综合性大学之实际需要，统一调配之。二是数学、物理、化学、生物4系专业课程师资，应分别情况调整至师范大学理科及综合性大学理科。如个别为其他院系所急需者，可个别调整。三是其他各院系科中有理科师资者，除必要者应予以保留或随院系科调整外，余均应根据上述原则统一调配。

4. 公共必修课程师资，按照下列原则调配之：一是政治、俄文、体育课程师资，原则上留原校。如原校于调整后已不复存在，即应统一调配。二是原设有政治、俄文、体育等系科而须调整至他校者，除原则上随系科调整外，原校可保留必要数量师资维持教学；原系科保留不动而有多余师资者，亦应统一调配。

5. 兼任教师如在其他高等学校有专职者，则随所在专制学校系科调整；如在高等学校以外有专职者，则应暂予保留；如无其他专职者，可另行考虑安置办法。

6. 在院系调整期间，未经批准，不得增聘、调聘、解聘及辞职。[①]

在以上原则规定的基础上，华东调委会又制定了工科、物理、化学、数学、生物、地理、地质、气象、中文、历史、教育、新闻、经济、政治、体育等学科教师的具体调配方法。如"关于工科教师调配方法"的规定如下：

一是工科方面的师资调配，原则上均按照院系调整方案随系科调整之，

---

① 《关于华东区高等学校院系调整工作的几项规定（草案）》，1952年，上海市档案馆馆藏档案：A26—2—152。

但调整之后上海师资比较集中，必须抽调部分师资支援外地。

二是山东工学院缺乏机械方面的师资，除该院原借调他校之师资仍予以保留之外，须自上海抽调少数师资支援；另所缺之化工方面的师资，除已在东吴大学化学系及中华工商专科学校中抽调化工方面的师资2人予以支援外，尚须责成华东纺织工学院抽调3至4人（其中须有1人能担任系主任者）支援。

三是厦门大学缺乏机械方面的师资自上海抽调支援，另须予以支援个别电机、土木方面的师资。

四是苏南工业专科学校主要缺乏纺织科师资，自南通学院纺织科师资中抽调3至4人支援，另支援少数机械方面的师资。所缺建筑、水利方面的师资暂无法照顾。

五是华东交通专科学校所需之机械方面的师资，由中华工商专科学校中调配部分师资至该校；土木方面的师资应由同济大学负责支援，或以兼课方法解决。

六是水产学院、纺织工学院（需机械）及军医科学院（需化工）所需师资，只能抽调个别师资予以支援。[①]

另外，当时的各高等学校还存在一批兼职教员，院系调整过程中如何对其进行处理和规范也是一个问题。对此，华东调委会发出了通知，并进行如下规定：一是在其他高等学校有专职者，一律以专职学校调配名单为主，兼职不再予以考虑。二是在其他系统专职并在高等学校兼职者，则除业务较好，又为我们所缺乏是项师资者，仍保留兼任名义，待各校开学排课后看课程情况而后决定续聘与否。个别人员则可争取改为专任。三是在外均无其他专职者分情况处理：一类是家庭尚有其他生活来源，而现在尚不迫切需要是项课程之教员，暂不考虑其他工作，待以后教育工作发展，需要增添教师时再予考虑。二类是无其他生活来源，业务较好，而我们又很需要是项人才者，则可考虑改为专任，予以调配，但需经调委会办公室批准。三类是无其他生活来源，而业务在一般以下者则分情况处理：一方面可以动员至上海以外地区转业（可改为专任），这是较好的解决办法；另一方面如动员至外地确实有困难者，则可考虑暂予保留兼任名义，发予兼任薪金，一般以四小时

---

① 《工科师资调整的几项具体原则的初步意见》，1952年，教育部档案：长期—14。

钟点费为限，分别转入各校进修部，赞成在一定时间内进行专业学习，以便另行分配工作。①

（三）有关行政人员调配的规定

除了上述师资调配的规定之外，华东调委会还制定了如下有关行政人员调配的规定：

一是院系调整中职工的调配，原则上均随系调整之。

二是新中国成立后高等学校理、工、农、医4类毕业生留下行政工作岗位上而非所学者，在调整中应尽量照顾学用一致之原则，调配至校内适当工作岗位。如因工作之暂时迫切需要，须说明情况，经分会批准后始可缓调。

三是职员中调任中小学教员能发挥较大作用者，则可由各地调整分会统一考虑调任中小学教员。

四是院系调整时，各校一律不得无故解雇职工，亦不得随意增雇职工，如不足时，可由各地调整分会分批向华东调委会提出调配之。

五是职工中因年老体衰已丧失工作能力、其生活确属困难者，可列入编外人员，由原学校根据其生活情况，继续发给生活费，但最多不得超过原薪百分之六十。如原校已不复存在，则由调整分会另行指定适当学校发给。②

此外，对于那些院系调整后停办的院校的行政人员的调配问题，华东调委会根据各校具体情况作了详细的安排。如院系调整后停办的沪江大学有行政人员161人。他们的调配方案是：一部分人随所属系科的合并而转移，城中商学院的行政人员全部调往上海财经学院，少部分人分别调往教育部、上海医学院、交通大学、华东政法学院、上海俄语专科学校、复旦大学等，其他行政人员调往工人技术学校。

院系调整之后停办的圣约翰大学的119名行政人员也作了安排，一部分人随系科调动，医学院的行政人员全部调往上海第二医学院，其余的调往交通大学。整体来说，上海大专院校职员、工警调整情况如表2－1所示：

① 《华东区高等学校院系调整委员会通知关于兼任教员处理意见》，1952年9月20日，上海市档案馆馆藏档案：Q256－1－54。
② 《关于华东区高等学校院系调整职工调配的几项规定（草案）》，1952年，上海市档案馆馆藏档案：Q256－1－54。

表 2-1 上海大专院校职员、工警调整情况统计表

项目＼调整情况	调整总人数（人）	整批调整者（人）	随院系调整者（人）	调十四校联合办事处者（人）	调任助教及中小学教育者（人）	调至其他工作岗位者（人）
职员（人）	379	203	106	28	14	28
工警（人）	531	356	151	17	0	7
共计（人）	910	559	257	45	14	35
百分比	100％	61.42％	28.24％	4.95％	1.54％	3.85％

资料来源：《华东区高等学校院系调整设置方案及师生员工概况》，1952 年 10 月，上海市档案馆馆藏档案：A26-2-152。

（四）关于调整期间照顾师生员工生活福利的规定

为确保师生员工服从中央意志，同时也为保障他们在迁校合并过程中的福利待遇问题，中央特此对院系调整期间师生员工可能发生的各类经济、家庭等附属问题，例如搬迁旅费、工薪待遇、子女入学、配偶工作、学生助学金等问题进行了一些规定：

第一，关于调动旅费的问题。主要分为四类：一是经上级批准于华东地区之间调动者，应予以报销其本人与随同迁居之供养直系亲属之舟车费。二是本人所用之书籍仪器运费，概由公家负担。行李除按照舟车规定可随带之数量外，公家另可负担，其本人四十公斤及家属每人二十公斤之运费，超过以上数量之运费，除特殊情况经批准者外，则由本人负责。三是因家庭经济困难，其依以为之旁系亲属需要随同迁居者，经原校工会负责调查属实，并经行政批准，得酌情补助，但最多不得超过舟车费之全部。四是为节约经费，相互帮助，各地调整分会应尽可能组织集体乘舟车。非因公或其他特殊原因而单独行动者，原则上不准报销其旅费。

第二，关于工薪待遇问题。主要分为三类：一是在调整期间，调整人员之工薪，原则上按原来实得工资分依照新单位所在地工资分牌价支给。二是在调动人员之工薪，相互有显著差别者，应在院系调整完毕后，根据情况，予以适当调整，然后按其调整后之工薪额（原则上均自九月份算起），少者补发，多者不予追回。三是外地调动至上海人员，如因原单位工薪过低，而致影响其原有生活者，经所在院校负责人批准后，得准予借支，核其数额，最多不得超过其原薪百分之二十。

第三，关于子女教育入学问题。原在初中以下就学之子女，必须父母随

时照顾而随家居住者，持有子女学校之肄业证书及其本人原在学校行政之证明，经本人新工作单位所在之文教厅、处、局介绍，得转入相当学校就学，省区市及大行政区之间进行调整者，其读高中之子女亦应尽可能予以照顾。

第四，配偶的工作问题。调动人员夫妇原在同一地区工作，经调动后而致分离者，为照顾实际情况，得按下列情况办理：一是凡双方均在高等学校内工作者，可向校方提出申请，于调动时，尽量照顾至同一地区；二是凡对方系在教育系统内工作者，可调至新工作岗位后，将情况提出，经领导审查后，得函请当地文教厅、处、局尽可能于同一地区内安置工作。三是凡对方系在其他系统内工作者，原则上由个人自行设法接洽工作，教育行政方面应予适当协助。

第五，学生之旅费与人民助学金问题。学生集体乘舟车之舟车费及其本人之必需行李费均由公家负担。学生在调整期间仍留校参加调整工作而原享有人民助学金待遇者，仍予照发①。

另外，还有其他规定，诸如同一城市之搬运费标准由各地区调整分会根据节约原则进行规定等。

（五）有关图书、试验设备、校产调配的规定

关于高等院校图书设备的问题，华东调委会分别制定了《各校校具调整办法》《实验器材调整办法》和《图书杂志调整办法》。

如在《图书杂志调整办法》中规定图书杂志调整的基本原则：凡是调整后停办院校的图书杂志一律由华东调委会统一调配，对于有关学校有特殊需要之图书，由有关学校进行局部调整；各院系所设图书馆，均随院系转移调整；成套的图书杂志在调整中应整套移交，不得打乱分散；已清查出之反动书籍，应整理装箱，留置原地，报华东调委会，听候处理；各校图书杂志在未经华东调委会批准前，一律不得自行转移毁弃②。各系图书馆、资料室的图书杂志随系的调整而移动。

《实验器材调整办法》主要有五项：一是各系科实习用之专门性设备，如实习工厂、附属医院、实验室等（包括用于此项实验的其他特殊设备），如为原地学校所需要者，其需要部分应以安置原地为原则，其余则随院系转

---

① 《关于华东区高等学校院系调整期间照顾教职员工生活福利之若干规定（草案）》，1952年，上海市档案馆藏档案：A26-2-152。

② 《图书杂志调整办法（草案）》，1952年，上海市档案馆馆藏档案：Q256-1-54。

移调整。如有专为某种特殊研究用途之实验设备需特殊处理者，可由各校提出调整意见，另行处理。二是基本理化系科使用之实验器材，如普通物理、化学、生物之实验机器，须先按各学校今后需要情况确定保留全部或一部分，其余则随院系转移调整。三是各校在搬运仪器前，须按调整后之学生人数、现有仪器之配置量、实习室之面积等情况，与有关学校事先协商做好准备工作，然后再行拆装搬运，以免遭受不必要之损失。四是各校与有关学校协商后，如有多余器材，应留置原地，指定专人负责保管，列表报华东调委会（各地并报分会）听候处理。如有不敷，则由各校提出申请配发或添购预算，报华东教育部统购、统配。五是各校以前所报积压物资，应留置原地，专人保管，听候处理。如欲动用，必须专门报华东教育部批准。[①]

《各校校具调整办法》主要有七项。一是本办法所指校具系各校一切教学生活、办公用具如课桌、椅、杯、办公桌、椅、台灯等（图书、仪器与其他固定设备等不包括在内）。二是各校须将现有校具按种类、规格、数量、用途情况（完整和损坏程度）造册报华东调委会（外地学校兼报当地调整分会）。三是各校校具在院系调整期中应暂置原地，未经批准不得搬运转移，并须指定专人负责保管。上海各学校听候华东调委会统一调拨。外地学校听候当地调整分会统一调拨。四是各校按院系调整后师生人数向当地院系调整委员会（或分会）提出所缺各校校具数量由当地调委会（或分会）审核后统筹调拨。五是上海各校未经华东调委会批准前一概不得自行添置上项校具，如统一调配后尚嫌不够，则由华东调委会统筹添置再行配发。六是外埠院具由当地调整分会就地互相调整，不足则由学校报经上级行政批准另行添置（避免往返搬运）。七是各校的一切固定设备，如电灯、电线、灯泡、开关、电话、煤气罐、水电头、门、窗、锁、隔板、地板、厨房、阁楼、卫生用具等，在院系调整期中，必须要妥为保管，不得私自拆毁或转移。[②]

由上可见，华东地区所有院校的停办、新设，系的合并、设置，师资、图书设备的调配等，这一切都是在华东调委会的直接领导下进行的。这些调整规则的出台，使得整个院系调整过程有据可依，有章可循，表明了中央和地方事先的准备工作比较充分，同时也体现了当时的高校师生员工积极配合国家大政方针的精神风貌。

---

① 《实验器材调整办法（草案）》，1952年，上海市档案馆馆藏档案：Q256—1—54。
② 《各校校具调整办法》，1952年，上海市档案馆馆藏档案：Q256—1—54。

第四节 1953—1957 年高校院系调整

随着国内第一个五年计划的实施和国际形势的变化，继 1952 年全国大规模院系调整后，未完的院系调整仍在继续。这次带有战略转移性质的院系调整，其指导思想是，贯彻精简节约的方针，既要逐步加强内地学校的建设，又要注意充分发挥沿海和接近沿海城市学校现有校舍、教学设备等各方面的潜力；在调整的步骤上既要克服安于现状的保守思想，又要防止急躁冒进的做法。

一、1953—1957 年全国院系调整概况

根据以培养工业建设人才和师资为重点、发展专门学院、整顿和加强综合大学的方针，在 1953 年 5 月 29 日召开的政务院 180 次政务会议上，1952 年 11 月 15 日从中央教育部中独立出来的高等教育部提出了当年的院系调整计划。该计划指出："现在，没有进行调整的综合大学 14 所，其中，仍然设置工、农、医和师范学院，政法和财经各学院、系在 1952 年也未进行全面调整。"因此，在 1953 年，"调整的原则仍着重改组尚未进行调整之旧系统庞杂的大学，以利于加强与增设高等工业学校和适当增设高等师范学校；对政法、财经院系则采取适当合并集中的做法，以便进行整顿。这一次院系调整工作，以中南区为重点，华北、东北、西北三地区由于去年已基本完成院系调整工作，今年主要进行专业调整。西南、西北两地区今年进行局部的院系或专业调整"。调整的原则与前一年基本相同。计划当中除了原则或基本方针之外，还对各行政区大区具体的调整方案做了规定，例如，在华北地区，独立成立北京钢铁工业学院等。①

1953 年 7 月 15 日至 8 月 3 日，高等教育部在北京召开全国高等工业学校行政会议。高等教育部部长马叙伦作《关于全国高等教育的基本状况及今后的方针和活动的报告》。该报告自然提到院系调整问题。值得注意的是，马叙伦在报告中指出，经过 1952 年的院系调整，集中了人力和物力，各种专门人才的培养目标比以前更加明确，专门学院得到发展，进一步强化了综

---

① 《中央人民政府高等教育部关于一九五三年全国高等学校院系调整的计划》，高等教育部办公厅：《高等教育文献法令汇编》，第一辑，高等教育部办公厅编印，1954 年，第 69 页。

合大学，但是，"由于我们没有照顾到教师和设备的条件，从主观愿望出发，有些院校独立的过早，摊子摆的多了，不少院校专业设置也不够恰当。总之，盲目现象是十分严重的"。因此，"1953 年的院系调整工作必须依据师资、设备和建筑等情况，确定实施进度，有重点有准备地稳步前进，避免1952 年冒进的缺点"。①

这些事实上的缺点，在 1953 年 9 月召开的全国综合大学会议上马叙伦的发言报告中也有所反映。报告指出，1952 年的院系调整中存在一些缺点，主要包括以下几方面：一是有急躁冒进情绪，有些地方由于事先准备不足，学科过分分散独立，或新设置的专门学院内容不够充实，同时，调整后的一部分综合大学力量减弱，地区分散，双方都有损失。二是某些重要的学科或系调整出去之后，对校内其他相关学科或系的教育以及研究活动产生了不良影响。三是在有些综合大学中，设有不少专科层次的工科专业或短期训练班，不仅造成教师负担过重，影响了原来的教学，而且综合大学的特征不明显。四是在教师和设备的分配上，没有考虑到综合大学与专业学院的不同特点和任务，采取了一刀切的方法。②

教育部要在短时间内对 1952 年的院系调整工作进行检讨并从中吸取经验教训并不是一件容易之事。不过，1953 年 5 月底政务院政务会议上制定的院系调整方案，直到 10 月 11 日才正式公布。在这期间，政务院积极进行非正式的预备讨论和准备活动，与各方面进行了反复协商，对 1953 年的调整方案进行多次修改，并且注意到了结合专业设置需要及师资、基本建设力量条件来部署高等学校的院系调整工作。"凡非十分必要或具备适当条件者尽量少动或不变动。"③

然而，1953 年的院系调整方案正式公布后，全国各地教育领导机构及高校的行动非常迅速，两个月后"全国高等学校院系调整基本完成"。因为在计划正式公布前，大行政区已经着手开始了各自的院系调整工作。例如，1953 年 11 月，中南地区向中央高等教育部报告该区院系调整的汇报文件中显示：4—5 月就着手准备工作，10 月 10 日以前完成搬迁或人事调动，10

---

① 中央教育科学研究所：《中华人民共和国教育大事记（1949—1982）》，教育科学出版社1984 年版，第 81 页。
② 《中央人民政府高等教育部关于一九五三年全国高等学校院系调整的计划》，高等教育部办公厅：《高等教育文献法令汇编》，第一辑，高等教育部办公厅编印，1954 年，第 16~17 页。
③ 《中央人民政府高等教育部关于一九五三年高等学校院系调整工作的总结报告》，高等教育部办公厅：《高等教育文献法令汇编》，第一辑，高等教育部办公厅编印，1954 年，第 60 页。

月 15 日前后各校陆续开学。[1] 但是，在各地独自进行院系调整的过程中，由于"个别地方仍有急躁冒进情绪，并且产生了分散主义的错误"，受到了批评或处分。例如，原西南高教局办公室主任陈孟汀在中央调整方案尚未正式确定前，并没有经该区领导机关批准，擅自按该局呈报上级的方案调整贵州大学，其中有些调整办法也是不妥当的。[2] 这是典型的地方自作主张行为。但是，它也反映了当时中央对地方的管理制度并不十分健全。

1953 年的院系调整使得全国的高校减少至 182 所，东北、华北、华东、中南、西南、西北等区主要的合并、取消和新设高等学校的情况如下：

在东北区，东北航海学院与上海航务学院、福建航海专科学校合并，在大连成立大连海运学院。沈阳师范专科学校和东北教育学院合并，改名沈阳师范学院。

在华北区，清华大学石油系独立成为北京石油工业学院。北京钢铁工业学院在新校址独立建校。山西大学工学院及师范学院分别独立为太原工学院及山西师范学院，其财经学院并入中国人民大学。中央财经学院并入中国人民大学。在东北新建中央体育学院。

在华东区，福州大学改为福建师范学院，部分文理科系转入厦门大学。安徽大学师范学院及农学院分别独立为安徽师范学院和安徽农学院，安徽大学校名取消。苏南蚕丝专科学校专科部分并入浙江农学院。

在中南区，经过调整，武昌新成立了华中工学院、中南政法学院、中南财经学院、中南体育学院；武汉新成立了中南民族学院；长沙新成立了中南土木建筑学院、湖南师范学院；南昌新成立了江西师范学院；广西成立了广西农学院、广西师范学院；河南大学改名为河南师范学院。

在西南区，贵州大学撤销，其工学院分别并入重庆大学及四川大学、云南大学工学院，其文、理、政法、财经科系分别并入西南有关高校。成都体育专科学校改名为西南体育学院。

在西北区，西北大学师范学院独立为西安师范学院。在西安成立西北体育学院。[3]

---

① 邱雁、杨新：《解放初院系调整大事记（1949—1953）》，《辽宁高等教育研究》，1982 年第 4 期，第 199~214 页。
② 《中央人民政府高等教育部关于一九五三年全国高等学校院系调整的计划》，高等教育部办公厅：《高等教育文献法令汇编》，第一辑，高等教育部办公厅编印，1954 年，第 62 页。
③ 〔日〕大塚丰著，黄福涛译：《现代中国高等教育的形成》，北京师范大学出版社 1998 年版，第 107 页。

1955 年，教育部再次发布了《关于 1955—1957 年高等学校院系调整有关事项的通知》。该通知指出："根据中央指示：高等教育建设必须符合社会主义建设及国防建设的要求，必须和国民经济的发展计划相配合；学校的设置分布应避免过分集中，学校的发展规模，一般不宜过大；高等工业学校应逐步地和工业基地相结合。"①

以交通大学为例，1953—1957 年交通大学在 1952 年院系调整的基础上再次进行了局部调整。据 1953 年 7 月高等教育部召开的全国工学院行政会议及其发出的《一九五三年全国高等工业学校专业调整方案》，交通大学内部原有专业设置调整如下：增设车辆制造本科专业；铸工、发电厂电机、输配电、船舶动力装置、长途电话、市内电话及船舶制造 7 个专修科停止招生；焊接专修科停办，原有学生转入机械制造类专修科继续学习至毕业。同时，8 至 9 月，南京工学院电讯系长途电信专修科及机械系铸工专修科分别调整到交大电讯系及机械系；浙江大学市内电话专修科调整到交大电信系；山东工学院有线电专修科调整到交大电机系。②

1954 年 12 月，国务院批准组建长春汽车拖拉机学院，并决定以交通大学、山东工学院、华中工学院三校汽车专业及华中工学院的内燃机专业为建院基础，由此，交通大学汽车制造专业调往长春。

1955 年 1 月，国务院批准在上海成立造船学院。1 月 7 日，上海造船学院成立筹备委员会。第一机械工业部、高等教育部联合通知指出，为了顺利建成这个学院，交通大学在师资培养、教学行政组织等准备工作方面，都负有更多的责任。筹备委员会主任委员为彭康，副主任委员为姚志健、李葵元，另有委员 7 人。③ 高等教育部和第一机械工业部最终决定，大连工学院造船系的 20 余名教师和 2 个年级的学生调入交大造船系。1956 年夏天，交通大学造船系由交通大学分出，独立成立上海造船学院。1957 年，上海造船学院与南洋工学院又并入交通大学（上海部分）。

1956 年 8 月，交通大学电讯工程系的电话电报通讯专业调往成都电讯工程学院。原因是 1955 年 9 月中央决定在成都组建电讯工程学院，并以南

① 《中华人民共和国教育部关于 1955—1957 年高等学校院系调整有关事项的通知》，1955 年，上海市档案馆馆藏档案：B243-1-37。
② 上海交通大学校史编纂委员会：《上海交通大学纪事（1896—2005）》，上海交通大学出版社 2006 年版，第 444 页。
③ 上海交通大学校史编纂委员会：《上海交通大学纪事（1896—2005）》，上海交通大学出版社 2006 年版，第 457 页。

京工学院无线电系和交通大学、华南工学院两校的电讯系相关专业为建校基础。[①]

从全国范围来说，这次院系调整的结果有以下五种情况：全校或大部分系科、专业内迁的，有华东航空学院、交通大学等；以两所以上学校的同类专业迁至内地为基础新建或扩建的学校，有成都电讯工程学院、西安建筑工程学院、西安动力学院、重庆医学院、长春汽车拖拉机学院、武汉测绘学院、成都地质学院等；由有关部门负责建立新校的，有内蒙古医学院、新疆医学院等；由于支援内地而撤销的学校，有青岛工学院、苏南工业专科学校等；由内地学校分离出来独立建校的，有四川农学院等。

这次院系调整后，全国各地的高校力量得到了均衡发展，尤其是中国西部高校力量得到了大大的加强，为此后该区域的经济发展提供了高校人才的支撑。据资料统计，经过持续数年的院系调整，内地高等学校由1951年的87所增至115所，在校学生数由1951年占全国高等学校在校学生总数的38.6%上升至44.1%。西安市作为西部新兴的工业基地，高等学校由1951年的8所，增至1957年的22所。1955—1957年，原在上海的交通大学将大部分专业及教师、学生迁至西安，作为交通大学西安部分；小部分留在上海并与上海造船学院合并，作为交通大学上海部分。1959年，经国务院批准，西安部分改称西安交通大学，上海部分改称上海交通大学，成为两所独立的高等学校。这一举措无疑是中央给西部地区高校力量发展的又一支撑。

1956年1月，在关于知识分子问题会议和最高国务会议上，毛泽东、周恩来提出了要在几十年内努力改变我国在经济上和科学文化上的落后状态，迅速达到世界先进水平，向现代化科学技术进军的奋斗目标。为此，国务院科学规划委员会负责组织制定了《1956—1967年科学技术远景规划纲要（修正草案）》。草案提出今后12年我国科学技术工作的总方针是重点发展，迎头赶上，规定了重要科学技术研究任务572项，中心研究课题616个，其中重点任务包括原子能和平利用、半导体、计算机、遥控、喷气技术等12项。为了适应我国科学技术研究和加强国防建设的需要，培养有关学科的高级专门人员，在清华大学、北京大学等校设置了原子能、电子计算机、半导体、自动控制、无线电电子学等10种新技术专业，并着手在这些

---

① 王宗光：《上海交通大学史（1949—1959）》，第5卷，上海交通大学出版社2016年版，第43～44页。

领域中的研究和制造工作。由此说明，院系调整后，中央开始重视高等学校科学研究的开展，表明当时国家对高等学校的调整部署都是具有重大战略意义的。

二、院系调整后高等教育的构造和分布

除了师范院校，其他各类高校都在 1953 年完成了大部分的院系调整，这些调整标志着新中国的高等教育体制已经基本建立。1954 年初发表的"总结报告"指出，通过 1952 年和 1953 年的两次院系调整，全国高校"结束了院系庞杂纷乱，设置分布不合理的状态，走上了适应国家建设需要培养专业人才的道路。今后当力求巩固成绩，克服缺点，非十分必要短期内不再轻易调整变动，以期稳步推进教学改革、更好地担负起国家大规模建设中相应的培养建设人才的伟大任务"[①]。

新中国成立初期大规模的院系调整使得中国高等教育的构造和分布发生了巨大变化。具体详见表 2—2、表 2—3：

表 2—2　院系调整后高等教育在不同地域分布的变化

		全国	华北	东北	华东	中南	西南	西北
院校数（所）	1949 年（A）	205	27	20	74	34	42	8
	%	100.0	13.2	9.8	36.1	16.5	20.5	3.9
	1953 年（B）	181	39	25	50	34	19	14
	%	100.0	21.6	13.8	27.6	18.8	7.7	6.6
增加率（%：$\frac{B-A}{A}$）		−11.7	44.4	25	−32.4	0	−54.8	75
学生数（人）	1949 年（A）	116504	20936	16562	42452	15471	16716	4367
	%	100.0	18.0	14.2	36.5	13.3	14.3	3.7
	1953 年（B）	211409	50905	35809	58019	35989	19798	10889
	%	100.0	24.1	16.9	27.4	17.0	9.4	5.2
增加率（%：$\frac{B-A}{A}$）		81.5	143.1	116.2	36.7	132.6	18.4	149.3

资料来源：〔日〕大塚丰著，黄福涛译：《现代中国高等教育的形成》，北京师范大学出版社 1998 年版，第 109 页。

---

① 《中央人民政府高等教育部关于一九五三年全国高等学校院系调整的计划》，高等教育部办公厅：《高等教育文献法令汇编》，第一辑，高等教育部办公厅编印，1954 年，第 63 页。

表 2-3 院系调整后不同领域高等学校数及学生人数的变化

		总计	综合	工业	师范	农林	医药	财经	政法	语文	艺术	体育	其他
院校数（所）	1949年（A）	205	49	28	12	18	22	11	7	11	18	2	27
	％	100.0	23.9	13.7	5.9	8.8	10.7	5.4	3.4	5.4	8.8	0.9	13.1
	1953年（B）	181	14	38	33	29	29	6	4	8	15	4	1
	％	100.0	7.7	21.1	18.2	16.0	16.0	3.3	2.2	4.4	8.3	2.2	0.6
增加率（％：$\frac{B-A}{A}$）		−11.7	−71.4	35.7	175.0	61.1	31.8	−45.5	−42.9	−27.3	−16.7	100.0	−96.3
学生数（人）	1949年（A）	97.691	—	30320	12039	10361	15234	19362	7338	—	2755	282	—
	％	100.0	—	31.1	12.3	10.6	15.6	19.8	7.5	—	2.8	0.3	—
	1953年（B）	185553	—	79975	39958	15419	29025	13472	3908	—	2700	1096	—
	％	100.0	—	43.1	21.5	8.3	15.6	7.3	2.1	—	1.5	0.6	—
增加率（％：$\frac{B-A}{A}$）		89.9	—	163.8	231.9	48.8	90.5	−30.4	−46.7	—	−2.0	288.7	—

资料来源：〔日〕大塚丰著，黄福涛译：《现代中国高等教育的形成》，北京师范大学出版社 1998 年版，第 109 页。

从表 2-2、表 2-3 所见，可以得出以下三点结论：

首先，尽管整个高校数量减少了超过十分之一，在校生人数却增加了89.9％。院系调整的目的之一就是通过合并，将分散的设备和教师集中起来使用，从这一点来看，已经达到了目的。学校的平均规模也相应扩大。被吸收、合并的院校，除了由于特殊的原因接受外国资金援助的大学外，便是一部分名不符实的小规模的私立大学。表 2-3 中"其他"一栏中数量减少的院校即指这部分院校。这部分院校多为新中国成立前就已存在的商业系统的（保险、管理和税务等）院校，也包括与水产、航海和商船有关的院校。

其次，院系调整是学习苏联模式，减少综合大学，增加单科的专门学院，以高效率地培养当时国家需要的专业人才。从表 2-3 可见，综合性大学数量减少约四分之一，单科的专门学院大量增加，成果显著。此外，从单科大学的专业类别看，也如计划所言，大幅度增加工业、师范和农林院校，形成了"重理轻文"的基本构造。在 1952 年的"调整计划"中重点是发展与工业有关的院校或专业。但实际上，该部分的发展却不及师范类院校。不过，如果将在校生数量的变化也考虑在内，就不难发现，师范类院校是在小规模的前提下大量增加机构数发展起来的。与此形成鲜明对比的是，政治经济学等与政治、经济有关的科目成为大学必修课的同时，财经、政法等学科却大量减少。

再次，院系调整改变了新中国成立前长期存在的高等学校地理分布不合理的状态。具体来说，就是将集中在沿海大中城市中的高等院校调整到内地，促进内地高等教育的发展。从表2-3中大行政区一栏中可见，高校数量减少最多的是华东区和西南区。华东区的中心城市上海在新中国成立前就是文化发达地区，集中了大量的高等院校，各类高校水平自然参差不齐，经过院系调整，取消了名不符实的高校。另外，接受外国资助的大学也多集中在此。西南区虽属于内地，但在抗日战争时期，重庆、成都等都是国民党政权统治下的主要城市，为逃避战火，维持办学，沿海诸省很多高校纷纷内迁西南地区，使得该地区成为战时的"学术中心"之一。但是，这些院校饱受抗战及解放战争的影响，大多数院校的教学水平很难有质量保证，因此成为新中国成立后院校调整的对象。华东和西南地区高等院校数量减少、在校生数量稍有所增加的原因大概在此。

高校和在校学生增加最多的是华北、西北和东北地区。华北的中心城市北京和天津地处沿海，集中了大批高校，如果从推进高校地理分布的均衡化来进行解释似乎有些矛盾。但是，北京是新中国的首都，自然应该成为全国教育和文化中心，为此必须大力发展高等教育。如前所述，最早解放的东北地区很早就对已有的大学进行合并、改编和调整，因此，本不一定属于实施院系调整的重点地区，事实上其院系调整工作都开展得非常扎实。西北地区历年来高等院校数量少，但是，1949年以后，如前所述，通过接受、合并和调整等，高等教育发展异常迅速，但是该地区高等院校和在校生的绝对数与其他地区相比仍然非常低，这一点也是不容忽视的地方。

但无论如何，通过院系调整，高校分布不合理的状况得到了很大的改善。

第五节　院系调整的历史地位与评价

经过以上几个阶段的院系调整，中国共产党将中华民国时期效仿英美构建的高校体系改造成效仿苏联的高校体系。中华人民共和国高等教育系统的基本格局由此奠定，并开始按照中国共产党自身的特色逐渐发展起来。

一、高校院系调整的类型

以华东地区高等院校为例，其院系调整可以划分为以下几种类型：

一是不改变大学校名，将与大学性质无关的系科调出，从其他大学调入相关系科。公立大学的院系调整多半属于这一类型。如院系调整前的部分综合大学（复旦大学、南京大学等）经调整后成为文理科大学，这些大学中原有的工科、农科、师范等系科调整出去，其他大学的文理系科则并入进来。

二是相同门类的系科合并成立新的单科院校。前面提到的华东水利学院就是其中一个例子。此外，华东航空学院由南京大学、交通大学、浙江大学三校的航空系合并而成，华东化工学院由交通大学、大同大学、震旦大学、东吴大学、江南大学五校的化工系合并而成，华东政法学院由复旦大学、南京大学、安徽大学、震旦大学、上海学院、东吴法学院六校的法律系和复旦大学、南京大学、沪江大学、圣约翰大学四校的政治系合并而成。

三是院系调整前的专科学校升级为单科院校。如上海水产专科学校升为上海水产学院，山东会计专科学校加上齐鲁大学的经济系升为山东财经学院。

四是撤销大学，剩余系科分别并入有关院校。私立大学的院系调整基本属于这一类型。

华东地区高等院校集中，可以说是全国范围内院系调整的重点区域，因而具有一定的代表性。我们可以通过表 2-4 来比较 1953 年院系调整后华东地区和全国高等院校的构成。

表 2-4　1953 年院系调整后华东和全国高等院校构成比较表

高校性质	全国				华东地区			
	本科院校（所）	专科学校（所）	合计		本科院校（所）	专科学校（所）	合计	
			校数（所）	比例			校数（所）	比例
综合大学	13		13	7.1%	4		4	8%
工科院校	36	3	39	21.5%	10	3	13	26%
农林院校	28	1	29	16%	8		8	16%

高校性质	全国				华东地区			
	本科院校（所）	专科学校（所）	合计		本科院校（所）	专科学校（所）	合计	
			校数（所）	比例			校数（所）	比例
医科院校	28	1	29	16%	9		9	18%
师范院校	26	5	31	17%	7	1	8	16%
政法院校	4	2	4	2.2%	1		1	2%
财经院校	5	8	7	3.8%	1		1	2%
语言院校		9	8	4.4%		1	1	2%
艺术院校	6		15	8.2%	3	1	4	8%
体育院校	5		5	2.7%	1		1	2%
少数民族院校	2		2	1.1%				
合计	153	29	182	100%	44	6	50	100%

资料来源：《关于1953年高等学校院系调整工作的总结报告》，《1952年和1953年调整前后各类高等院校设置情况统计表》，高等教育部办公厅：《高等教育文献法令汇编》，第一辑，高等教育部办公厅编印，1954年，第65～68、76页。

由表2—4可见，首先，从大学类别来看，华东地区各类院校的比例与全国的比例之间差距不大。如综合大学的比例，华东地区与全国分别为8%和7.1%；农林院校的比例，两者均为16%；师范院校的比例，两者分别为16%、17%；艺术院校的比例，两者分别为8%、8.2%。其次，从高等院校的层次来看，华东地区的本、专科学校的比例也接近全国水平。本科院校的比例，华东地区与全国分别为88%、84.1%；专科学校的比例，两者分别为12%、15.1%。可见，华东地区的院系调整以及院系调整后形成的新的高校体制特征在全国范围内是具有普遍意义的。

二、院系调整的特点

（一）私立高等院校退出

早在1952年之前，中央政府就开始逐步取消教会大学，并改造和限制私立大学。1952年院系调整时，私立大学（包括教会大学）全部被裁撤，分别并入其他公立高校。私立高等院校的消失或者说私立高等院校公立化的具体情况从表 2-5 可见一斑。

表 2-5 华东地区院系调整后高等院校的变动数量统计表

	公 立				私 立			
	大学	学院	专科学校	合计	大学	学院	专科学校	合计
保留校名	10	11	4	25	—	—	—	—
更改校名	—	5	6	11	—	—	1	1
撤销学校	1	2	1	4	8	4	6	18

资料来源：胡建华：《现代中国大学制度的原点：50 年代初期的大学改革》，南京师范大学出版社 2001 年版，第 115 页。

院系调整后，公立高等院校中保留校名、更改校名的加起来有 36 所，占调整前公立高等院校总数的 90％。而私立高等院校除了有一所更改校名外，其余的学校均被撤销。这就是私立高等院校退出的重要表现。私立院校的退出不仅仅是所有权的转换或校名的更改，而主要是将私立高等院校的教师、行政人员、学生、图书设备等并入相关的公立高等院校，使得私立高等院校从组织上、物质形态上完全解体。院系调整后，华东地区的一些在历史上颇有名气的教会大学，如齐鲁大学、之江大学、震旦大学、东吴大学、圣约翰大学等从中国现代大学名册中彻底消失了。

（二）仿照苏联模式建立单科院校为主的高校体制

减少综合大学数量，将包罗众多学科的旧综合大学改造为文理科大学，大量设立单科院校，这是院系调整的基本方针。这一基本方针反映了新政权高等教育的指导思想。为了实现培养经济建设所需要的大量专业学科人才这一政策目标，向苏联学习除保留少数文理科综合性大学外，按行业归口建立单科性高校；大力发展独立建制的工科院校，相继新设钢铁、地质、航空、矿业、水利等专门学院和专业。另外，还根据计划经济和工业建设的需要设置新专业，新设专业的面则比西方大学生主修的专业要窄。

中国高等教育的院系调整参照苏联高等教育结构的模式，分别成立文、理结合的综合性大学和多科性的工科大学，以及许多单科性的工学院和医、农、师范等独立学院或大学，而管理类专业则全面压缩。这次院系调整一定程度上整合了高等教育资源，满足了国民经济建设对专业人才的急需。

从当时来说，院系调整既保证了对口经济建设部门所需专业人才的培养，又利于政府对大学实行有计划的领导与管理。这一基本方针与指导思想充分体现在院系调整的各项政策安排之中。1952 年院系调整后华东地区新设的 17 所高等院校全部是单科院校。

由表 2-6 可见，院系调整后华东地区高等院校的类别构成发生了很大的变化。一是综合大学的减少和单科院校的增加。院校调整前综合大学有 18 所，占高等院校总数的 30.5%；调整后只剩下 6 所，仅占 11.3%。而单科院校的比例则上升至近 90%。这一数字充分表明院系调整后形成了以苏联模式为参照的以单科院校为主的大学体制。二是在单科院校中工科院校、师范院校、农科院校的增加尤为明显。这三类院校在高等院校中的比例分别由调整前的 15.2%、5.1%、5.1% 增加到调整后的 28.3%、11.3%、15.1%。三类院校的总计比例达到了 54.7%。

表 2-6　华东地区高等院校分类统计表

		综合大学	工科院校	农科院校	医科院校	师范院校	财经院校	政法院校	语言院校	艺术院校	体育院校	其他	合计
调整前	校数	18	9	3	11	3	5	1	1	5		3	59
	比例	30.5%	15.2%	5.1%	18.6%	5.1%	8.5%	1.7%	1.7%	8.5%	—	5.1%	100%
调整后	校数	6	15	8	9	6	2	1	1	4		—	53
	比例	11.3%	28.3%	15.1%	17.0%	11.3%	3.8%	1.9%	1.9%	7.5%	1.9%	—	100%

资料来源：胡建华：《现代中国大学制度的原点：50 年代初期的大学改革》，南京师范大学出版社 2001 年版，第 120 页。

从全国范围来看，经过调整后，"私立高校全部改为公立，各院校的性质和任务均较前明确，工科院校得到了发展，综合大学得到了整顿，这样使高等学校在院系设置上基本符合国家建设的需要"。所谓的符合需要就是，顺应国家经济建设对工业人才的需求，多学科的综合性大学在高等院校中所占的比重由 1949 年的 23.9% 降至 1952 年的 10.9%，一大批优秀的、历史悠久且底蕴深厚的综合性大学失去了应有的价值和地位，被改为工科院校；而随着各地新设工科院校的增多，到 1986 年，这一比例更跌至 4.3%。这就充分体现了当时国家大量培养工农业建设所需专业人才和培育各级各类教育所需师资的高等教育政策，同时，也是"向苏联学习"得到彻底贯彻的重要体现。

（三）人文社科的发展受到限制

院系调整加速了工业人才和师范类人才的培养，调整后工科学生人数大大增加。相反，由于与紧迫的工业化建设不直接关联，人文社会科学遭到否定，一些社会学、政治学等学科被停止和取消。此后，一大批社会学学者或者转行民族学，或者遁入图书馆做资料员。南京大学的著名社会学家孙本文去了地理系研究经济地理，曾任金陵大学社会学系主任的柯象峰到外文系当了普通教师。清华大学的社会学系教授史国衡则完全脱离了教学岗位，在学校担任总务工作。正如祖庆年先生所说，院系调整后"哲学系竟失去了存在的余地"。

三、院系调整的得与失

经过对高校组织的重新调整，新中国的高等教育初具规模。在全国范围内有目的地对所有高等教育组织进行如此大规模的改造与调整，可以说古今中外尚无他例。

谈到院系调整的时候，一般将1951年工学院院长会议上制定的院系调整调整计划视为其开端。但事实上，在此之前，东北区的多所院校就已经着手进行高校的改编及合并等调整工作，而且早已实行过发展单科性大学的高等教育模式。因此，必须重视新中国成立前后大学的改编、合并与1952年、1953年及之后的院系调整政策和实施行动之间的连续性。

在这场20世纪50年代实施的全国范围内的有组织有计划且规模宏大的院系调整运动中，教育行政部门和不少学者曾经谈到或提出了一些缺点，但总体来说，对院系调整的整体评价还是比较高的。如当时的高等教育部部长马叙伦就认为：院系调整把"半殖民地性质的、深受欧美资产阶级反动思想毒害的旧的高等教育，彻底转变为工人阶级思想领导的适合国家建设需要的新高等教育。这是一个教育本质的转变"，"这样就使高等学校性质、目标明确，任务单纯，人力物力得以集中，从而学校潜力也大大发挥起来"。[1]

（一）主要成绩

从1951年到1957年的几次院系调整历程可以看出，20世纪50年代初，为了适应有计划、大规模的社会主义建设，对新中国成立前留下的

---

[1] 马叙伦：《五年来新中国的高等教育》，《人民教育》，1954年第10期，第18～20页。

205 所高校进行了调整。一是仿照苏联高校模式，除保留少数以文理为主的综合性大学以外，按行业归口建立了许多单科性学院，而且是以工科院校为主。据 1956 年统计，高校共计 227 所，综合性大学由新中国成立前的 55 所减少为 15 所，工科院校由新中国成立前的 18 所增至 48 所。二是高等学校全部收归国家公办，主要由中央各部委和高等教育部管理。新中国成立前占 40％的私立大学全部收归国有。三是高等学校主要集中在各大行政区领导机关所在地（华北的京津、华东的沪宁、东北的沈阳、西北的西安、西南的成渝、中南的武汉），这几个省市的高校数占全国的 60％，学生数占 63％，北京一地就占 18％。而有些省的高校比新中国成立前减少，如广东由 15 所减为 7 所，福建由 9 所减为 4 所，广西由 6 所减为 3 所。[①]

20 世纪 50 年代社会主义建设以由中央集中统一领导、行业条条管理为主，中央各部委按计划进行行业建设的同时，建设和发展为各工业行业培养人才的高校，资金足，上马快，人才规格对口，及时满足了大规模社会主义建设的需要。1956 年高校设置专业达 313 个，在校生由 11.65 万人增至 40.31 万人。[②] 而且是计划招生、计划分配，无论是边远地区还是艰苦行业，只要有建设项目，就能分配来大学生。因此，可以说，20 世纪 50 年代国家在高等教育上的战略布局基本上是适应当时的计划经济体制的。其优点主要如下：

一是奠定了新中国社会主义高等教育的基本格局，满足了国民经济的发展需要。

1952 年，中国高等院校院系调整参照苏联高等教育结构模式，分别成立了文、理相结合的综合性大学和多科性的工科大学，以及许多单科性的工学院和医、农、师范等独立学院或大学，而管理类专业则全面压缩。这次院系调整一定程度上整合了教育资源，满足了国民经济建设对专业人才的急需。

以交通大学为例，这次院系调整交大调出了土木、航空、水利、化工、数学、物理、化学共计 7 个系，包括师资和设备，与其他院校有关系科合并，成立了一批新的工科院校，如华东化工学院、华东航空学院、华东水利

① 苏渭昌、雷克啸、章炳良：《中国教育通史》，中华人民共和国（下），北京师范大学出版社 2013 年版，第 81 页。

② 苏渭昌、雷克啸、章炳良：《中国教育通史》，中华人民共和国（下），北京师范大学出版社 2013 年版，第 81 页。

学院、华东纺织工学院、成都电讯工程学院等。交通大学理科的调出也支援了其他兄弟院校的发展。在院系调整中，交通大学对中国高等教育的发展作出了很大贡献。院系调整中，交通大学也调进了同济大学、大同大学、中华工商专科学校、华东交通专科学校和上海工业专科学校等校的机械、电机、造船等方面的人才和设备，加强了交通大学机、电、船三个系科的力量。经过院系调整，学校人才培养的规模也逐年扩大，如 1950 年交通大学的招生人数为 718 名，到 1954 年已增长到 1903 名，毕业生也从 1950 年的 540 名发展到 1954 年的 1026 名，增长近 1 倍。①

1949 年，新中国有高等学校 205 所，经过调整，到 1957 年达到 229 所，绝大多数学校的培养规模有了不同程度的扩大，规模在 500 人以下的学校比例减少到 17.03%，全国高等院校在校生人数比 1949 年的 116540 人增加了 3 倍。专业增加了三分之一左右，达到 323 种，特别是工科院、系、专业得到了极大的加强，新建了一些旧大学所没有的工程专业。1953 年，184 所高校中，工科院校 38 所，占 20.65%；工业院校开设的专业达 102 种，1957 年更达到 183 种，占 56.66%。各院系的任务、分工和发展方面以及各专业的培养目标在这次通盘调整中都作了明确的规定。新中国的高等教育因此从根本上摆脱了旧大学"重文轻理"、不能培养出配套工程技术人才的落后状况，形成了机械、电机、土木、化工、矿冶等主要工科专业比较齐全的体系。高校在校学生中，工科学生所占比重由 1949 年的 26% 增加到 1957 年的 37%。同时，也适当加强了师范院校的建设，使师范学生在高校学生中比例由 1949 年的 10.3% 增加到 1957 年的 26%。这样的调整，较快地适应了当时发展经济、发展教育的要求。

二是较合理地开发和利用了办学资源，提高了高等教育的办学效益。

通过调整，绝大多数学校的师资、设备、校舍等办学条件都得到了较合理的利用，办学效率在一定程度上得以提升。以山东为例，1952 年调整后新学期各院校学生总数增加了三分之一，教师却增加不多，但教师紧张的现象反而有所缓解。调整前教师与学生之比为 1∶6.5，空缺教师 148 人，调整后为 1∶9.2，空缺教师 125 人，教学效率有所提高。教学上的许多设备也随着系别的合并走出封闭状态得以集中使用，这既减轻了国家的财政负

---

① 《上海交通大学志》编纂委员会：《上海交通大学志》，上海交通大学出版社 1996 年版，第 249、253 页。

担，又提高了设备的使用效率。同时，各院校的领导干部和政治干部也都得到了统一的配备，领导力量得以加强。如 1952 年调整前，全国工科系科每年只能招生 15000 人，调整后的 1952 年招生 30000 人，1953 年全国工科系科招生人数又在 1952 年 30000 人的基础上增加了 8.9%，办学效果提升是十分明显的。

三是初步改变了高校布局不合理局面，加强了内地高教整体实力，有力地支援了西部的经济建设。

旧中国的高等学校主要集中在沿海地区特别是沿海的几个大城市，内地和边远地区十分薄弱。1949 年全国高校共有 205 所，其中上海就有 37 所，江苏、北京各有 15 所，广东有 12 所，而整个大西北总共只有 8 所高校，其中山西 3 所，甘肃 4 所，新疆 1 所，青海、宁夏连 1 所高校也没有。经过 1955—1957 年的高校西迁，西北增加了一些高校，如陕西已有 13 所，新疆增加到 5 所。西南地区的高校也得到了较大的发展，如将华东工学院、交通大学、南京工学院的电讯专业调出，迁至成都成立了成都电讯工程学院。这就使得我国高校地域布局极为不平衡的状况有所缓解，并为西部的开发和建设奠定了高等教育上的基础。

总之，院系调整加强了工程、师范和农林等方面的专业人才培养，使专门学院尤其是工科类专门学院有了相当可观的发展，为我国培养了一大批经济建设所急需的专门人才，对新中国的工业化建设有巨大的推动作用，改变了旧中国工程技术教育过于薄弱的状况。

（二）不足与问题

20 世纪 50 年代的院系调整，不论是在当时还是现在回看，都不可避免地产生了一些弊端和带来了一些负面的问题。

一是院系调整指导思想有一定的政治偏见。20 世纪 50 年代院系调整过分强调教育的阶级性，主要以政治和社会制度作为取舍的标准，将旧式欧美的通才教育斥为资产阶级的东西而加以抛弃，把欧美的大学看作资产阶级的堡垒而加以否定。这种过分突出教育政治性的做法，不利于充分吸收、借鉴旧中国和世界各国高等教育的有益经验。

二是院系及学科专业机构严重失衡。20 世纪 50 年代的院系调整，由于仿效苏联高教体制，导致院系及学科专业结构严重失衡。首先，不适当地撤销损害了一批在当时已经具备一定实力的综合性大学。发展专门学院，适应经济建设需要，就当时而言是必要的。然而专门学院一概独立于综合性大学的做法不仅削弱、分散了综合性大学，也不利于专门学院的全面发展。1949—1957 年，随着学校总数的增加（由 205 所发展到 229 所），综合性大学却出现了减少趋势（由 49 所减少到 17 所），就其实质而言，调整后的综合性大学大多失去原来的综合性意义，变成了文理学院，成为变相的专门学院，从而影响了学科的纵深发展及地方经济的发展。

此外，院系调整指导方针的后一部分，即"整顿和加强综合性大学"没有真正得到落实，由于照搬苏联高校系科设置模式，使原有的一些久负盛名的综合性大学不同程度地有所削弱。南京大学在新中国成立初期曾有文、法、理、工、农、医、师范 7 个学院共 42 个系科，院系调整后仅保留了文、理方面的 13 个系，其中心理学系自 1952 年后即未再招生，仅有其名而无其实。尽管通过院系调整，南京大学新建了天文学系，加强了地学类和外国语言文学类系科，但人文科学领域的哲学系，社会科学领域的经济、法律、政治等颇有特色的系科或被调出，或被撤销，不能不说是院系调整中的一个失误。交通大学调整后由新中国成立前的综合性大学变成一所主要为国防服务的多科性专科学校，整体实力大大削弱。如理学院、管理学院的撤销，很多教师调离交通大学；工科门类减少，以及工科类专业划分过细等等，对交通大学的办学传统、知名度等方面均带来明显影响。直到 20 世纪 70 年代末80 年代初中国实行改革开放后，上海交通大学抓住机会，加快恢复理、工、管和发展文、法、医、农，重新成为具有综合性学科格局的知名大学。

院系调整后形成的"综合大学（文理学科型）－多科性工科大学－单科性专门学校"的高校设置模式，往往由于社会科学与自然科学、基础学科与应用学科的相互脱节和分离，影响了学科的交叉与渗透，影响了学科的更新发展与人才培养的质量；同时，还妨碍了以后高等学校基础研究和应用研究、开发研究的结合。

三是调整要求过高过急，忽视了地方和高校的发展需要。1953 年 9 月，高等教育部部长马叙伦在《关于综合大学的方针和任务的报告》中，既充分肯定了院系调整的成绩，也指出了存在的缺点和问题。他说："首先，有过急的毛病，例如在某些地方一下子摆出的摊子过多，而事前准备不足，以致某些独立出来或新设立的院校，内容并不充实，同时却使调整后的个别综合大学的力量被削弱，被分散。""第二，在某些地方调整时未能照顾到某些大学的原有的优点与系科特长，以及其本身的实际需要，或者移重就轻，使其多年积累起来的能代表该校特点的教学基础失掉应有的作用，或者把某些重要科系连根拔掉，使该校其他相关科系的教学和研究工作受到影响。"马叙伦还指出："在处理文法等系科的做法上，有些是更不妥当的"，如"只看到其课程内容陈腐又非目前急需的一面，有时就采取绝对办法，单纯地调出、合并或取消，而不是有区别有步骤地加以合理取舍，逐渐改造，以适应将来的需要和发展"①。可以说，马叙伦的这番分析在当时来说比较全面而中肯。对于全国院系调整中出现的这些问题，尽管事后也曾采取了某些补救措施。但事实上，这一历史缺憾，直到 20 世纪 80 年代后才真正开始得到弥补。

以山西省为例，山西省是一个煤炭及矿产资源丰富、钢铁工业发达的能源重工业基地。在院系调整中，建于 1902 年的著名的山西大学被分割，采矿工程、冶金工程等系被外调他省，"不但影响学科间的互相发展促进，而且使我省（山西省）的煤炭、钢铁等工业的发展受到了严重影响，其他矿产资源开发、利用也有很大的局限"②。山西省的高校虽然由新中国成立前的 2 所增为 4 所，表面上看数量有所增加，但实际上却被分散了力量，发展能力被相对削弱，其直接结果是使山西省几十年的建设成果只有一所国家重点大学，也使山西省的高等教育发展相对其他省份缓慢，"一定程度上影响了本省（山西省）社会经济的全面快速发展"③。上海、江苏、广东高等学校数量不仅未保持反而有所下降，上海减少到 19 所，江苏减少到 15 所，广东减少到 7 所。当时的改革对各地、各校的实际情况考虑不够，采用"一刀切"的做法，这对高等教育的质量有所影响。

20 世纪 50 年代的院系调整是计划经济的产物，"高度统一"使得某些院校独立过早，办学力量薄弱。培养专门人才过高过急的要求，使得部分高校的学科特点不仅未得到应有的重视，反而被连根拔掉，致使教学力量与科学研究元气大伤。

另外，20 世纪 50 年代院系调整将私立高校全部改为公立或并入公立高校的做法，在今天看来有不妥之处。这既增加了国家的财政负担，又挫伤了一部分社会精英人士办学的积极性。

---

① 高等教育部办公厅：《高等教育文献法令汇编》，第一辑，高等教育部办公厅编印，1954年，第 16~17 页。
② 赵存存、柳春元：《五十年代初山西高等教育的"院系调整"及其影响》，《高等教育研究》，2002 年第 3 期，第 102~105 页。
③ 赵存存、柳春元：《五十年代初山西高等教育的"院系调整"及其影响》，《高等教育研究》，2002 年第 3 期，第 102~105 页。

第三章　苏联范式与高等学校教学制度变革

新中国成立后，改造旧大学特别是改造旧的教学内容是高等教育改革的重点之一。关于这一点，钱俊瑞曾指出："新中国的高等学校应该以培养掌握现代的科学与技术的最新成就，能够联系理论与实际，结合生产经验与科学，积极参加新民主主义建设的各种专门人才为自己的服务。因此旧中国原有的高等学校都必须加以彻底的但是稳步的改造。这种改造的中心环节是教学内容的改造，特别是课程的改造。"① 教学内容与课程的改革主要体现在除旧与布新两个方面，即在去除旧的高等学校课程中的反动科目的同时，设立以培养符合新中国建设需要的主流意识形态的新式人才为目的的新课程。20 世纪 50 年代这种以"破旧"与"布新"为基本内容的教学改革，一方面是通过设立思想政治科目确立高等学校的主流意识形态；另一方面是全面学习与实施苏联范式的教学制度，回顾这段历史，对于构建中国特色的社会主义教育体系，有着重要的意义。

第一节　思想政治课的设立

新中国成立后，中国共产党着手对旧有高等学校教育事业进行了破旧立新式的改革。1949 年 9 月 29 日，中国人民政治协商会议第一届全体会议通过了起临时宪法作用的《中国人民政治协商会议共同纲领》（以下简称《共同纲领》）。新中国初期高等教育制度的建立就是以《共同纲领》为基本方针的。在此方针的指导下，高等学校思想政治课的建设主要包括三个方面：一是思想政治科目教学的引进，对学生开展马克思列宁主义的思想教育。二是学生思想政治工作机构与队伍的逐步建立。三是在全国高等学校教师中开展思想改造学习运动，从而确保新政权下高等学校新兴意识形态的建立和高校

---

① 钱俊瑞：《当前教育建设的方针》，《教育丛刊资料》，人民教育出版社 1952 年版，第 50 页。

思想政治工作的顺利开展。

一、高等学校政治课的设立

1949 年中华人民共和国的成立标志着社会政治制度的根本转变，社会政治制度的根本转变给中国经济、政治、社会等多个领域带来了巨大的影响，特别是给文化教育领域的改革打上了浓重的政治色彩。反映在高校的变革上，首要的就是思想政治科目教学的引进，对学生开展关于马克思列宁主义的思想教育。在高校开展思想政治课的教育传统源于新中国成立前中国共产党解放区的大学，其目的是让学生通过对马克思列宁主义理论的学习，"正确地认识新社会存在的发展的必然性，从而确立起劳动观点、阶级立场，以便更好地为人民服务"。[①]

（一）高校政治课程设立的试点

新中国成立后，在中国共产党的领导下，根据《共同纲领》的有关规定，在接管和改造旧学校的同时，立即取消了旧学校的训导制度。具体来说，在高等学校，取消了国民党统治时期设立的国民党党义、公民、军事训练等旧式课程，开始创设新民主主义革命的政治理论课程。

1949 年 1 月，北平（后改为北京）解放。北平城市以大学为代表的文教机构都由军事管制委员会下属的文化接收管理委员会接管并领导。1949 年 3 月，北平文化接收管理委员会开始着手大学课程改革。不久，北京大学"全校师生通过学习马列主义、毛泽东思想，树立了正确的法律观。认识一致后，在废除了与反动政权不可分的 13 门科目的同时，新设社会发展史、新哲学、法令政策研究等科目"[②]。

最早决定在高校开设政治课的机构是华北高等教育委员会。1949 年 6 月 1 日，华北高等教育委员会成立，并领导了该区的高等教育课程改革，此次课程改革的内容比北平文化接收管理委员会领导的某些大学某些科目的课程改革更加全面而具体。8 月 10 日，华北高等教育委员会召开第三次常务会议。会议决定，将"辩证唯物论和历史唯物论"（包括社会发展简史）、"新民主主义论"（包括中国近代革命运动简史）作为公共必修课。每科教学时间为一周三小时，一学期修完。另外，文法学院还将"政治经济学"作为

---

① 《上海市人民政府高教处关于政治课开设、政教概况》，1950 年 1 月，上海市档案馆馆藏档案：B1-1-2198。

② 陈泓：《北京各大学的课程改革工作》，《人民日报》，1949 年 10 月 17 日，第 4 版。

公共必修课，每周三小时，一学年修完。① 9 月 10 日，华北高等教育委员会又召集京津两地大学教师，召开讨论有关"辩证唯物主义和历史唯物论"教材内容和教学法的座谈会。经过多次研讨，华北高等教育委员会颁发了《华北专科以上学校一九四九年度公共必修课过渡时期实施暂行办法》，正式规定将辩证唯物论与历史唯物论、新民主主义论两门反映新政权本质特征的思想政治课作为公共必修课。随后，1949 年 10 月 11 日，华北高等教育委员会公布了《各大学、专科学校文法学院各系课程暂行规定》，该规定在对文学、哲学、历史、教育、经济、政治、法律 7 个文科系的主要课程作详细规定的同时，还规定了文科系公共必修政治课的科目与时间。文学院、法学院的公共必修课程为：辩证唯物论与历史唯物论（包括社会发展简史，第一学期学完，每周 3 小时）、新民主主义论（包括近代中国革命运动史，第二学期学完，每周 3 小时）、政治经济学（第二学年起，每周 3 小时，一年学完）。②

在高等学校设立革命性的新政治理论课程，是我国改造旧大学、建设新大学的重要标志。这一举措实施伊始，就受到新闻舆论界的高度重视和广大人民群众的拥护。1949 年 10 月 14 日，《人民日报》登载社论《认真实施文法学院的新课程》，该社论写道："在高等学校设立革命的政治理论课，是用新民主主义的、大众的、反帝反封建的文化，用马列主义的观点和方法，代替国民党反动统治时期充满唯心论、机械论，以至封建、买办、法西斯主义的反动课程的重大措施。"社论指出："由于这种改革在全国还只是个开始，所以我们希望华北各地在实施过程中随时注意总结与积累实施新课程的经验，随时修正条例中可能存在的缺点，在尽可能短的时期内得出一个更完整的方案，以供全国各地参考。"③ 事实上，华北地区是全国高校课程改革的排头兵，为全国高等学校接下来的课程改革提供了先行经验。

（二）高校政治课的正式设立

1949 年 11 月 1 日，中央人民政府教育部成立。11 月 4 日到 17 日，教育部连续四次召开了与课程改革相关的会议，商讨课程改革事项。11 月 17

---

① 《上海市人民政府高教处关于政治课开设、政教概况》，1950 年 1 月，上海市档案馆馆藏档案：B1—1—2198。

② 胡建华：《现代大学制度的原点——50 年代初期的大学改革》，南京师范大学出版社 2001 年版，第 128～129 页。

③ 《认真实施文法学院的新课程》，《人民日报》，1949 年 10 月 14 日，第 1 版。

日，教育部在京召开华北区及京津十九所高等院校负责人会议，讨论高等教育改革方针。钱俊瑞指出："当前课程改革的中心环节是加强政治课的学习，业务课程必须切合建设的需要。"① 这就把开设政治理论课的重要性提高到居于整个高校改革中心环节的高度，明确了政治理论课在高等学校思想政治教育中的非比寻常的地位。1950年6月，教育部举行第一次全国高等教育工作会议。会议通过并由教育部于1950年8月14日正式颁布了具有法规性质的文件《高等学校暂行章程》，其"总纲"第二条第二款规定，"根据中国人民政治协商会议共同纲领，进行革命的政治及思想教育，肃清封建的、买办的、法西斯主义的思想，树立正确的观点和方法，发扬为人民服务的思想"。这就标志着我党把开设政治理论课，加强思想政治教育正式列为高等学校人才培养目标的重要组成部分，并开始予以法制化。

为进一步推进高等学校政治理论课建设，教育部于1950年7月24日—8月25日在北京召开了"全国高等学校政治课教学讨论会"，10月4日就此次会议讨论的成果发出通报，并附发了《关于高等学校政治课教学方针、组织与方法的几项原则》。该通报概括了新中国成立一年来全国高等学校思想政治学科教育的经验教训，并结合当时的国内外形势提出了高等学校思想政治教育的重点与规定。在附发的《关于高等学校政治课教学方针、组织与方法的几项原则》中明确要求：根据各校情况，成立"政治课教学委员会（或教学研究指导组）"，作为政治课教学的领导机构；在思想教育过程中，要着重防止用粗暴的方法，防止急于求成的偏向；在教学中要贯彻群众路线的教学方法；要根据理论联系实际的原则，启发学生分析自己的思想，针对问题有的放矢地以系统理论知识加以解决；多用自学和集体讨论的方法；酌量配合参加劳动生产、社会活动等，使感性认识与理性认识相印证。② 通报及其附件对当时政治理论课的教学方针、任务、机构、方法、内容以及需要注意防止的偏向和问题，作了较为系统和具体的规定，开始逐步形成高校政治理论课教学体系的雏形。

高校政治理论课的建设也出现过小波折。随着高校政治理论课建设的逐步展开，出现了"把政治课与业务课对立起来"和认为"只有政治课才能进

---

① 中央教育科学研究所：《中华人民共和国教育大事记（1949—1982）》，教育科学出版社1984年版，第6页。

② 中央教育科学研究所：《中华人民共和国教育大事记（1949—1982）》，教育科学出版社1984年版，第22页。

行思想政治教育"等错误或片面的观点，给政治理论课的建设和发展带来了一定的影响。为此，1951年9月10日，教育部就政治课问题向华北各高校发出指示，要求各系在制订教学计划时，将思想政治课目作为业务课的重要组成部分，取消"政治课"的名称，将"社会发展史"课改为"辩证唯物论与历史唯物论"课，与"新民主主义论"及"政治经济学"等课同为独立课目，并要求将上述3门课目同其他业务课统一计划；同时提出将政治课教学委员会改为各课目的教学研究指导组，由教务长负责计划、组织和督导检查，并规定时事学习委员会应着重加强。从此，在我国高等学校中，政治理论课与其他各门专业课、基础课以同等重要的身份，正式列入高等学校的整个教学计划，成为各院系、各专业学生的公共必修课。

1952年10月7日，教育部发出《关于全国高等学校马克思列宁主义、毛泽东思想课程的指示》，对高等学校政治理论课的开设作了进一步的调整和规范。该指示规定：综合性大学及财经、艺术院校自1952年起，依照一、二、三年级次序，分别开设"新民主主义论"（100学时）、"政治经济学"（136学时）、"辩证唯物论与历史唯物论"（100学时），共3门课，均为1学年。理、工、农、医等专门学院只开设前两门，一年级和二年级专科学校只开设前1门，各课的学时数均与综合大学及财经、艺术院校相同。1953年2月7日，刚成立不久的高等教育部发出通知，规定各类高等学校应在1952年所规定的课程设置的基础上，一律加开"马列主义基础"（136学时）。1953年6月17日，高等教育部再次发出通知，决定从1953年起，将高等学校一年级开设的课程"新民主主义论"更改为"中国革命史"。至此，经过这一系列的调整和规范，高等学校的政治理论课体系基本定型。

新中国成立初期，党和政府在高等学校主流意识形态的破旧与立新过程中，规定我国高校普遍开设思想政治理论课，由此构建了新中国高等学校政治理论课的基本框架，这是由新中国社会主义制度的性质所决定的，是执政党的执政理念和指导思想在高等学校的传播和贯彻，有利于培养高校学生树立科学的世界观、人生观和价值观。

具体就全国范围来说，高校思想政治课的建立是通过课程改革的方式来进行的。自1950年暑期全国大学政治课教学讨论会之后，华东、中南、西南地区的各高校广泛进行了政治课教学改革。改革主要是从以下几方面来进行的。

1. 明确政治课的学习目的

1949 年 11 月 1 日，上海高等教育处第一次政治教员会议对政治课的学习目的进行了总结：（1）确立为人民服务的观念；（2）确立马克思主义的阶级观点；（3）把握对国家的认识，发扬爱国精神；（4）掌握批评与自我批评的武器。①

1951 年 7 月 24 日，教育部又发出指示，要求各大行政区教育部门分别召开暑期高等学校政治课讨论会议，贯彻政治课的方针任务，交流教学经验，讨论教学内容与方法。该指示指出召开此次政治讨论课的目的主要是明确"目前思想政治教育以肃清封建、买办法西斯主义思想，加强爱国思想为首要任务，并用民主批评的方法适当地改造民族资产阶级和小资产阶级的思想，培养学生全心全意为人民服务的革命的人生观"，同时还指出："政治课应作为业务课之一，着重于系统的理论知识的讲授，集中解决学生的主要思想问题。"②

2. 建立政治课教学组织

为了更好地领导新中国高等学校的政治理论课改革，中央教育部要求各地区、各市、各高校成立政治课教学组织。1950 年 10 月 4 日，教育部发出通报规定："高等学校应根据具体情况，成立政治课教学委员会（或教学研究指导组）。"③

随后，华东成立了华东地区及上海市高等学校政治课教学委员会，西南成立了西南地区高等学校政治课辅导委员会。在各地区政治课辅导委员会的领导和推动之下，重庆、成都、昆明、贵阳等地相继设立了市政治课教学委员会。1950 年 9 月 12 日，中南地区召开了由出席全国暑假政治课教学讨论会的教师、武汉市党政机关代表参加的中南地区高等学校政治课教学讨论会。会议决定成立武汉市高等学校政治课教学委员会，并要求其他地区的高等学校也必须成立政治课教学组织。华东区教育部给中央教育部的报告中显示，截至 1950 年 10 月，上海的 37 所院校中有 17 所已经成立了政治课教学委员会，其余 20 所正在准备成立。西南地区的报告中记载，西南地区的 34

---

① 《上海市人民政府高教处关于政治课开设、政教概况》，1950 年 1 月，上海市档案馆馆藏档案：B1—1—2198。

② 中央教育科学研究所：《中华人民共和国教育大事记（1949—1982）》，教育科学出版社 1984 年版，第 44 页。

③ 中央教育科学研究所：《中华人民共和国教育大事记（1949—1982）》，教育科学出版社 1984 年版，第 22 页。

所院校中有 18 所成立了政治课教学研究指导组，7 所成立了政治课教学委员会。[①] 各地区的大学政治课教学机构大体相同，以华东地区为例，其组织系统如图 3-1 所示。

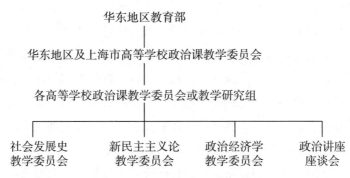

图 3-1　华东地区教育部政治课教学机构组织系统图

资料来源：胡建华：《现代大学制度的原点：50 年代初期的大学改革》，南京师范大学出版社 2001 年版，第 135 页。

1951 年 9 月 10 日，教育部就政治课问题向华北区各高等学校发出指示："各系拟定教学计划时，应把思想政治课目作为业务课的重要部分。……现有政治教学委员会改为各该课目的教学研究指导组，由教务长负责计划、组织、督导检查。各系主任拟定教学计划时，应将上述三课目（辩证唯物论与历史唯物论、新民主主义论及政治经济学）与其他业务课统一计划。'时事学习委员会'应予加强。"[②] 可见，在相关领导机构的强化指导下，政治课开设的目的性、计划性和组织性均大大加强。

3. 规定政治课的教学内容

教学内容是思想政治课改革的主体。以上海为例，1949 年 10 月，上海高校开始开设政治课，当时暂时规定为三门，即社会发展史、中国革命问题（包括新民主主义论及三十年来中国革命简史）和政治经济学（文、法、商、教修习），每学期以修一门政治课为原则，社会发展史、中国革命问题各修习一学期，政治经济学修习两学期，如有特殊情形，如应届毕业生，也可以

① 胡建华：《现代大学制度的原点：50 年代初期的大学改革》，南京师范大学出版社 2001 年版，第 134~135 页。
② 中央教育科学研究所：《中华人民共和国教育大事记（1949—1982）》，教育科学出版社 1984 年版，第 47 页。

同时修习两门甚至三门。①

以上海地区"社会发展史"这门课的讲授为例，当时上海高等教育处对这门政治课的课程及时间、课程及参考书、学习目的、讲授方法、讲授顺序及进度进行了详细而明确的规定：每周至少两小时，各年级、各学系共同必修。课本暂定解放社编新华社版的《社会发展简史》，学生参考书于授完每一段落后随时指定，时事教材临时确定。目的是使学生建立几个马克思主义的基本观点：劳动观点、阶级观点、国家学说。同时掌握批评与自我批评的武器，以进行思想改造，把思想变成行动。讲授方法：（1）应该教得浅近一些，不要好高骛远，对于某些名词，还要反复说明，使有明确概念。（2）应该多举具体史例（中西均可），并联系到实际问题。（3）随时要提到人生观与对社会问题的看法。（4）略于古而详于今，对原始社会与奴隶社会可讲得简单一些，对封建社会可讲得详细一些，至于资本主义社会可在讲授政治经济学时更详细地讲。（5）会同政治助教成立学生学习小组，进行讨论学习。（6）实行教师互听讲课，互对讲课加以批评的办法，如有教授法优良的教师，可实行听小课的办法。（7）暂由高等教育处拟定讲授提纲，分发各政治教育员自行补充材料讲授，各校政治教员定期举行座谈会，交换教学经验，解决疑难，商议讲授提纲。此外，还要求各校要经常调查并收集学生对政治课的反映，提供给政治教师参考，并适时调整政治课讲授的内容与方法。②

同时，上海高等教育处也对"社会发展史"这门课程的讲授进度、时间给予了详细的规定。进度上，自1949年10月底到1950年1月底，共有14周，其中除去时事讲授和假期占去的三周，还有11周，共计22小时是讲授社会发展史的时间。具体来说，讲授时间的分布为：第一章"绪论"（从猿到人）2小时；第二章"原始共产主义"与第三章"奴隶占有制度"6小时；第四章"封建制度"4小时；第五章"资本主义"4小时；第六章"新民主主义与社会主义共产主义"6小时。③

上海高等教育处还对"社会发展史"这一门课的讲授提纲进行了详细规定，教师讲授完全可以以此为根据，再添加一些补充材料，便可完成这门课

---

① 《上海市人民政府高教处关于政治课开设、政教概况》，1950年1月，上海市档案馆馆藏档案：B1-1-2198。
② 《上海市人民政府高教处关于政治课开设、政教概况》，1950年1月，上海市档案馆馆藏档案：B1-1-2198。
③ 《上海市人民政府高教处关于政治课开设、政教概况》，1950年1月，上海市档案馆馆藏档案：B1-1-2198。

的讲授。另外，上海高等教育处还指定了这门课的参考书目，共 7 本。具体为：艾思奇的《社会发展史讲授提纲》第一部分第一、二节，新华书店发行；解放社编的《社会发展简史》第一章；斯大林的《辩证唯物主义与历史唯物主义》第三部分；恩格斯的《从猿到人》；伊林的《人怎样变成巨人》；普列汉诺夫的《论人物在历史中的作用》；《学习》杂志第一、第二两期有关论文。①

为了鼓励学生努力学习，端正学习态度，更好地贯彻新民主主义教育，政治课也要求进行考核，其评定分数的标准分为四项：上课态度占 20%，考试成绩占 10%，考试态度占 40%，学习态度 30%。其中考试成绩一项分数由教师单独评定，其他三项分数由教师会同学习小组评定，四项分数综合则为学生所应得的分数。② 此外，每班考试后通过竞赛方式以争取"学习模范班"的光荣称号。

由此可见，新中国成立初期的头几年，中央教育部或高等教育部依据中国共产党的意识形态和执政理念，对高等学校政治课的开设一直处在探索或调整的过程中。不管是从政治课程的名称、课程内容、课程时长以及授课方式等方面，都在不断地调整、改进的过程之中，体现了高校意识形态建设的重要性、长期性和艰巨性。

二、逐步建立高校思想政治工作队伍

新中国成立后，在中国共产党的领导下，在接管高等学校的同时，选派了大批优秀的党、团干部充实到高校，逐步改组高校领导班子，建立校务委员会，实现民主管理。同时，以老革命根据地的经验为基础，开始建立新的学校思想政治工作队伍。最初，在高等学校逐步建立和发展共产党的基层组织，建立新民主主义青年团、政治辅导处和政治辅导员制度以及学生会组织等。

经过一段时间的努力，高等学校的思想政治工作机构和队伍逐步建立起来，主要由三部分组成：一是政治理论课教师；二是设立政治辅导处，负责学生思想工作、日常管理及学习指导；三是学校党、团组织的专、兼职工作

---

① 《上海市人民政府高教处关于政治课开设、政教概况》，1950 年 1 月，上海市档案馆藏档案：B1-1-2198。
② 《上海市人民政府高教处关于政治课开设、政教概况》，1950 年 1 月，上海市档案馆藏档案：B1-1-2198。

人员。

（一）政治理论课教师队伍的建立

随着政治理论课在高等学校的设立，政治理论课教师队伍也逐步建立起来，主要体现在：第一，师资人数从少到多，队伍不断充实。到1957年，全国高等学校政治理论课专职教师总数达到5457人。第二，师资培训工作有了充分的保证。自1952年起，教育部指定中国人民大学设立马列主义研究班，为高校代理培训政治理论课教师。

1952年9月1日，中共中央向各中央局、分局，各省、市委发布《中共中央关于培养高等、中等学校马列主义理论师资的指示》："提高马克思列宁主义的政治理论课程的教学水平，则是学校思想建设工作的中心环节。"具体内容为：一是由中央教育部总体筹划，在中国人民大学创设马克思列宁主义研究班，为全国各高等学校培养部分政治理论师资，计划于1952年秋季开始实行，第一期招收研究生300人，研究期限1～2年。二是在高等学校的助教和高等、中等学校高年级学生中选拔优秀的党员、团员在本校担任政治理论课程的助教或助理，经常地指导他们结合自己的实际工作，有系统地学习马克思列宁主义的理论，逐渐培养他们成为高等、中等学校新的政治理论师资。"这是现阶段培养政治理论师资的最有效的方法之一。"三是各大行政区应选择条件较好的高等学校，举办马克思列宁主义研究班，培养高等学校的政治理论师资；设立政治教育系或政治教育专修科，培养中等学校的政治理论师资。四是各中央局、分局及有关的地方党委应加强对各地区培养政治理论师资和学校政治教育的领导，指定各级党委的宣传部领导经常亲自领导这一工作，并应选派政治理论水平较高的干部到马克思列宁主义研究班及政治教育系或政治教育专修科教课（专任或兼任），领导政治助教的政治理论学习。五是规定各大行政区培养高等、中等学校政治理论师资的计划，由各中央局负责拟订；华北五省二市高等、中等学校政治教师的培养计划，由华北局会同中央教育部党组负责拟订。①

再以华东区高等学校1953年暑期政治经济学讲习班为例。"为了解决华东区各高等学校'政治经济学'师资进修的困难"，华东区高等教育局利用1953年暑期举办了为期六周的短期讲习班，委托复旦大学政治经济学教研

---

① 中共中央文献研究室：《建国以来重要文献选编》，第三册，中央文献出版社1992年版，第318～319页。

组，并组织上海财经学院部分教师来担任此项工作。"讲习班的教学方针是以师范教学为主，结合自学、课堂讨论、专题报告和问题解答等方式，要求学员们首先能有重点的掌握'政治经济学'的内容（以资本主义经济为主），然后通过对讲授内容的掌握，连带解决教学方法上的有关问题，前后共进行了八讲的示范教学和四次专题报告。""经过一个多月的培训工作，是收到了一定成效，在学习将近结束时，学员们都普遍反映出他们的收获大大超过了他们预先的期望。……这证明了在一定条件下运用短期讲习班的办法来协助培养政治课的师资，解决目前教学工作中的迫切困难是一个可行的途径。"①

1955 年 11 月，高等教育部专门颁发《关于加强培养哲学干部及哲学系工作的决定》，要求北京大学哲学系扩大招生，中国人民大学、武汉大学增设哲学系。同时，从中央到地方，还多次采取举办政治理论课教学研讨会、教学经验交流会、集体备课、暑期讲习班等形式进行培训，帮助提高政治理论课教师的水平，还要编译政治理论课的教学大纲、教材，印发讲稿及参考资料，帮助教师提高教学质量。政治理论课教师队伍逐步扩大，在思想政治教育中的作用也逐步发挥出来。高等教育部在《1954 年的工作总结和 1955 年的工作要点》中指出，政治理论课教研组的任务是，不仅把政治理论课本身教好，并且要进一步组织和指导学生课外的政治思想教育，组织和指导全体教师的政治理论学习和学术批判工作，以便统一广大师生的思想战线。这样，政治理论课教师在高等学校思想政治教育中的地位和作用逐步固定下来。

（二）设立政治辅导处

1952 年 8 月 30 日，中央教育部党组小组向中央呈送了《关于在高等学校试行整治工作制度的报告》，指出："全国高等学校经过'三反'运动和思想改造、组织清理以后，进一步肃清了封建、买办、法西斯思想，批判了资产阶级思想，整顿了教师的队伍，初步树立起工人阶级的思想领导，群众的政治觉悟和我党在群众中的威信均空前提高。"因此，在这种情况下，"急需进一步在高等学校中建立政治工作制度，以加强政治领导，开展马克思列宁主义的思想建设，为全国高等教育事业打下坚强的政治基础"。故特在高校设立政治工作机构——政治辅导处。其主要任务有四：一是指导全体教职员

---

① 《中共上海市高等学校委员会关于华东区高等学校 1953 年暑期"政治经济学"讲习班的工作总结》，1953 年，上海市档案馆藏档案：A26−2−188−10。

工的政治理论学习；二是协助教务处指导马克思列宁主义理论课程的教学；三是指导全校教职员工和学生的社会活动；四是掌握教职员工和学生的政治思想情况，管理教职员工和学生的历史、政治材料，主持毕业学生的鉴定，参加毕业生的分配工作，参与教职员工的聘任、升迁、奖惩等工作。后中共中央向各中央局、分局，各省、市委转发此报告，要求"今年下半年，你们应该选择若干所具备条件的学校进行重点试验，无条件者暂缓实行"。[①] 为进一步加强高等学校的思想政治工作，1952 年 10 月，教育部发出《关于在高等学校有重点地试行政治工作制度的指示》，指出：要有准备的设立高等学校的政治工作机构，名称为"政治辅导处"。[②]

以交通大学为例，根据华东部的指示，1952 年 7 月 26 日，学校成立政治辅导处作为党委的办事机构。政治辅导处既是学校党委的办事机构，又是学校行政机构的一部分，在校党委、校行政双重领导下工作，具体负责学校的思想政治工作，以马列主义理论提高教职员工的思想水平，通过党、团、工会、学生会等组织发挥作用，协助学校各行政部门完成各项工作。政治辅导处下设 3 个科：组织科、宣传科、青年科。组织科负责群众工作、保卫工作、党务工作；宣传科负责组织教职工和青年学生的政治理论学习及时事政策宣传教育；青年科负责学生工作和团委会的工作。同时建立政治辅导员制，每系各有一位政治辅导员受系主任领导，同时又作为政治辅导处的派出代表，兼任该系的党支部书记，具体负责全系的政治工作，协助系主任完成教学任务，组织教工政治学习，通过团委在各系的联络小组开展学生工作。

交通大学政治辅导处成立以后，围绕学生在不同时期的中心任务做了大量工作。其中在思想政治上的主要工作，一是推动教师的政治理论学习，这方面虽然主要由工会通过教师学习委员会统一领导，但政治辅导处主任和宣教科科长要参加并具体掌握，组织开展学习总结和交流；二是开展学生的政治思想工作。把与学生思想政治教育有关的部门组织起来，统一领导、统一计划、分工负责地进行。三是协助团委研究学生工作，从原则上、政策上、方法上对团的工作加以指导并经常定期检查其工作。[③]

---

① 《中共中央转发中央教育部党组〈关于在高等学校试行政治工作制度的报告〉》，1952 年 9 月 2 日，中共中央文献研究室：《建国以来重要文献选编》，第三册，中央文献出版社 1992 年版，第 320～322 页。

② 苏渭昌、雷克啸、章炳良：《中国教育通史》，中华人民共和国卷（下），北京师范大学出版社 2013 年版，第 232 页。

③ 王宗光：《上海交通大学史（1949—1959）》，第 5 卷，上海交通大学出版社 2016 年版，第 34～35 页。

1956 年 3 月，在政治辅导处运作了四年之后，根据上级指示，由于校党委已设立办公室、组织部、宣传部等办事机构，撤销了政治辅导处。然而，它在建国初期高等学校的思想政治教育中发挥的重要作用不能忽视。

（三）建立党团组织并配备专、兼职工作人员

高等学校在新中国成立后立即公开了中国共产党的组织，并先后建立了党委，积极慎重地开展了党建工作。在这个时期，全国的高等学校逐渐形成了党委集中统一领导，由主管学生工作的党委副书记具体负责，以政治理论课为主渠道，学校党政齐抓共管，教工会、青年团、学生会积极配合的思想政治教育工作体系。系一级学生思想政治教育工作由系党总支领导，由一名书记或副书记具体负责。

以交通大学为例，1952 年 2 月 23 日，校党委会成立大会正式举行。党委书记李培南首先宣布党委班子成员，同时宣布在党委领导下成立 3 个党支部，即学委会党支部、工作人员党支部、学生支部，以及各支部书记名单。李培南说，今后学校由党委领导，重大问题必须由党委讨论决定。[①] 随后，党委制定了办公会议制度、校务会议制度、工作报告制度，并对学校的组织和人事配备进行了调整，从思想政治教育到行政、教学等实行全面领导，不仅领导了交通大学的思想改造运动、院系调整、学习苏联经验、教育改革、整党以及建党等各项工作，也培养了一批积极分子，在学生中发展了一批党员。至 1952 年底，交大有党员 226 人。[②]

此时，各高等学校也积极展开了建团工作。早在 1949 年 4 月中国新民主主义青年团成立大会召开之时，就开始关注学校团建工作，并对新解放城市的高等学校建团工作做出了部署。1950 年 2 月和 3 月，团中央先后两次召开团的全国学校工作会议，进一步推动了高等学校建团的工作规划和进程。到 1952 年，当时全国 205 所高等学校中，有 200 所已经建立了团的基层委员会。随着团组织的建立，团员发展工作也有了很大进展。到 1956 年，在全国 40 万名大学生中，团员为 23 万人，占学生总数的 57.3%。[③] 青年团已经成为党在学生思想政治教育工作方面的得力助手。

---

① 上海交通大学校史编纂委员会：《上海交通大学纪事（1896—2005）》，上卷，上海交通大学出版社 2006 版，第 436 页。
② 王宗光：《上海交通大学史（1949—1959）》，第 5 卷，上海交通大学出版社 2016 年版，第 33~34 页。
③ 苏渭昌、雷克啸、章炳良：《中国教育通史》，中华人民共和国卷（下），北京师范大学出版社 2013 年版，第 231 页。

1955 年 12 月，中共中央发出的《关于配备高等学校政治工作干部的指示》规定，所属各高等学校要在 1956 年 3 月前配齐或调整党委书记及人事处处长等政治工作的领导骨干，把党、团组织和人事、保卫等部门充实起来，以增强高等学校的政治工作力量。

可以说，新中国成立初期，包括政治理论课教师、党团组织工作人员、政治辅导员和班主任多方人员组成的高校学生思想政治工作队伍基本形成，并健全了相关工作制度，从人员配备和制度建设上保障了高等学校党的思想政治工作的开展。

第二节　以苏联为参照的教学改革方针

20 世纪 50 年代社会主义改造时期，新中国高等教育发展的一个重要取向就是向苏联学习教育经验，其内容涉及教育理论、教育体制、教育结构、教材教法、教学计划、教学管理、教师培训等多方面。1952 年后，可以说，学习苏联教育经验，在很多方面几乎到了不折不扣照搬照抄的地步，而作为旧中国高等教育中某些有用的经验，包括中国教育史上的办学经验和近代以来接受欧美教育的经验，以及老解放区的教育经验等，则相应地被忽视了。学习苏联教育经验，是特定历史条件下的一个决策，它对中国高等教育影响深远。

1953 年，随着国民经济恢复时期的结束，我国开始由新民主主义向社会主义过渡，全国的中心任务是社会主义建设。顺应这一变革，高等教育的任务是把"完全不能适应新中国建设需要的旧的高等教育，彻底改变为社会主义性质的由工人阶级思想领导的、完全适合正在逐步过渡到社会主义社会的国家的建设需要的新型的高等教育"。其中改革的重点之一就是按专业培养专门人才，制定全国统一的教学计划和课程体系。这是此前中国高等教育中不曾有过的。为此，高等教育部还发文称"为了配合祖国大规模经济建设和文化建设的到来，有计划地培养各种建设人才，彻底改革旧教育，制订全国高等学校各专业统一的教学计划，就成为高等教育改革的中心环节之一"。[①] "教学计划是教学工作的基本大法"，"学校在执行高等教育部批准的

---

① 郝维谦、龙正中：《高等教育史》，海南出版社 1998 年版，第 99～100 页。

统一教学计划时，不得随意变动"。① 为适应高等教育任务的转变，全国高等学校在学习苏联高等教育经验的同时，从 1952 年开始，在院系调整的同时，迈开了教学改革的步伐。

1953 年 7 月，高等教育部在北京召开全国高等工业学校行政会议，会议通过的《稳步进行教育改革提高教学质量的决定》提出："高等教育改革的方针，是学习苏联先进经验并与中国实际情况相结合。一方面，要诚心诚意地、踏实地学习苏联，领会苏联经验的实质，更重要的是，要从中国当前实际出发，实事求是地运用苏联经验。"②

1956 年，高等教育部召开高等学校院长和教务长座谈会，会议指出："向苏联先进经验学习，是今后我国高等教育的主要学习方向，是不可动摇的方针。""学习苏联先进经验以及其他兄弟国家的经验，学习应不排斥从资本主义国家吸收对我们有用的东西。""学习外国经验必须贯彻从实际出发，密切同我国实际相结合的原则，创造性地加以运用，才不会犯教条主义的错误。""对任何外国的具体经验都不应该简单地照搬。"③

在以上不同阶段教学改革方针的影响下，高等教育的教学改革走过了由开始审慎学习、稳步前进；随之系统全面学习，照抄照搬；最终回归实事求是，注重联系我国实际国情的过程。这一曲折的发展经历，使新中国高等教育在发展历程中，取得了宝贵而深刻的经验教训。

第三节　教学改革与内涵建设

学习苏联经验进行教学改革，在当时是指以苏联高等教育的教学模式为蓝本，改革旧的教学，建立新的适合我国社会主义内涵建设要求的教学模式。其教学改革的主要内容是：进一步明确高等学校的教学任务，及各类高校的具体培养目标；改变原有系科，重新设置专业；实施计划教学，制订教学计划和教学大纲；采用苏联教材和教学参考书；学习苏联教学法，开展教学研究；加强实践性教学环节；建立基层教学组织和聘请苏联专家讲学

---

① 《中国教育年鉴》编辑部：《中国教育年鉴（1949—1981）》，中国大百科全书出版社 1984 年版，第 294 页。

② 中央教育科学研究所：《中华人民共和国教育大事记（1949—1982）》，教育科学出版社 1984 年版，第 81 页。

③ 郝维谦、龙正中、张晋峰：《中华人民共和国高等教育史》，新世界出版社 2011 版，第 101 页。

等等。

一、学习苏联经验，全方位开展教学改革

1952 年起，中国高等教育正式按照苏联范式开展教学改革，其"全方位"主要体现在以下几方面。

（一）制订统一的教学计划和教学大纲

1952 年 10 月 27 日，教育部就试行全国统一教学计划发文，其中指出："为了配合祖国大规模经济建设和文化建设的到来，有计划地培养各种建设人才，彻底改革旧教育，制订全国高等学校各专业统一的教学计划，就成为高等教育改革的中心环节之一。"因此，各高等学校根据教育部文件精神，参照苏联相同专业的教学计划，暂自行拟定各院校所设置的本科与专修科各专业的教学计划（草案），并在 1952 年新生教学中试行。

1952—1955 年，以苏联高等学校的教学计划为"蓝本"，将其五年的教学内容和安排精简、压缩在四年之内，并制订我国各专业的本科专业教学计划。高等教育部先后组织制订和颁发本科及专修科教学计划 193 种，其中工科 119 种（本科 89 种，专修科 30 种）、理科 11 种、农科 19 种、医科 5 种、文科 5 种、政法 2 种、财经 12 种、师范 20 种。专业教学计划所规定的内容包括培养目标、修业年限、总学时、周学时、课程设置门数、考试考查门数、课程设计和作业个数、毕业设计时间、考试时间、开学日期、寒暑假等，详细而又具体。以工科光学仪器专业为例，其教学计划规定的培养目标为：培养忠于人民事业的、有健全体魄的、具有一定科学技术基础的光学仪器制造工程师。学习年限为四年，共安排理论教学 117 周，考试 21 周，教学实习 25 周，生产实习 16 周，毕业设计 16 周，假期 29 周（每年分为暑假和寒假）；共设置课程 33 门，课程设计 4 个；计划总学时数 3814 学时，其中课堂教授 2129 学时，实验 410 学时，课堂讨论与联系 1174 学时，课程设计（或作业）101 学时；每周的课内学时数为一年级 36，二年级 34，三年级 31、30，四年级 27。[①]

具体到各高校整体长期的教学计划上，各高校也遵照苏联高校模式，制订了一系列教学计划，并在教学实践中不断进行修改，以满足不断变化的教

---

① 郝维谦、龙正中、张晋峰：《中华人民共和国高等教育史》，新世界出版社 2011 年版，第 103～104 页。

学过程。如交通大学制定了 3 年（1954—1957 年）《教学工作计划纲要》，主要内容：一是从 1954 年起，逐步完善学术委员会、系主任会议、教学法会议。二是加强教务处建设，使之符合新教育制度的要求；加强教务处职能，在教务处下相继增设了教材科、仪器设备科、教学法科等。三是成立研究部，加强对科学研究工作的领导。四是 1954—1955 学年开始试行教师工作量及工作日制度。五是贯彻教师的考核升级等制度。六是从 1954—1955 学年起，各处、科、系、教研室、教师个人均要制订工作计划和各级组织的工作制度。七是建立教师进修制度。八是筹划全系教学工作，并审查教研室工作计划、教学大纲及检查教研室工作进行情况等。九是排课、统计成绩、补考、升留级与奖惩等工作由系管理，教务处指导。十是加强教研室在教学中的领导作用，逐步补充教研室教辅人员及技工，根据需要增设与调整各教研室。十一是健全学生成绩的考试考查制度和学籍管理。十二是建立技工、教辅人员管理考核制度。十三是成立物资供应科，划归总务处领导，使教务处集中力量管教学。[①] 高校教学计划的持续制订还催生了一系列教学制度的诞生，保障了教学的有序进行。交通大学制定的一系列教学规章制度有《交通大学暂行考试通则》《交通大学关于本学期课程考查办法的通则》《交通大学关于恢复测验办法的决定》《交通大学关于学生请假暂行办法》《交通大学课程考试与考查暂行条例》《交通大学"优等生""优等班"奖励办法》《交通大学教师晋升办法》《关于实验室人员的若干规定》等。

在各高校各专业的教学计划安排上，也是参照苏联相同专业，先行拟订学校各专业教学计划，并不断修订和具体化。以交通大学为例，其机械制造工程专业 1952 年 9 月制订的教学计划，1953 年 5 月就进行修订，修订后的教学计划规定该专业的培养目标为"机械制造工程师"，具体要求达到"机械工程专业的技术水平，生产性多于设计性，切削力加工的知识较为丰富，能根据设计图样解决生产计划的制定、劳动力及机床设备的调度、生产程序及方法的决定，夹具及附件的设计，生产潜在力的发挥等问题，并具有相当的基本建设的知识"。教学计划还强调，该专业的工程师"在设计工作方面与'金属切削机床及其工具'专业的区别在于前者是根据生产上的特殊要求设计工具夹具，改装特种机床，而后者偏重于产品设计"。修订后的教学计

---

① 《交通大学 1954—1957 教学工作计划纲要》，1954 年，上海交通大学档案馆馆藏档案：永久－0079。

划在理论学习方面比原计划减少 5 周时间，同时增加了主要专业科目如机械制造工学、金属切削机床等的学习时数，此外还增加了一些课程如热处理的实验时间。各专业新的教学计划明确学生进行三次实习：第一次是"认识实习"，时长 4 周；第二次为"专业实习"，时长 7 周；第三次为"毕业实习"，时长 7 周。毕业论文方面，要求作 1 个产品全面设计，时间为 15 周。[①]

1954 年年底，高等教育部颁发大学各课程教学大纲拟订方案，要求："应贯彻科学技术知识与政治思想教育相结合、理论与实际、苏联新进经验与中国具体情况相结合的基本精神。"方案规定：一是拟定教学大纲时，应首先明确各门课程在教学计划中的地位、作用和特点；既要保证该课程的科学系统性，亦须反映出专业的要求，并注意与其他课程之间的衔接与关联。二是拟定教学大纲时，要深入学习苏联同一课程或同类性质课程的教学大纲，并须研究各校有关该门课程的教学情况及经验。三是教学大纲的内容应具有高度政治思想性，即以马克思列宁主义为指导思想。四是教学大纲应贯彻爱国主义与国际主义精神，说明该门科学在中国历史上的发展，正确地反映我国经济上、文化上的特点及我国、苏联和其他人民民主国家在文化、科学上的最新成就。五是有实验的课程应拟定实验大纲。每个教学大纲应注明教学进度，并附有必要的参考书目。[②] 此时期高等教育部开始组织或委托高等院校分工制订或修订统一的各专业教学计划。1954 年，交通大学先后两次参加高等教育部召集的各专业教学计划制订会议，会上高等教育部委托交大牵头，并在苏联专家指导下，与兄弟院校一起共完成内燃机、金属压力加工及其机器、金相热处理等 22 个专业的统一教学计划的制订和修订。

20 世纪 50 年代的全国统一教学计划是引进苏联高等学校同类专业的教学计划并参照其制定的，其内容一般包括培养目标及其说明、课程设置、教学进度、教学形式和教学环节、学年编制（教学日历）等；教学形式和教学环节如课堂讲授、讨论、习题课、实验、实习、课程设计、课程作业、毕业设计、答辩、考试、考查等；教学进度如各门课程的总学时数、周学时数、各教学环节的学时分配、课程设计和课程作业表、生产实习表等，所有这些内容都要预先设计好，并分门别类列入计划。

苏联范式的统一教学计划内容系统而繁复，能对教学过程进行有效管理

---

① 《机械制造系修订机械工程专业教学计划的说明》，1953 年，上海交通大学档案馆馆藏档案：永久－0065。

② 刘英杰：《中国教育大事典（1949—1990）》，上册，浙江教育出版社 1993 年版，第 73 页。

和控制，减少教学活动中的随意性和盲目性；但过细的专业划分与教学计划的安排，使得整个教学过程过于机械和呆板，束缚了师生的思维，不利于教师和学生创造性的发挥。

（二）自编统一教材

高等学校统一教学计划的实行和课程的改革对教材提出了新的要求。1952 年，国家按专业培养学生确定后，教材成了教学环节上的难题，"所采取的苏联教材有许多并无中译本，教师们学俄文后，'边译、边学、边教'，一部分课程甚至还没有教学大纲及苏联教材"。因此，高等教育部把引进和翻译苏联教材作为教学改革的重点之一。同年 11 月，教育部在《关于各高等学校组织翻译苏联教材制订计划时应注意的事项的指示》中指出：为学习苏联先进科学技术经验，改革教学内容，提高教学质量，有计划、有步骤地翻译苏联高等学校教材，已是刻不容缓的艰巨工作。接着，高等教育部又发出《关于翻译苏联高等学校教材的暂行规定》，此后，高等教育部直接组织各校教师通力合作翻译的教材有 190 种。1953 年秋，高等教育部开始组织翻译专业课及专门化课程的教材。1954 年，高等教育部加强对翻译教材的管理，发出通知："今后苏联教材的翻译工作由高等教育部制订统一的选题计划。"根据该计划，到 1954 年年底，翻译出版了我国高等学校采用的苏联教材共 558 种，其中工科 118 个专业 902 门课程中有 338 种，农科 19 个专业 276 门课程中有 58 种，理科 13 个专业 298 门课程中有 129 种，政法、财经、医药、卫生及其各科共有 33 种。经过高等教育部、各高校及出版单位的积极努力，到 1956 年，全国先后翻译出版苏联高等学校教材 1393 种。

以交通大学为例，在教学改革之前使用的教材基本都是欧美原版教材或教师根据欧美教材结合教学实际情况自己编写的讲义。1952 年以后，高等教育部要求统一使用苏联教材。苏联基础课教材的特点是系统、严谨，理论性、逻辑性强，基本上延续了交大重视基础课教学的传统，如别尔曼的《高等数学》、福里斯的《物理学》、伏龙科夫的《理论力学》、别辽耶夫的《材料力学》等都是比较符合交通大学教学传统的教材。1954 年 9 月，交通大学在《1953 学年度工作综合报告》中如此陈述："本年度中基础课与基础技术课全部采用苏联教材；专业课有 51 门采用了苏联教材，占本年度开设的专业课 100 门的 51％，占全部专业 200 门的 25％。"[1]

---

[1] 《本校工作综合报告及工作总结》，1953 年，上海交通大学档案馆馆藏档案：永久－0062。

在强化统一教材翻译与编写工作的同时，中央也十分重视教材出版工作。1954 年 5 月 17 日，高等教育部发出通知，在北京成立高等教育出版社。该社是高等教育部直接领导的高等学校教材出版机构，主要负责出版全部理科、工科基础课和技术基础课教材。1956 年随着自编教材大批完成，高等教育部、文化部联合发出《高等学校自编教材出版分工暂行规定》，确定由地质、石油、电力、冶金等近 30 个行业性出版社，商务印书馆、中华书局等综合性出版社以及中国人民大学出版社等高校出版社共 43 家分工承担出版高等学校自编教材的任务，以保证教材及时出版、供应，发挥各出版社的潜力。[①]

在使用苏联教材的过程中，大部分高校的教师们感到一些教材并不适合中国具体情况。高等教育部此时也注意到了这一点，于是要求各高等学校在学习苏联教材的基础上，根据中国的实际情况自己编写教材。1955 年，交通大学在《教材工作今后五年规划的意见（修正案）》中提出："1955—1957年内，基础课及基础技术课程按高等教育部分配的任务编写出质量较高的教科书，并争取 1960 年全部编写出来。"1957 年 2 月，交通大学再次在《1956—1957 学年第二学期教学工作要点》中强调，在教材方面，各专业的主要课程均应自己编写，先出讲义，试用修正后正式出版，要求在大学 4 年内做到各课程都有合适的教材。

（三）建立基层教学组织

新中国成立前，高等学校行政管理和教学管理只设校系或院系两级，原来各系教师按课程分配进行教学，管理教案。按照教育部 1950 年 8 月《高等学校暂行规程》中的规定，各校在系下面设立教研组（室）。教学改革中，学习苏联做法将一门或几门性质相近课程的授课教师组织在一起，组成教学研究指导组或室，负责实施教学计划、选用或编写教材、研究改进教学方法等。这一组织形式后来统一改称教学研究室。"教研组（室）是保证教学改革顺利进行的基层组织，举凡教学计划的贯彻，教学大纲的拟订与执行，教材的编写，教学方法的改进，学生学习方法的指导以及教师政治思想与业务水平的提高，新师资的培养，科学研究工作的组织与领导等，都应通过教研组的集体工作来进行。"如到 1952 年 9 月，交通大学已建立 14 个专业教研

---

① 中央教育科学研究所：《中华人民共和国教育大事记（1949—1982）》，教育科学出版社1984 年版，第 176 页。

室、6个基础技术教研室，每位教师分别参加一个教研室。教研室人数最多的有29人，如电机原理教研室；最少的只有4人，如企业组织与计划及保护防火技术教研室[①]。院系调整时，理学院被撤并，留下一部分教师分别成立数学、物理、化学等基础课教研室，主要任务为工科专业学生讲授这些基础课。政治、外语、体育等学科分别成立公共课教研室。学校专门抽调了一部分专业教师分别组成力学（理论力学、材料力学）、制图、热工、机械设计、电工原理等基础技术教研室。

专业教研室承担专业课程的教学任务和整个教学计划的实施，按专业培养学生。专业教研室的工作主要包括以下九个方面：一是制订和落实本专业的教学计划和教学大纲；二是组织教师进行重点、难点的预讲，定期检查教学效果，召开师生座谈会，听取意见，由任课教师填写教学情况报告表，与学生课代表建立联系，了解学生学习效果等；三是集体备课，讨论教学方法；四是组织科学研究，编译教材；五是推动俄文学习；六是制订教研室及专业发展规划；七是组织教师进修；八是实验室建设；九是研究生的培养等。

教研组（室）每学期制订学期工作计划。学期工作计划的内容包括：研究组（室）内教学工作及工作组织，设工作分配表；教学方法工作，设计讲课及备课、习题及指导自习、家庭作业、试验、考试，了解学生学期情况等方面；教学大纲工作，提高教师水平及培养师资工作，包括政治学习、业务学习、以老带新、助教培训、参加教学讨论等；集体讨论苏联教材；组织学生实习；教学工作检查与总结；教研组（室）会议日历等诸多方面内容。工作计划中的每一项都有时间要求和内容要求，逐项落实到每一个人。

在高校，教师是教学工作的主体。传统的教师队伍管理比较松散，不利于教学改革的落实。学习苏联经验，教研组（室）加强了对教师的管理，主要发挥了以下几个方面的效应：一是组织教师开展政治学习，提高了教师的思想政治素质和水平；二是组织教师开展教学研究，提高教师业务水平；三是组织教师开展科研工作。事实证明，在高等教育纳入计划经济体制几十年的过程中，教研组（室）有效组织了教学管理和教师管理，促进了高等教育事业的发展。

---

① 王宗光：《上海交通大学史（1949—1959）》，第5卷，上海交通大学出版社2016年版，第49页

（四）重视教学法研究

教学改革之前，一门课的教学主要由讲授、实验、考试等几个环节构成。学习苏联教学模式之后，课程教学的环节扩展为：预习、课堂讲授、质疑、答疑、辅导课、习题课、实验课、考查、考试（笔试或口试），同时还设置三次生产实习（认识实习、专业实习、毕业实习）、学年论文、课程设计、毕业论文或毕业设计等环节，整个过程更加体系化、制度化，而且强调教学法研究。以交通大学为例，当时的教师都努力学习苏联高校教学方法，经常向在校的苏联专家请教。各教研室普遍开展教学法研究。例如理论力学教研室总结出一套教学程序：一是预习。事先交给学生预习提纲，提出明确的要求和预习范围，使得学生了解下一课的中心所在。二是讲课。教师要在黑板上写出简短提纲；讲课节奏渐进且清楚，便于学生做笔记和思考，且突出重点，重视逻辑性与系统性；注意启发式教学，在讲述概念前，先向同学提出问题，引导学生主动思考，同时注意运用形象化教学，培养学生想象能力。三是练习。练习的习题内容要求与讲课内容密切结合，注意由浅入深。四是检查教学效果和答疑。教师要经常找不同类型的学生进行交流，听取学生对课堂教学的意见；另外对学生提出的各种问题，做好课堂反馈与答疑[①]。

为了深入学习研究教学法，交通大学还成立了教学法研究会，在教务处下设立教学法研究科，经常组织全校性的教学法研究和讨论，召开经验交流大会。如 1956 年 12 月举行的有上海市高教局负责人，上海市其他高校的代表、学校的苏联专家和有关教学、行政人员参加的教学法会议上，交通大学教师共计提交了 12 篇关于教学经验的总结文章和研究报告，详列如下：输配电教研组代理主任李惠亭教授的《有关四年制教学的一些问题》、金相热处理教研组代理主任郑家俊教授的《毕业设计总结》、锅炉教研组主任陈学俊教授的《毕业设计和课程设计》、电机原理教研组副主任胡之光讲师的《毕业设计的几个问题》、发电厂教研组副主任裘益钟副教授的《解决发电专业学生学习运行操作方法——模型发电厂和模型调度所的作用》、内燃机教研组孟广诚讲师的《内燃机实验室的建立》、机制工艺教研组副主任顾崇衔教授的《机制工艺课程总结》、数学教研组主任朱公谨教授的《编写高等数

学教科书的体会》、电工原理教研组主任林海明教授的《编写电工基础教科书的体会》、绝缘教研组主任陈季丹教授的《新专业课的备课体会》、发电厂教研组吴励坚讲师的《对实验室的意见》、普通电工教研组副主任袁旦庆讲师的《吸收先进经验改进实验课》等。由于重视教学法的研究，教师讲授效果和学生听课效率明显提高，教学质量也随之有显著提升。

学习苏联高等教育模式，很多高校还进行了考试制度的改革，主要体现在对学生学习成绩的检查采用测验、考查和考试（开卷考试、口试）等办法，以及在生产实习、毕业论文等方面进行规范。仍以交通大学为例进行说明。

一是鼓励上课时采取不定期测验，以督促学生经常复习，并从中了解学生学习情况。列为考查的课程，一般平时无测验成绩，或有测验而不全记分的，可用检查笔记、学生回答问题或笔试等方式进行考查。考查结果分及格和不及格。列为考试的课程，学生必须先考查及格，才能参加考试。考试成绩的记录，将从前的百分制改为"优、良、及格、不及格"四个等级。

二是期末考试逐步用口试取代笔试。交通大学从 1952 年下学期起试行期末考试采取口试的办法。口试的时候，学生随机抽取考题之后有 40 分钟的准备时间，然后向主考教师陈述解题过程与答案，并回答主考教师的补充提问。这种口试能比较深入地了解和考查学生对所学课程的理解程度和深度，也无作弊的可能。但是，对教师来说，要事先准备一定数量的考题，并需要逐一花时间去考察每一位学生，这样就大大增加了工作量。最终，1957年，这种以口试为主的期末考试方法基本停止使用。

三是安排生产实习。参照苏联的模式，学生在不同的年级分别参加认识实习、生产实习和毕业实习，且先后模仿工人、工段长或车间主任、技术员等不同身份参加生产实践。1954 年暑假，学校就组织了 1700 多名学生参加生产实习，为此还专门成立了生产实习工作委员会，全面领导这一工作。为保证实习能取得如期效果，学校还十分关心学生生活，例如给到哈尔滨实习的学生出借御寒棉大衣。学校还注意对学生加强思想教育工作，进厂前对学生进行实习动员，动员的内容主要包括：其一是说明生产实习的意义，提高学生对生产实习的热情和积极性；其二是进行组织性、纪律性教育；其三是要求学生虚心向工人学习，尊重工厂技术员，尊敬本校老师，同学之间要团结友爱，互相关心；其四是进行保密教育、安全教育等。此外，进厂实习之后，还要组织工人和技术人员与学生进行座谈，请技术人员给学生们作专业报告等。实习期结束后，学生要对整个实习期间的学习进行总结，提交总结报告，并召开会议进行实习总结交流，以巩固并强化实习阶段的成果。

四是重视毕业设计（论文）。毕业论文在苏联高等教育中得到异常重视，因为它不仅是培养工程师的最后一个重要环节，更是检验学生是否达到了高等教育培养的要求，关系到他们能够顺利毕业的一个关卡。交通大学十分推崇这一教学检验模式，因此加以引入。1956 年开始，交通大学要求 1952 年入学的工科学生在毕业之前，要全面完成毕业设计（论文）工作。对了确保这一教学检验模式的顺利推行，各相关专业教研室对此进行了细致周到的安排：其一是要选好毕业设计（论文）题目，选择好毕业实习的厂矿，报请高等教育部审核同意；其二是派各专业指导教师提前到各实习厂矿制订毕业实习计划，落实实习学生食宿问题；其三是指定一些教师在苏联专家或本校老教师指导下，先试做几个毕业设计，以检查题目难易程度是否适合学生等；其四是毕业实习前，发给每位学生毕业设计任务书和毕业实习指导书，要求学生实习时按照选题要求，做好收集资料的准备。毕业实习一般是安排在寒假前后或者寒假中进行，并通常遵循厂矿的时间安排。实习地点除上海外，还可能远至东北、西安、湖南等地。一般实习结束后，学生就开始进入毕业设计（论文）阶段。

交通大学为学习苏联高教经验，1956 年 6 月开始对毕业设计答辩试行国家统一考试。各专业均组成"国家考试委员会"，聘请有关的工厂、研究设计院的专家及本校教师为委员会成员。有的国家考试委员会还请苏联专家就评分原则、评分标准、答辩程序作详细介绍。1956 年，交通大学共有 14 个专业的 465 名本科毕业生参加国家组织的统一考试，其中成绩获优秀的 215 人，良好的 180 人，共占 85％，也有少数学生未能通过考试。[①]

（五）聘请苏联专家指导教学改革

利益于当时中国与苏联的友好关系，中国高等教育在全面、虚心学习苏联高教制度的同时，还得到了苏联专家的亲自指导。具体表现就是当时中国政府得以聘请大批苏联专家来华工作，其中高等教育方面的专家由中央高等教育部统一聘请，然后再分派至各大学指导教学改革。

以交通大学为例，自 1953 年年底，高等教育部即派来苏联专家斯·

---

① 王宗光：《上海交通大学史（1949—1959）》，第 5 卷，上海交通大学出版社 2016 年版，第 51～52 页。

格·罗纲诺夫与阿·伊·舒金，分别到交通大学内燃机制造专业和工业企业自动化专业工作，这是最早派来交通大学的两位苏联专家。[①] 到 1928 年，在校的苏联专家共有 26 名。这些苏联专家主要来自莫斯科动力学院、莫斯科包乌曼高等工业大学、列宁格勒造船学院、列宁格勒工学院、哈尔科夫铁道运输工程学院等。具体详见表 3-1。

表 3-1 1953—1959 年被高等教育部派遣来交通大学的苏联专家情况表

序号	姓名	原工作单位	来校工作时间	离校日期	在学校所任专业	培养研究生数（人）	听课人数（本校）（人）	编写讲义种数（种）	指导建立实验室数（间）
1	谢尔盖·格奥尔其维奇·罗纲诺夫	莫斯科巴乌曼高等工业大学	1953.12	1955.11	内燃机制造	13	8	2	1
2	阿历克赛·伊凡诺维奇·舒金	莫斯科函授动力学院	1953.12	1956.6	工业企业电气化	9	14	4	1
3	伊凡·彼得洛维奇·克鲁奇科夫	莫斯科巴乌曼高等工业大学	1954.11	1956.12	起重运输机械	9	12	4	1
4	米哈依尔·伊凡诺维奇·曼特罗夫	莫斯科动力学院	1954.12	1956.11	电气绝缘及电缆技术	5	17	4	3
5	亚历山大·安得烈也维奇·普拉夫金	列宁格勒造船学院	1955.1	1957.1	船舶蒸汽机	4	16	3	4
6	廖尼特·伊凡诺维奇·库金	列宁格勒海运学院	1955.2	1955.6	船舶蒸汽机	—	—	—	—

① 上海交通大学校史编纂委员会：《上海交通大学纪事（1896—2005）》，上卷，上海交通大学出版社 2006 年版，第 447 页。

序号	姓名	原工作单位	来校工作时间	离校日期	在学校所任专业	培养研究生数（人）	听课人数（本校）（人）	编写讲义种数（种）	指导建立实验室数（间）
7	符拉基米尔·巴夫洛维奇·施密廖夫	列宁格勒海运学院	1955.2	1955.6	船舶内燃机及装置	—	—	—	—
8	格奥尔基·谢尔盖也维奇·保尔恰尼诺夫	莫斯科动力学院	1955.9	1957.6	发电厂电力网及电力系统	8	10	1	1
9	符拉基米尔·恩得来也维奇·魏佳也夫	莫斯科动力学院	1955.9	1958.1	锅炉制造	8	19	3	1
10	巴凡尔·阿力山大洛维奇·依斯托明	列宁格勒造船学院	1955.10	1957.6	船舶内燃机及装置	7	16	3	1
11	依凡·安特列安诺维奇·布库斯	尼古拉耶夫造船学院	1955.10	1957.6	船舶蒸汽动力装置	6	6	3	—
12	阿历克赛特尔·伊西特洛维奇·舍台依	哈尔科夫铁道运输工程学院	1956.9	1958.6	蒸汽机车制造	—	12	3	1
13	伊凡·伊凡诺维奇·契尔诺柯夫	列宁格勒铁道运输工程学院	1956.8	1958.6	车辆制造	6	12	1	1
14	阿历克赛特尔·谢尔也维奇·普洛尼柯夫	莫斯科巴乌曼高等工业大学	1956.8	1958.6	机械制造工艺金属切削机床及工具	3	19	3	1

序号	姓名	原工作单位	来校工作时间	离校日期	在学校所任专业	培养研究生数（人）	听课人数（本校）（人）	编写讲义种数（种）	指导建立实验室数（间）
15	伊凡·符拉基米洛维奇·维诺格拉道夫	列宁格勒造船学院	1956.9	1958.6	船舶制造	8	11	3	—
16	康斯坦金·巴夫洛维奇·谢列兹尼奥夫	列宁格勒工学院	1956.9	1958.6	压缩机	7	12	1	1
17	尼古拉·依里奇·恰基廖夫	奥德萨高等航海学校	1956.9	1957.6	船舶电气设备	8	10	1	—
18	康斯坦金·康斯坦金·诺维奇·舍列施柯夫	列宁格勒铁道运输工程学院	1956.11	1958.6	电气机车制造	8	12	3	1
19	瓦列里·亚历山大洛维奇·波斯诺夫	列宁格勒造船学院	1957.9	1958.6	船舶制造	1	7	1	—
20	瓦列金·彼得洛维奇·阿历克塞耶夫	奥德萨食品工业学院	1957.9	1959.6	冷冻机	4	20	4	1
21	维克托尔·华西里也维奇·索洛乌辛	莫斯科巴乌曼高等工业大学	1957.7	1959.4	内燃机车	—	11	3	1
22	谢尔兹·博里索维奇·鲁卡维什尼柯夫	列宁格勒电工学院	1958.9	1959.5	船舶电气设备	2	10	2	1

序号	姓名	原工作单位	来校工作时间	离校日期	在学校所任专业	培养研究生数（人）	听课人数（本校）（人）	编写讲义种数（种）	指导建立实验室数（间）
23	多尔吉诺夫	莫斯科函授动力学院	1958.2	1959.7	高压技术	—	—	—	—
24	巴比科夫	莫斯科动力学院	1958.3	1958.7	电压电器	—	—	—	—
25	那塔尔丘克	莫斯科水利工程学院	1958.9	1959.3	灌溉管理	—	—	—	—
26	马秋申	莫斯科机床与刀具学院	1958.10	1959.3	刀具	—	—	—	—

资料来源：《1953—1959年聘请苏联与民主德国专家情况表》，1960年，上海交通大学档案馆馆藏档案：永久－0249。

苏联专家来到交通大学后，指导并帮助交通大学实行教学改革，其主要贡献有：

一是指导各专业教研室及学生提高教与学的质量。苏联专家来校后，一方面通过开设专题讲座拓展学生的专业知识以及学习方法。据相关资料记载，交通大学的船舶结构力学这门课程原来只讲授"船体强度"，苏联专家到校后，立刻另外开设了"弹性力学""船体振动""游艇强度"等专题讲座，还展示了船体结构力学在船体强度计算中的应用实例，其设计知识面的广度和强度远远超过了当时中国高等教育的教学大纲要求，大大提高了教研室的专业水平。此外，苏联专家还开设专题讲座，给学生们介绍学习方法。例如1954年10月9日，苏联专家罗纲诺夫向学生们作学习方法的报告，"主要强调培养学生独立思考的能力，刻苦钻研，循序渐进，科学地支配学习时间"[1]。此后，学校规定全面向学生推行苏联改进的学习方法。另一方面苏联专家还为交通大学的教师上示范课，指导青年教师做课程设计和毕业设计，提供苏联学生的作业、课程设计、毕业论文等样本供教研组参考学

---

[1] 上海交通大学校史编纂委员会：《上海交通大学纪事（1896—2005）》，上卷，上海交通大学出版社2006版，第453页。

习，交通大学教师从中受益良多。正是在专家指导和中国教授的帮助下，担任苏联专家翻译的工企教研室的两位青年教师很快开出了"电力自动控制"和"生产机械电力装备"两门新课。交通大学在《1953 学年工作综合报告》中谈到改进教学内容和教学方法，指出 1953 年度中"基础课与基础技术课程全部采用苏联教材；专业课程有 51 门采用苏联教材，占专业课程的 51％"①。

二是指导各专业进行规划建设。院系调整后，交通大学根据国家建设的需要增设了一些新学科专业。为了对这些新专业进行良好的规划和建设，苏联专家和中国教师一起制定发展规划、修订教学计划和教学大纲，并且陆续组织编写教材，如苏联专家罗纲诺夫编写了讲义 2 本，依斯托明、布库斯、普拉夫金 3 位专家各编写讲义 3 本，舒金、克鲁其科夫、曼特罗夫 3 位专家各编写讲义 4 本。据统计，在交通大学的苏联专家在 1953—1959 年期间，共编写讲义 52 种，② 为交通大学的学科建设做出了贡献。

三是共同筹建实验室。1954 年 11 月，在苏联专家舒金的帮助下，学校建成工业企业电气化实验室，这个实验室的综合水平在当时的中国位于前列。据统计，1953—1954 年期间，在交通大学的苏联专家一共指导和帮助交通大学建立新实验室 22 个。③

四是共同培养研究生。培养人才是苏联专家在交通大学的重要任务之一，也是最重要的目标。交通大学各系科专业，如内燃机制造、工业企业电气化、起重运输机械、电气绝缘和电缆技术、船舶制造、船舶蒸汽机、发电厂电力网及电力系统、车辆制造、冷冻机、电气机车制造、机械零件、金属切削机床等专业都有苏联专家。如苏联专家克鲁其科夫在起重运输机械专业任教，1956 年 12 月离校，培养研究生 9 名，编写讲义 4 本。另两位苏联专家依斯托明和布库斯来校，1957 年 6 月离校，他们俩分别任教于船舶内燃机装置和船舶蒸汽动力装置专业，培养研究生分别为 7 名和 6 名，各编写讲义 3 本。④ 据统计，到 1958 年 7 月，苏联专家在交通大学共指导培养研究生

---

① 《交通大学 1953 学年工作综合报告》，1954 年，上海交通大学档案馆馆藏档案：永久－0079。

② 王宗光：《上海交通大学史（1949—1959）》，第 5 卷，上海交通大学出版社 2016 年版，第 53～54 页。

③ 王宗光：《上海交通大学史（1949—1959）》，第 5 卷，上海交通大学出版社 2016 年版，第 54 页。

④ 上海交通大学校史编纂委员会：《上海交通大学纪事（1896—2005）》，上卷，上海交通大学出版社 2006 年版，第 454、463 页。

116 人和一部分进修教师，并在 22 个专业开设专业课。①

二、加强高等教育的计划管理

教学工作是高等教育的核心工作。学习苏联经验，国家也加强了对高等教育管理的计划性和统一性。统一培养目标、统一专业设置、统一培养模式，逐步将我国高等教育纳入了高度统一的计划经济体制，建立起适应计划经济要求的高等教育体制。

（一）统一各类高校的人才培养目标

高等教育部提出，培养目标是国家对培养建设干部的具体要求，也是学校教学必须努力实现的具体目标。1953—1955 年，高等教育部接连召开了全国性的综合大学、高等工业学校、高等政法学校、高等财经学校、高等医药学校、高等农林学校会议。教育部召开了全国高等师范教育会议。这些会议均明确了各类高等学校的发展目标和人才培养目标。如综合大学会议认为，综合大学是国家文化和科学发展的一个重要标志。综合大学主要是高等教育机构，同时也是科学研究机构。其人才培养目标是培养在理论或基础科学方面从事研究工作或教学工作的专门人才，为各研究机关培养科学研究工作者，为各高等学校和中等学校培养师资。综合大学的财经专业的培养目标是培养掌握国家经济命脉的企业和财经管理人才。综合大学的政治经济专业主要是培养经理理论干部、科学研究人才以及高等学校师资。高等师范教育是培养基础教育教学人才的基地，主要是培养中等学校教师。高等工业学校则是国家建设人才的培养基地，培养适应中国实际情况和建设要求的工程师。高等政法学校培养掌握先进政法科学、熟悉专门政法业务的干部和法学家。高等财经学校是有计划按比例地培养为国家社会主义建设服务的，具有一定经济理论与专业知识的高级经济理论人才及企业管理人才。高等医药院校主要是培养高级医药专门人才。高等农林教育是在宽广的科学理论知识的教育基础上，结合农林生产实际的专业技术教育，以培养掌握先进农林科学理论和技术的高级农林技术人才和管理人才。

20 世纪 50 年代以来，随着国家政治、经济、文化等方面形势发展的需要，国家对各类高等学校的人才培养目标不断地进行了修改和调整，以满足

---

① 王宗光：《上海交通大学史（1949—1959）》，第 5 卷，上海交通大学出版社 2016 年版，第 53 页。

不同时代国家对各类人才的不同需求。

（二）改变原有系科，统一高校的专业设置

1952 年全国范围内的大规模院系调整之后，我国以苏联高等教育制度为标准，取消院一级，将工、农、师范、政法、财经等同类系科统一合并，组成独立的大学或者学院。大学或学院下设科系，系设专业。随着院系调整的进一步深入和推进，同时参照苏联高等教育的专业目录，开始统一制定我国高等教育的专业目录。

这一时期的专业设置趋向越分越细，业务范围越来越窄。1952 年开始，我国基本上学习苏联，采用了苏联高等学校的专业目录，开始按专业培养专门人才。1953 年，全国高等学校设置专业 215 种，1957 年扩大到 323 种，其中文科 26 种，理科 21 种，工科 183 种，农科 18 种，林科 9 种，医药科 7 种，师范 21 种，财经 12 种，政法 2 种，体育 2 种，艺术 22 种。[①] 如培养当时国家需要最急迫的工业技术人才的专业在一些以工科为主的高校里发展最快，专业设置也最为细致。1953 年年初，高等工科院校设置专业百余种，涉及地质、矿业、动力、冶金、机械、电机和电气仪器、无线电技术、化工、粮食食品、轻工、测绘水文、土木建筑工程、运输、通信、军工 15 大类。到 1954 年工科的本科专业设置竟然升至 137 种，1957 年达 183 种。以交通大学为例，其机械系在院系调整后扩展为机械制造系、动力机械制造系、运输起重机械制造系。机械制造系内分设机械制造工艺、金属切削机床及其工具、金属压力加工及其设备、金相热处理及其车间设备、铸造机械及铸造工艺、金工、铸工、热处理、金工工具 9 个专业；动力机械制造系内分设汽车制造、内燃机制造、涡轮机器制造、锅炉制造、蒸汽动力机械制造 5 个专业；运输起重机械制造系内分设起重运输机及其设备、蒸汽机车制造、车辆制造 3 个专业。原来的一个机械系在院系调整后分设了 3 个系共计 17 个专业。

各高校专业由国家统一设置，专业名称也由国家统一确定，同一专业可在许多有关院校设立专业点，即国家设置某一专业，有关高校设立相应的专业点。如 1957 年全国设置师范类的专业有中国语言和文学、历史学、教育学、中国少数民族语文、俄语、英语、政治教育、学校教育、学前教育、数

---

① 郝维谦、龙正中、张晋峰：《中华人民共和国高等教育史》，新世界出版社 2011 年版，第 102 页。

学、物理学、化学、生物学、地理学、体育、音乐、美术、国画制图、历史政治、数理、生化共计 21 个。全国的师范院校共设立上述各专业的专业点 485 个，其中本科专业点 248 个，专科专业点 237 个。再如：中国语言和文学专业设立专业点 61 个，其中本科专业点 29 个，专科专业点 32 个；俄语专业点 23 个，其中本科专业点 16 个，本科专业点 7 个。[①] 这种按专业培养人才的方法有利于大量、迅速地按统一规格培养某一方面的专门人才，但是从长远来看，并不利于特殊人才和创新人才的个性发展和培养。随着专业在各个学科的普遍设置，中国的高等教育走上了按专业培养各类专门人才的发展道路。

第四节　教学改革过程中存在的问题

20 世纪 50 年代的教学改革自始至终是紧紧围绕为国家经济建设培养专业人才这一中心展开的，涉及教学计划、教学大纲、教学方法、教材编写等诸多方面，是这一时期我党建立社会主义高等教育模式的全面探索。但在全方位大刀阔斧推行教学改革的过程中，也给学生们带来了过重的负担。

1956 年 6 月 20 日，高等教育部部长杨秀峰在高等教育工作会议上作"当前高等教育工作的几个问题"发言，并指出："高等教育事业体制、计划体制、财政体制、领导关系以及毕业生分配等过多地强调集中统一的状况应当改变。要适当扩大院、校长的职权。""大力改变学校搞运动的作风，改变学生刻板机械的生活，过分强调集体、统一的做法。"[②]

而关于学生负担过重的问题，杨秀峰部长在发言中也指出，"要认真解决培养学生独立思考和工作能力，克服学生学习和生活过分紧张的问题"是当前亟待解决的一个重要方面。[③] 根据高等教育部调查，"1954 年至 1955 学年度第一学期，高等学校学生学习负担过重已成为相当普遍的现象，有些学校达到十分严重的程度。……工、理、医科学生……（每周）学习时间都在 65 小时左右，少数达 70 小时以上。多数学生在星期日和星期六晚上也不休

---

① 郝维谦、龙正中、张晋峰：《中华人民共和国高等教育史》，新世界出版社 2011 年版，第 114 页。

② 中央教育科学研究所：《中华人民共和国教育大事记（1949—1982）》，教育科学出版社 1984 年版，第 170 页。

③ 中央教育科学研究所：《中华人民共和国教育大事记（1949—1982）》，教育科学出版社 1984 年版，第 170 页。

息或很少休息"①。学习负担过重影响了学生的培养质量，影响了学生的"全面发展"。造成学生学习负担过重的原因比较复杂，高等教育部认为有以下原因：

一是教学大纲的制定存在脱离实际的问题。除教学计划分量重、课程多、教学大纲内容多外，"在贯彻执行上又过分强调统一，缺乏灵活性，没有照顾到各校发展的不平衡情况"，有些学校的条件又不大具备，还是不加考虑地勉强维持下去，"有的则运用不够好，简单仿效存在形式主义"。如苏联教学模式的某些内容明显不符合中国实际情况；如我国大学本科学制是四年制，而苏联是五年制，学习苏联高等学校的专业教育模式，要在 4 年内完成 5 年的教学内容，师生负担显然都过重。学生每周的必学时间要在 60 小时左右，致使学生睡眠不足，严重影响身体健康。又如苏联倡导"六时一贯制"，即上午连续上六节课，然后吃午饭，下午安排相应的实验等其他活动，导致学生上午神经紧绷太劳累，下午却太轻松，学习效果很一般。因此，"六时一贯制"的教学制度试行不久之后即废止。②

二是对学生"全面发展"的方针存在认识上的偏差。把"全面发展"片面理解为"平均发展"，不顾学生个体的具体情况，在学习成绩和课外活动方面一律统一要求，如此就导致了学生学习生活的过分紧张。

三是培养人才在数量和质量上存在矛盾。新中国成立以来，高校师资严重不足，高校各项基本设施和设备条件也远不达标，当时国家对人才的急需促使高校大量扩招，学生入校时水平不一这就势必造成培养人才在数量上剧增，质量却令人担忧的局面。学校为了提高人才的质量，在有形和无形之中迫使基础较差的一部分学生苦读，也加大了他们的学习压力。

高等教育部对于解决学生学习负担过重的问题十分重视，采取了一些措施：

一是改进教学工作。如适当缩减比较次要的课程来解决教学大纲里有些内容重复的问题；加强教材的编写工作；改进教学法，提高质量；贯彻每周学习不超过 54 小时的规定；精简学生组织的机构和活动；加强青年教师培养，提高教师整体的业务水平和思想水平。

二是贯彻"全面发展"的教育方针。"全面发展的要求包括德育、智育、

① 刘一凡：《中国当代高等教育史略》，华中理工大学出版社 1991 年版，第 28 页。
② 王宗光：《上海交通大学史（1949—1959）》，第 5 卷，上海交通大学出版社 2016 年版，第 48、50 页。

体育三方面，不应该忽视任何一方面，三方面的教育应该是结合一体的。""其他一切活动都应该围绕和服从搞好教学工作各中心环节。""全面发展"要考虑学生的具体情况，为此号召"全面发展，因材施教"。①

三是延长修业年限。针对学生 4 年内完成 5 年教学内容的教育模式，导致学习压力过重的事实，高等教育部决定在 1955—1957 年三年时间内，将全部高等工业学校的四年制本科改为五年制；将综合大学的理科、西语（俄语除外）及个别学校的文史、经济等专业改为五年制；将个别高等农林学校改为五年制。学校还据此陆续修订了教学计划，结合实际情况调整了课程的学时，严格控制总学时，学生每周课内、外学习时间控制在 54 小时之内，保证每天 8 小时睡眠以及早操等文体活动时间。②

仍以交通大学为例。1953 年 11 月 30 日，校务委员会召开常委会，研究克服当时的教学中存在的忙乱紧张现象，并对造成这一现象的原因进行了讨论和分析。时任校长彭康在发言中指出：目前产生的教学忙乱现象，暴露了我们的要求还是过高过急，在制订教学计划与教学大纲时，对采用苏联教材方面，还没有结合我国的具体情况来确定。我们是 4 年制，而苏联是 5 年制，水平也不同，所以必须从实际出发，对课程内容进行缩减，要根据学生的实际程度和接受能力来传授知识。全体教师要积极备课，提高课堂效率。12 月 2 日，教务处召开各系主任、各基础课教研室主任会议，传达贯彻校委会常委会议精神，决定从四个方面减轻学生负担和避免教师的忙乱现象：一是某些课程精简，二是某些课程缓开，三是程度较差的学生免修俄文，四是考试测验暂停 3 周。③ 此后，教学改革一直在进行中。1955 年 10 月 14 日，上海市委学校工作部也针对高校学生学习负担过重提出解决措施：一是要求各校研究、修订教学计划；二是改变课程门数过多、课程设置与考试过多的现象；三是按照"学少一些，学好一些"的原则，继续贯彻中央高等教育部关于解决学生负担过重的指示精神。④

经过高教管理机构和各高校多方面的举措，到 20 世纪 50 年代中后期，

---

① 中央教育科学研究所：《中华人民共和国教育大事记（1949—1982）》，教育科学出版社 1984 年版，第 175 页。

② 王宗光：《上海交通大学史（1949—1959）》，第 5 卷，上海交通大学出版社 2016 年版，第 48 页。

③ 上海交通大学校史编纂委员会：《上海交通大学纪事（1896—2005）》，上卷，上海交通大学出版社 2006 年版，第 446 页。

④ 上海交通大学校史编纂委员会：《上海交通大学纪事（1896—2005）》，上卷，上海交通大学出版社 2006 年版，第 462 页。

因学习苏联进行高校教学改革而导致学生负担过重的问题得到了一定程度的缓和。1956 年，高等教育部在高等学校校长、院长和教务会议上指出："按照当前一般高等学校教学工作的基本情况，可以说，教学改革的要求已经基本上达到了，今天高等教育主要是改进提高的问题，'教学改革'的口号，可以不再沿用。"①

---

① 郝维谦、龙正中、张晋峰：《中华人民共和国高等教育史》，新世界出版社 2011 年版，第 119 页。

第四章　高等学校全国统一招生制度的建构

新中国成立后，受国内外形势和学习苏联等多种因素的综合影响，培养适合国家大规模经济建设所需要的各类人才，中央逐步将招生的组织机构由高等学校改变为政府部门，由此，高等学校的招生权力向中央政府转移。这一伴随计划经济体制形成而确立的全国统一招生制度，使得高等学校的招生从此纳入国家计划，成为新中国计划经济体制系统中的重要内容之一。全国统一招生制度的建构，对国家招生考试制度、人才培养模式、高等教育机会分配等方面都有着深远的意义。

第一节　高校招生组织主体的演变

高等学校招生组织主体一般可以分为大学本身、政府或社会组织三种。其中高等学校作为招生的组织主体有两种形式：一所高等学校作为单独主体和两所以上的高等学校作为联合主体。政府作为招生的组织主体有多种形式：中央政府作为单独主体、地方政府作为单独主体与地方政府之间作为联合主体。社会组织作为招生的组织主体也有多种形式：政府下属的社会组织作为单独主体、完全独立的社会组织作为单独主体与两个以上完全独立的社会组织作为联合主体。在不同的社会历史条件下，伴随着权力主体的利益变迁，招生组织主体不断发生变化。不同的招生组织主体主导下的高等学校招生制度特征各异，并对高等学校招生产生了不同的影响。

一、招生组织主体的演变

（一）高等学校作为单独主体

新中国成立初期，为维护新政权的稳定，确保一切事业平稳过渡，全国大部分公立和私立高等学校都沿用了新中国成立前的招生办法，即由各校单独招生、自行组织命题、考试和录取工作。

在东北区，1949 年，自主招生并且在暑期举行入学考试的大学只有哈尔滨工业大学与大连大学。而大部分高校诸如中国医科大学、东北农学院、哈尔滨医科大学、东北大学和东北商业专门学校等，他们的招生工作主要沿袭民国时期的学年划分规定，均在寒假进行。

在华北区，1949 年 6 月 1 日，华北人民政府成立管理高等教育行政事务的华北高等教育委员会，在当年 8 月召开的第一次常务委员会上，作出了五项重要决议。第一项决议便是关于 1949 年度高校招生的规定，即根据《华北高等教育委员会组织规定》第七条，成立"民国三十八年暑期华北国立大学招生委员会"，对象只限于国立大学，不包括私立大学。常务委员会规定了"统一领导、分别招生"的招生原则，对其中几所大学采取联合招生的方式也表示认可。[①] 6 月 10 日，大学招生委员会举行第一次会议，通过了以下五项决议：（1）确定各国立大学的招生名额；（2）投考生资格：除持有高中毕业证书或证明书可以报名投考外，并招收同等学力者；（3）报名费：在平津报考者收人民币 300 元，在宁沪者收 500 元；（4）对入学者发放人民助学金的办法；（5）"各科出题须力求合理，并尽量照顾目前投考学生实际程度"[②]。

在华东区，1949 年 5 月即成立了"上海市国立大学、专科学校统一招生委员会"，负责国立大学的招生工作。在委员会制定的《招生简章》中，按照不同学科领域，共确定招生名额 2645 名。

此外，自身实力和条件比较好的大学开始实行联合招生。北京大学、清华大学、南开大学三所大学与北平师范大学、北洋大学分别采取联合招生的形式。联合招生的具体内容：首先是清华大学、北京大学和南开大学在北平、天津和上海统一招生。报名地点分别为：天津在南开大学东院，上海在山海关路的育才中学，北平在本地各大学、学院。三所大学的报名统一办理；考试时间都定于 8 月 13—14 日；三个地区同时使用统一的考卷，但由各校自己出题。[③] 在考场上，如报考北京大学的文科考生与报考清华大学的文科考生在同一教室，分别做由各校出题的试卷。考试结束后，由招生委员会将答卷整理归类，寄往不同的大学，由各大学判卷，决定是否录取。而北

---

① 柏生：《华北高等教育委员会常委决议五项，统一招生及研究改革学制》，《人民日报》，1949 年 6 月 9 日，第 2 版。
② 《华北国立大学招生名额确定》，《人民日报》，1949 年 6 月 12 日，第 2 版。
③ 〔日〕大塚丰，黄福涛译：《现代中国高等教育的形成》，北京师范大学 1998 年版，第 251 页。

平师范大学和北洋大学的联合招生，1949年7月2日的《人民日报》记载："北平师范大学和北洋大学除了在北平区和天津区分别招考新生外，还决定派人到沈阳、上海，实行联合招生。"① 这种联合招生的形式，其实质是各大学单独招生的某种变形而已，很大程度上是为减轻各大学去外地招生的工作量，以及为外地考生能够就近参加考试提供便利。当然，也为同一大行政区范围内的学校联合招生提供了试点经验。

就1949年来说，由于全国各地解放时间不一，大部分高校维持原状，因而各高等学校大部分采取单独招生的办法，招生计划、招生条件、考试录取等都由学校自行决定。这样做的好处是高等学校拥有学术自由和自治权，能够根据自身发展需要，选拔个性化、高质量的人才。但是，从宏观层面来看，条件好的学校，一次或两次招生即可完成原定的招生计划，条件差的学校则多次招生仍不能完成招生计划。由于各校招生考试和录取时间先后不一，故"考试成绩较好的学生往往被几个大学同时录取，造成新生报到率低，即使条件较好的学校新生报到率也只达75％左右，少数条件较差的学校仅有20％左右"。② 因此，即使一些名牌大学，比如华北区的国立北平师范大学、南开大学的文学院和财经学院、辅仁大学，因为新生报到率低，不得不进行第二次招考。③ 而这些，都促使中央政府开始对高等教育进行"宏观调控"。

（二）政府与高等学校作为复合主体

所谓复合主体，不是指单一的政府或大学作为招生的组织主体，而是多种组织主体相互交织。1950年、1951年高等学校招生的组织主体包括多种形式、政府监督下的一所大学作为组织主体、政府监督下的多所大学作为联合组织主体与政府作为组织主体。这种状况形成的主要原因是新中国刚刚成立，对于新中国成立前各高校自主招生的模式不能一蹴而就地改革，而是要循序渐进，经历一个逐渐被认同、被接受的发展过程，因此，政府与大学作为一个复合的组织主体进行招生，这只是一种过渡模式，国家的最终目的是实行全国统一招生制度。

---

① 《师大北洋两大学招生委员会成立》，《人民日报》，1949年7月2日，第3版。

② 《中国教育年鉴》编辑部：《中国教育年鉴（1949—1981）》，中国大百科全书出版社1984年版，第337页。

③ 如国立师范大学刊登了两次招生简章，参见《国立北平师范大学续招新生通告》，《人民日报》，1949年9月21日，第5版；《国立北平师范大学续招新生通告》，《人民日报》，1949年9月22日，第6版。

1950 年 5 月 26 日，教育部发布《关于高等学校 1950 年暑期招考新生的规定》（以下简称《规定》），《规定》指出："各大行政区可在此范围内自行掌握，根据该地区的具体情况，分别在适当地点定期实行全部或局部高等学校联合或统一招生。如统一招生有困难时，各大行政区教育部得斟酌情形，在符合本规定之基本精神范围内，允许各校自行招生。"① 这是中央政府成立以后，第一次有领导、有组织、有计划地进行高等学校招生的指导工作，也是中央逐步将高等学校的招生纳入国家计划轨道的开始，其主要模式是中央政府作为宏观领导或指导机构，各大行政区根据各自具体情况单独或联合招生，同时各高校之间也可单独或联合成立联合招生委员会进行招生。《规定》从宏观上对全国范围内高等学校的招生作了纲领性的规定，并且首次在考试科目上提出招考新生共同必考科目为：国文、外国语（允许免试）、政治常识、数学、中外历史、中外地理、物理、化学。此外，还规定"各校得根据系科之性质，分别加试各该系科之主要科目"。华北十七校、东北九校、华东十三校分别组成联合或统一招生委员会，在本区和外区设考区，统一招生。②

以华东区的招生为例，1950 年 5 月 2 日至 5 日，华东军政委员会召开华东高等教育工作会议，讨论 1950 年度的招生问题，会议决定"根据去年（上海市）统一招生经验和华东高等教育会议的决定，在沪、杭、宁实行统一招生"③，并成立由同济大学、南京大学、交通大学、复旦大学、浙江大学、上海医学院、江苏医学院、上海商学院、药学专科、吴淞商船专科及上海市立工业专科学校 11 所院校组成的公私立大学、专科学校 1950 年度暑期统一招生委员会。6 月 17—18 日，该委员会召开第一次会议，决定在上海、南京、镇江、杭州、福州设置考点，确定报名和考试日期。④ 不久，山东大学、厦门大学和淮河水利专科学校（只在上海和南京招生）也分别加入，参加该委员会的院校达到 14 所。山东大学和厦门大学在参加统一招生的同时，还分别实行单独招生。山东大学在华东区考试结束后的 7 月 27、28 日仍在济南举行考试，招考新生。1950 年上半年，华东区 74 所高等学校中，参加统一招生的院校占 18.9%，如果仅考虑公立院校，则约占 40%。可见，

① 《关于高等学校 1950 年暑期招考新生的规定》，《江西政报》，1950 年第 6 期。
② 中央教育科学研究所：《中华人民共和国教育大事记（1949—1982）》，教育科学出版社 1984 年版，第 18 页。
③ 沈体兰：《华东教育部工作报告》，《大公报》（上海版），1950 年 7 月 21 日，第 2 版。
④ 《华东区十一所高等学校今年暑假统一招生》，《人民日报》，1950 年 6 月 22 日，第 3 版。

1950 年实行自主招生的高校还是很多的。①

"为进一步改正各校自行招生所产生的混乱状态，减少人力、物力及时间上的浪费"，1951 年的招生在范围与力度上的"统一"程度比 1950 年更大，但仍有相当一部分高校实行自主招生。4 月 24 日，教育部在总结前一年招生经验，继续沿用前一年招生有关规定的基础上，发布了 1951 年度招生工作的补充规定，"各大行政区教育部（文教部）可根据各地区的具体情况，分别在适当地点，争取实行全部或局部高等学校统一或联合招生"，并规定考试时间为 7 月 15 日至 17 日，发榜日期不得迟于 8 月 10 日。"如统一或联合招生有困难时，得斟酌情形。允许各校单独招生。单独招生应于 8 月间举行，9 月 1 日以前办理结束。"② 据统计，1951 年，全国 201 所公、私立高等院校中，73 所院校（占 36.3%）实行统一或联合招生。

以华北区、东北区的统一招生为例。1951 年 6 月 18 日，《人民日报》刊登了华北和东北地区高等学校成立统一招生委员会的报道。当时参加统一招生的院校共有 38 所，分别在北京、天津、保定、太原、张家口、新乡、唐山、上海、南京、杭州、福州、武汉、广州、长沙、重庆、西安 16 个城市设有考点。不久，其他院校也纷纷加入，最终这两个区实行统一招生的高等学校达 42 所。实行统一招生的院校占到当时两区 67 所高校的 62.7%。根据《华北、东北统一招生简章》规定，报名日期为 7 月 6 至 8 日，考试日期为 7 月 15 至 16 日。由于招考军事院校的学生优先，因此实际考试时间为 7 月 22 至 24 日。招生简章还规定，除了在本地区实行统一招生的大学和系科中选报 8 个志愿以外，报考者还可以报考 3 个其他地区的院校，即第一至第五志愿填报大学名和系科名，第六志愿只填报系科名，第七志愿填报大学名，第八志愿为是否服从分配栏，即如果上述志愿都没有被录取，是否服从招生委员会的安排，到其他院校就读。同时，此栏中，考生还可以报考本地区外的高等学校。③ 由此可见，高等学校招生在实现跨地区、跨大学招生的道路上又前进了一大步。

在实行自主招生的院校中，有些与实行统一或联合招生的院校同期举

---

① 〔日〕大塚丰著，黄福涛译：《现代中国高等教育的形成》，北京师范大学出版社 1998 年版，第 258 页。

② 〔日〕大塚丰著，黄福涛译：《现代中国高等教育的形成》，北京师范大学出版社 1998 年版第 216～262 页。

③ 〔日〕大塚丰著，黄福涛译：《现代中国高等教育的形成》，北京师范大学 1998 年版，第 262～263 页。

行，也有些院校提前招生。但是，随着大多数大学进入全国统一招生的行列，如果实行自主招生的大学比实行统一招生的大学后招生，那么在录取新生上，实行自主招生的院校必然处于不利的地位。因此，除艺术类等特殊院校外，其余高校没有什么充分的理由实行自主招生。而实际上，实行自主招生的院校在生源上已经不占优势。

1950—1951年的高等学校招生主要有单独招生、联合招生、委托招生等形式。虽然组织主体较为复杂，但总体上教育部在制定招考计划，招考政策上，诸如招考方式、投考资格、考试科目、考试时间、考生录取等宏观领域具有领导、监督等权力，各地方政府教育部则配合中央教育部，高等学校单独或联合组成组织主体，负责具体的招生事务，有实际的操作权力。中央政府、地方政府、各高等学校三方面各自分工，共同分享组织主体招生权力，并且密切合作，互为补充，具有一定的灵活度。

（三）政府作为单独主体

政府作为高等学校招生的单独主体，与国家政权的统一、稳定有着紧密的关系。1952年，为了保证全面完成全国高等学校的招生计划，教育部及时总结经验，由大行政区范围内的统一招生过渡到全国统一招生。6月12日，发布《关于全国高等学校一九五二年暑期招收新生的规定》，指出："中央成立全国高等学校招生委员会，全国高等学校除个别学校经教育部批准者外，一律参加统一招生。"招生名额应报请大行政区教育部"根据全国招生计划审核批准，严格禁止乱招乱拉"，"招生日期、考试科目由全国招生委员会统一规定"。[①] 同年7月8日，教育部再度发出指示，要求"各地高等学校和中等学校严格地实行统一招生"。[②]

为便于学生就近参加考试，1952年内全国高等学校统一招生考区设置范围变广。在高等学校集中的华东、中南地区设置考区最多，前者有24个城市，后者有22个；其次为东北、华北、西南地区，分别为10个、10个、9个，而在高校比较少的区域考点则设置较少，如西北地区为3个。1952年的规定还对招生报考资格、考试科目及日期、命题、录取、体格检查等统一做了详细规定。更为重要的是，为保证招生计划的实现，1952年全国高等

---

① 中央教育科学研究所：《中华人民共和国教育大事记（1949—1982）》，教育科学出版社1984年版，第58页。

② 中央教育科学研究所：《中华人民共和国教育大事记（1949—1982）》，教育科学出版社1984年版，第60~61页。

学校统一招生录取工作集中在北京进行。当年9月底公布录取新生名单。为贯彻招生的计划性，"既经录取的学生，不得要求转院系（或科）及转移学校"。这体现了中央作为招生组织主体开始在权力方面高度集中的特征，全国高等院校统一招生制度由此基本形成。

1953年6月20日，高等教育部、教育部联合发布《关于高等学校一九五三年暑期招考新生的规定》，该规定的内容除与1952年的规定基本相同外，还对以下几个问题进一步作了规定：一是在招生总原则上，由于本年学生来源少，各区间分布不平衡，为保证招生计划的执行，"仍须进行全国规模的统一招生"。二是在组织机构上，为加强对于高等学校统一招生的领导工作，在高等教育部领导下成立全国高等学校招生委员会，下设办公室负责处理日常工作。各大行政区应成立该区高等学校招生工作委员会，在全国高等学校招生委员会领导下，组织该区的招生工作。设有考区的省市应成立高等学校招生工作委员会分会，组织各该省市考区的招生工作。三是从全国范围来看，对招生的地区与数量进行了统筹安排和分配，即"由于各大行政区高等学校招生名额与学生来源的不平衡，各区间必须适当调配"，报考学生在填写地区志愿时，按下列原则办理：华北、东北、西北三区学生来源少，不敷本区招生需要，上述各区学生以报考本学区学校为原则；华东、中南、西南三区学生来源多，应鼓励和帮助这三区的一部分学生报考华北、东北、西北等区学校。四是报考志愿分为学生志愿与系科志愿两类，由报考学生根据国家建设需要，结合个人具体条件，于报名时慎重选择。凡考试成绩合格者，即根据国家需要，按成绩等第，参照所填志愿进行分配；其未能依所填志愿分配者，得由招生机构根据招生需要，参考报考学生的条件，适当分配其系科及学校。[①] 1953年全国高等学校录取新生工作仍同1952年一样，集中在北京进行，体现了教育部对高等学校招生权力全方位的集中统一。

1952—1953年及以后一段时间，由于新生来源仍然不足，难以满足社会主义建设和发展对人才的需求，在此种情况下，国家势必对高等学校招生和分配实行全盘考虑，统一规划，因此，政府逐步掌控，并取代高校作为招生组织的主体地位也成为一种必然状态。

20世纪50年代初期，由于国家对人才需求旺盛且急迫，因此在统一招

---

① 中央教育科学研究所：《中华人民共和国教育大事记（1949—1982）》，教育科学出版社1984年版，第80页。

生的生源条件，诸如政治、健康、文化知识水平等方面的要求是比较宽松的。但随着时间的推移，由于报考人数的增多，考生在各方面的报考条件有所改善，因此，国家招生的标准有所提高，录取学生的质量也有所提升。以1955年华东地区为例，该年在华东地区录取新生的计划数字为34369人，实际报考人数达到56593人，超出计划数字64.5%，扩大了选择余地。从最终的录取结果来看，新生的综合质量有所提高。主要表现在以下三个方面：首先是政治面貌。如1955年复旦大学录取的新生915人中，党员42人，团员430人；交通大学录取新生2134人中，党员23人，团员939人；华东师范大学录取新生1082人，其中党员34人，团员579人。各校党团员的比例均在新生的50%左右，工农成分学生的比例亦有增加。其次是健康情况。1955年中央政策规定的健康检查标准比以前更为明确，并作了适当提高，如肺病必须达到全部硬结钙化方为合格。据华东化工学院反映，录取新生493人中，经复查发现不合格者仅2人，比过去情况有了改善。再次是文化知识水平。从考生的统考成绩来看，平均分数在四十分以上的有40142人，比计划录取人数多出5528人，故实际录取考生的成绩略高于中央规定的录取标准。

此外，1955年新生录取分配的原则，基本上体现了保证质量的精神；在具体分配的办法上比过去亦有改进：一是按考试科目的分类分三大类进行分配，每类再按考生来源的类别分配，如中技毕业生和在职专业干部、中师毕业生和小学教师均超前分配；二是首先满足留苏预备生和军事、国防、外交等特别性质学校的招生任务；三是采取按照考试成绩分为若干级，再逐级进行分配的办法，同时根据考生志愿依次考虑录取。[①]

二、对政府作为招生单独组织主体的质疑与坚持（1955—1957）

事实上，随着政府作为单独组织主体的全国统一招生制度的形成，20世纪50年代中后期，相关管理机构和高校也曾就此制度的优缺点进行过探讨，并向上级管理部门提出过改进招生制度的意见。如1955年上海市高等教育管理局在一份给上级部门的报告材料中这样写道："以往几年考生来源不足，为了保证招生计划全面完成的情况下，这样做法（实行统一招生制

---

① 《上海高等教育管理局关于1955年华东地区高等学校招生工作基本总结的报告》，1955年，上海市档案馆馆藏档案：B243-1-46-9。

度）是必要的"，但是"现在情况已有改变，考生来源已逐渐扩大，学校行政领导和干部已经加强，以大区为范围的统一招生缺点逐渐暴露且难于克服。因此今后应考虑逐步过渡到各校单独招生的方式"①。

在材料中，上海市高等教育管理局认为实行全国统一招生存在下列优缺点。优点有：一是统一设置考区，既可便利考生，免得长途跋涉，也便利学校分散力量到各地区招生；二是统一报名和考试，可以一次性完成招生计划，考生可不需参加几个学校的招生考试，也不会被重复录取，故新生入学报到率高；三是可以保证各校新生质量，某些学校不致因报考人数少而过分降低录取新生的标准，或产生招生不足的现象。缺点有：一是高等学校与中学之间互不了解了，高等学校不知学生来源，高中不知学生报考哪里，使高等学校与高中互不了解；二是集中录取分配，考生多，学校多，但是时间短，工作不能做得细致妥帖；三是范围大而时间短，只能看到考生的死材料，不能了解活材料，也不能实行口试，因而不能深入了解录取新生的真实情况。②

同样，上海市高等教育管理局认为各高校实行单独招生也存在优缺点。其优点是：一是考生报考学校的目标很明确，录取入学后能够发挥其主观能动性；二是学校亦可深入了解学生情况，做出最优录取选择。其缺点是：在目前学生来源尚不十分充足的情况下，有些学校可能一次招生不足，要举行第二次或更多次招生，影响新生质量和开学日期；而且各校自搞一套，人力、物力浪费较大；各校单独招生，考生可能报考几个学校，产生重复录取和影响新生报到率。③

基于以上情况，上海高等教育管理局向中央高等教育部建议，未来几年的具体招生方式，有三种方法可考虑选择试行：一是仍采取统一招生方式，但将录取分配工作分散到省（市）去做，即把原来以大区为范围的统一招生缩小为以省（市）为单位的招生。在省（市）党委及教育行政部门的领导下，各高等学校组织招生机构，最后录取分配亦由省（市）的招生机构来做。其优点是范围小，工作可以更为深入和细致。缺点就是各地高校在各省

---

① 《上海高等教育管理局关于 1955 年华东地区高等学校招生工作基本总结的报告》，1955 年，上海市档案馆馆藏档案：B243-1-46-9。
② 《上海高等教育管理局关于 1955 年华东地区高等学校招生工作基本总结的报告》，1955 年，上海市档案馆馆藏档案：B243-1-46-9。
③ 《上海高等教育管理局关于 1955 年华东地区高等学校招生工作基本总结的报告》，1955 年，上海市档案馆馆藏档案：B243-1-46-9。

（市）的招生任务很难分配恰当，且各省力量及考生来源不平衡，工作上会有一定困难。二是按照学校的性质分类联合招生。同一类型的学校，如工科学校清华大学、哈尔滨工业大学、浙江大学、南京工学院等校联合招生，并实行分区负责制，诸如上海由交通大学负责，南京由南京工学院负责，杭州由浙江大学负责。考完后集中按学生志愿分配学校。其优点是有利于学生选择志愿方向，方便录取分配时照顾考生志愿，对学校亦可保证新生质量，但这种招生方式，学校如何分类联合尚待研究。三是以上两种方式并用，即省（市）领导的高等师范、医、农科学校采取第一种方式实行以省（市）为范围的招生，其他综合性大学、工、医、农、政法、财经、体育、艺术等类学校采取第二种方式实行分类联合招生。①

对此，高等教育部虽然考虑了上述建议和理由，但仍认为1956年高等学校招生工作，除过去已实行单独招生的各校外，仍以采取统一招生办法较为合适，在具体措施上尽可能加以改进。②

到1957年，鉴于新中国成立以来统一招生工作中所存在的一些缺点，再加上1957年招生任务已决定缩减，高中毕业生人数较多，于是高等教育部设想可否更改统一招生为高等学校联合或单独招生，并就这一问题广泛征询了各省市教育厅、局、高等学校和部分学生的意见，经过座谈讨论后，形成了一些基本意见：一是多数学校主张仍旧维持原来的统一招生形态，认为统一招生优点很多；学生的志愿是相对的，不必过于强调；招生工作中所发生的一些问题，也不是统一招生制度带来的，而是工作中的缺点，因而不必要从招生制度上来考虑。二是有的主张由各高等学校自行联合或单独招生，认为这样做可以更好地照顾学校的特点和考生的志愿，克服统一招生的缺点，应当作为招生的正常轨道。但是，提出这种意见的学校中，还有不少认为目前理科实行联合或单独招生存在一定的困难。三是有的主张继续实行统一招生，但应以省、市为范围进行录取调配。这样既可以保留统一招生中的优点，又可以基本克服以往招生工作中由于过于集中而带来的一些缺点。四是学生普遍认为，过去统一招生对考生存在两大便利，即统一招生能广设考区，使考生能就近报考较多的学校和专业，减少经济负担；只需要参加一次

---

① 《上海高等教育管理局关于1955年华东地区高等学校招生工作基本总结的报告》，1955年，上海市档案馆馆藏档案：B243-1-46-9。
② 宋荫初：《新中国高校招生50年大事记（三）》，《中国高校招生》，2000年第5期，第23～31页。

考试。

对此，高等教育部综合各方面的意见，作了进一步的研究和考虑，认为"过去招生虽然存在一些缺点，但是对于学校和考生有最大的便利，联合或单独招生，虽然可以克服统一招生中的某些缺点，可是目前实行起来，确有很多困难"。因此，决定1957年的招生工作基本上仍采用统一招生的办法，具体来说，一是多数学校实行全国统一招生的办法；二是过去已经实行单独招生的学校继续单独招生；三是个别条件比较具备且愿意联合或单独招生的学校，经过批准，可以实行联合或单独招生。[①]

第二节　全国统一招生制度的建立

高等学校招生考试是高等学校选拔新生的制度。中国有一千多年科举考试的历史，这一制度曾彰显出选拔人才的优越性。1905年，清廷出于发展新教育、培养实用人才的目的，废除了科举制度，转而引进西方学校的考试制度。中国现代高等教育制度的建立，就有这样两个重要来源：一是科举考试制度所形成的传统考试思维和价值，二是西方现代考试制度的模式和手段。新中国成立之后，这两种招生制度模式融合在一起，逐步形成了新中国高等学校统一的招生制度。

一、国家人才培养模式转变

1912年9月2日，中华民国教育部颁布"注重道德教育，以实利教育、军国民教育辅之，更以美感教育完成其道德"的教育宗旨，首次提出了资产阶级德、智、体、美"四育平均发展"的方针，摒弃了清末旧的教育宗旨和目标。民国时期的高等学校分为大学、专门学校和高等师范学校，并规定了相应的人才培养目标：其中《大学令》规定高等学校"以教授高深学术、养成硕学闳材、应国家需要为宗旨"，《专门学校令》规定专门学校"以教授高等学术、养成专门人才为宗旨"，高等师范学校则以"造就中学校、师范学校学员"为宗旨。高等教育领域中大学和专门学校的区分原则是"学"与"术"，前者倾向学术研究，后者倾向应用技术。尽管人才培养目标有区别，

---

① 宋荭初：《新中国高校招生50年大事记（三）》，《中国高校招生》，2000年第5期，第23～31页。

但从课程设置上可以看出民国时期的资产阶级民主主义教育要求学生全面发展，注重培养综合素质的"通才"人才观。1928年2月，蔡元培兼任交通大学校长时期，不但强调学生需具有全面的知识，提出"三科（理科、工科、管理科）并重"的方针，随即建立数学、物理、化学、国文、英文五个系，提倡学生知识结构全面化。1930年，黎照寰担任交通大学校长，全心致力于将交通大学办成一所研究高深学术、培养全面发展人才的现代高等学府。他主张"凡为学生，须注重于智、德、体三育之修养，盖于学生学识上，须有充分之涵养，于体格上须练成健全之体魄，于道德上须有相当之训练。才识丰，体力雄，志行高，俱此三者，始能任重致远，为国效劳"，要求学生在校应"注重知识的获得、身体的锻炼、道德的修养，充分准备一切，务使成为一个完全的人"。①

新中国成立后的1950年，《高等学校暂行规程》确定了"以理论与实际一致的教育方法，培养具有高级文化水平，掌握现代科学和技术的成就，全心全意为人民服务的高级建设人才"的培养目标。因而体现在招生制度上则是对新中国成立前高等学校实行单独招生的制度进行渐进式改革，逐步确立了社会主义大一统的统一招生制度。

随着我国由新民主主义过渡到社会主义，根据国家的总路线和"一五"计划的目标，"相应地有计划地培养适合国家建设需要、具有马列主义世界观、全心全意忠实于祖国和人民事业、掌握先进科学和技术的各种专门人才"被国家高等教育部确立为我国高等教育人才培养的基本方针。② 1952年，我国高等教育"以俄为师"（即"以苏联为师"），全国高校进行了大规模的院系调整，接着，教育制度、课程教材、教学方法等方面都效法苏联，我国高等教育进入学习苏联式的高度计划和专才教育的模式。由此可见，新中国成立初期人才培养的目标与国家经济建设息息相关，同时也体现在招生的计划和目标之中。

二、全国统一招生制度的建立与完善

统一招生制度是高等学校招收、录取新生的政策、条件、办法等的总

---

① 腊克斯：《聆黎校长训话以后》，《交大三日刊》，第73号，1930年10月8日，上海交通大学档案馆藏档案：LS3-414。
② 上海市高等教育局研究室、华东师范大学高校干部进修班、教育科学研究所等：《中华人民共和国建国以来高等教育重要文献选编（上）》，上海市高等教育局研究室编印，1979年，第102～107页。

称。新中国于1952年建立了全国统一招收高校新生的考试制度，这种统一的招生管理体制一直持续到1958年"大跃进"发生之前。

（一）建立各级招生机构并明确领导关系

1950年7月28日，政务院第43次政务会议通过的《关于高等学校领导关系的决定》指出："全国高等学校以由中央人民政府教育部统一领导为原则。"[①] 1953年10月11日公布的《中央人民政府政务院关于修订高等学校领导关系的决定》也明确指出："为使高等教育密切联系实际，有计划地培养各类高级建设人才，以适应国家大规模经济建设的需要，中央人民政府高等教育部必须与中央人民政府各有关业务部门密切配合，有步骤地对全国高等学校实行统一与集中的领导。"并规定："凡中央高等教育部颁布的有关全国高等教育的建设计划（包括高等学校的设立或停办、院系及专业设置、招生任务、基本建设任务）、财务计划、财务制度（包括预决算制度、经费开支标准、教师学生待遇等）、人事制度（包括人员任免、师资调配等）、教学计划、教学大纲、生产实习规程，以及其他重要法规、指示或命令，全国高等学校均应执行。其有必要办理时，须经中央高等教育部或由中央高等教育部报请政务院批准。"[②] 由此可见，中央政府直接领导高校或中央政府通过委托地方政府对高校进行管理，并且通过政策文件、法令条文等掌控全国统一招生的职权。

高等学校的招生管理体制是指招生工作的组织形式和基本制度，包括管理机构的设置、职责范围的界定和管理权限的划分，是高校招生的各项制度、方针政策得以实施的组织保障和制度保障。新中国成立初期，为了使各大行政区学生生源与高校招生数达到平衡，提高学校的报到率，实行的是由教育部制定政策，中央成立全国高等学校招生委员会，负责考试命题；各大区成立本区的招生委员会，负责组织本区的评卷；最后全国高等学校招生委员会统一组织录取。20世纪50年代中期，为了体现对考生志愿的尊重，取消了全国统一调配录取的办法，改为全国统一命题，高校在大区招生委员会领导下，直接审查录取新生，这种由中央集中统一领导的直线型管理体制一

---

① 上海市高等教育局研究室、华东师范大学高校干部进修班、教育科学研究所等：《中华人民共和国建国以来高等教育重要文献选编（上）》，上海市高等教育局研究室编印，1979年，第2页。

② 上海市高等教育局研究室、华东师范大学高校干部进修班、教育科学研究所等：《中华人民共和国建国以来高等教育重要文献选编（上）》，上海市高等教育局研究室编印，1979年，第55~56页。

直延续到"文化大革命"前。此后，高等学校招生具体形式为，由教育部制订招生计划和新生来源计划，分别下达各省、自治区、直辖市和面向全国或跨省招生的学校；教育部制定高校招生工作的各项规定，包括报名、政审、体检、考试、录取等；各省、自治区、直辖市依据本地情况制定实施细则；教育部制定统一考试的规则，组织命题，制定评分标准和参考答案，各省、自治区、直辖市组织考试、评卷、通知成绩；各省、自治区、直辖市组织在本地招生的高校统一录取；教育部成立高校学生管理司负责高校招生、学籍管理、毕业生分配工作，各省、自治区、直辖市成立高校招生工作办公室负责各自招生的具体工作。

1957 年的高等教育部、教育部发布《关于高校今年招考新生的规定》，规定 1957 年高等学校招生工作的领导是由高等教育部、教育部会同中央有关部门和部分高等学校组成的全国高等学校招生委员会。如华东地区高等学校招生工作委员会是由上海市高等教育局、江苏省高等教育局会同原大行政区范围内的各省（市）教育厅（局）、有关部门和高等学校组成的，负责领导所属省、直辖市的高等学校招生工作，并负责进行新生录取工作。另外，设有考区的省、自治区、直辖市，由各省、自治区、直辖市的教育厅（局）和高等教育局，会同有关部门和各诸省、自治区、直辖市范围内的高等学校，组成省、自治区、直辖市高等学校招生工作委员会，负责考生的报名、考试、试卷评阅等工作。①

（二）建立报考学生政治审查制度

为确保国家未来所培养人才政治上的纯洁性，对报考学生进行政治审查是高校统一招生的重要前提。其主要内容包括：对党的理论和路线、方针、政策的态度，政治历史情况和在重大政治斗争中的表现，遵纪守法和遵守社会公德情况，直系亲属和与本人关系密切的主要社会关系的政治情况等。事实上，其中心是关注报考学生的"阶级成分"如何。政治审查的基本方法是：考生自己填报相关信息、查阅有关档案材料、找有关单位和人员了解情况以及必要的函调或外调（在了解本人填报和查阅有关材料后，情况仍不确定的可函调或外调）等。

1949—1952 年的高校招生考试中，虽没有统一的政治审查制度及标准，

---

① 《高等教育部、教育部发布关于高校今年招考新生的规定》，1957 年，《招生通讯》，上海市档案馆馆藏期刊：B243－2－100－34。

但也存在政治审查的相关工作，即无论是联合性的招生考试，还是地区性的统一招生考试，抑或高等学校的单独招考、委托招生等，都存在相应的政治素质上的审查，学校承担着保证所招收人才的质量之责。如 1949 年的《哈尔滨工业大学的招生简章》这样写道："愿为新民主主义建设服务之青年，不分民族和性别。"1950 年 5 月，中央教育部颁布的《高等学校招考新生的规定》强调："凡志愿为人民服务，身体健康"的高中毕业或同等学力者"均可报考"。由此可见，这个过渡阶段的报考学生政审标准也是存在的，只不过条件比较宽松，即"愿为新民主主义服务"，即可报考。

1953 年 7 月，高等教育部首次发出《关于报考高等学校学生的政治审查的通知》。该通知指出，为了保证高等学校新生有合格的政治质量，对于报考学生的政治情况应做适当的审查。凡发现有下列情况之一者，不准报考：（1）现被管制分子；（2）反革命分子和现行破坏活动分子；（3）确因反革命以及品质极端恶劣而被国家企业、机关、部队或高等学校清洗或开除的分子。[①]

以上海为例，1955 年暑假高等学校招生，上海考区共报考学生 16900 人，其中已录取的 10811 人，未录取的 6089 人（包括缺考的）。在录取与不录取通知书发出后，考生写信给上海市高等教育局和各报社询问未被录取原因的达 218 人次之多，有十多名考生甚至给党中央和毛主席写信，信中说明自己符合录取条件，但未被录取，要求责成有关单位查明纠正，还有本人从外地赶来或由家长陪同来局询问的达 40 人次。通过周密复查，在未被录取的 6089 名考生之中，应录取而未录取的有 761 人，占未录取人数的 12.4%；其中政治条件无问题（第一类），仅健康方面有小缺点者 73 人；政治条件属第二类（可录取次要系科），健康无问题者 688 人。在应录取而未录取的考生中大体有以下几种情况：一是本人政治历史无问题，社会关系较单纯，成绩总分也较高，仅健康方面存在些小缺点，如色盲。二是本人政治历史无问题，但有海外关系或社会关系比较复杂。三是直系亲属已被镇压或劳改，但本人政治历史无问题，且表现很好。四是本人属于教徒，思想比较落后，社会关系也比较复杂。五是华侨学生，一般思想较为落后，并有海外关系。后四类学生按照高等学校新生政治审查标准应是"可录取次要系科"

---

① 宋荬初：《新中国高校招生 50 年大事记（二）》，《中国高校招生》，2000 年第 4 期，第 24～27 页。

的，但由于政治审查严格而没有录取他们，"不仅引起了工作上很大忙乱和被动，而且在政治上引起了一定程度的不良影响"。上海宗教事务所还反映，由于此次录取的教徒较少，宗教界表示很不满。[①]

对此，上海市高等教育局进行了经验总结和反思，认为造成这种现象的主要原因之一就是对学生政治条件的审查标准出现了偏高偏低的现象。"一般学校甚至宁愿录取政治上好，成绩稍差的"，而且各高校"都不愿意承认自己学校内有'次要系科'"。[②]

可见，高等学校招生在学生政治审查方面的标准比较严苛，具体操作部门仍较多地停留在执行中央文件层面，并没有针对具体问题进行具体分析，因此导致在实践操作中表现为过于机械，灵活不足，折射出报考学生政治审查制度还有很大的完善空间。

（三）建立报考学生健康体检制度

体格健全是国家培养合格人才的重要内容之一。1951 年 6 月，中央教育部、卫生部联合发出通知，对于高等学校招生健康检查不合格标准，统一规定如下：一是心脏病有代偿机能障碍者，二是肺结核或淋巴结核尚未全治愈者，三是两眼视力不及 0.1 (6/60) 者，四是两耳耳聋或两耳患中耳炎及重听者，五是畸形或残废致妨碍本学科学习者，六是肾脏炎或血压仍高（收缩压 150 毫米汞柱以上）者，七是花柳病或麻风病尚未痊愈者，八是曾患精神病或癫痫病时常发作者。[③]

1952 年 7 月，华东区《关于布置高等学校招生工作的几项指示的通知》对考生的体格检查标准进行了统一规定，其是"为了保证考生进入高等学校完成学习任务"，体检要求在招生报名之前完成。学生检查完毕后，健康检查记录暂存医院，健康检查合格证明则由负责检查的医生填注检查结果发给考生，凭此报考，不合格者不发给。[④]

1953 年的招生体检规定较 1951、1952 年详细，但仍在考试之前进行。其体检办法是："1953 年应届高中毕业生，均以原来学校为单位，在当地卫

---

① 上海高等教育局：《关于上海一九五五年暑假高等学校招生审查录取新生工作中的问题报告》，1956 年 1 月 30 日，上海市档案馆馆藏档案：B243-1-46-64。

② 上海高等教育局：《关于上海一九五五年暑假高等学校招生审查录取新生工作中的问题报告》，1956 年 1 月 30 日，上海市档案馆馆藏档案：B243-1-46-64。

③ 宋葆初：《新中国高校招生 50 年大事记（一）》，《中国高校招生》，2000 年第 3 期，第 21~22 页。

④ 《关于布置华东区高等学校招生工作的几项指示的通知》，1952 年 7 月 25 日，上海市档案馆馆藏档案：B105-5-655-6。

生、教育部门的组织领导下，分别在当地或就近地区指定医疗机构，进行健康检查；合于报考条件的社会青年的健康检查，先由各地招生办事机构组织登记，排定次序，然后分批进行。"其体检标准分为两类：一类是适合所有科系的共同标准，共有八条，患有任何一种疾病者为不合格，较1951年的八条标准更加科学和详尽。还有一类是根据各科系不同要求，提出了不同的体检标准，这是一个显著不同之处，更是全国招生体检制度走向进步的方面。如报考美术系的学生不能有色盲或斜视，报考戏曲系的不能有独眼、色盲、跛足、六指或兔唇，等等。①

以上海为例，1955年5月，为"保证学校培养国家建设人才的质量，同时为避免每年高等学校招生前突击办理健康检查"，从本学期起，首先在本市高中三年级建立学生健康记录卡片制度。这项工作的实施以分区检查为原则，各区卫生科及有关医疗单位协助推行，并且对检查项目、检查日期、检查步骤、材料审查、检查费用、注意事项等进行了详细规定，如检查项目分"一般检查"与"X光检查"两项，前者要求在当年五月底以前完成，后者要求必须在本学期终了时，即6月份内举行，"以免此项检查时间与报考时间距离太远，不易准确"。总的工作步骤是"各区卫生科为主，负责掌握和指定专人负责，进行一般组织动员工作，编排检查日程，通知区内有关学校。各区指定医疗单位负责，组织业务人员办理（包括学校医务人员），进行检查及审查等工作"。而对"材料审查"一项规定：学生报考高等学校时，学校应将全部健康记录卡汇总送至高等学校招生工作委员会健康检查小组，待审查完毕，退回学校后，再连同其他有关材料，一并送交高等学校招生工作委员会办理报名手续，对于检查不合格者，由学校通知学生，并设法进行说服教育解除其思想负担。② 此项规定，一定程度上保证了高等学校入学学生身体素质的达标，同时也逐步健全了高等学校统一招生制度。

此外，全国统一招生制度的建设内容还包括命题制度、阅卷制度、录取制度等。20世纪50年代的全国统一招生制度自1952年基本确立，各项制度陆续建立并逐年完善，体现了社会主义新中国的制度特色。

① 宋葆初：《新中国高校招生50年大事记（二）》，《中国高校招生》，2000年第4期，第24~27页。
② 《上海市卫生局关于建立检查记录卡制度工作小结的通知》，1955年5月25日，上海市档案馆馆藏档案：B242-1-796-35。

第三节　全国统一招生制度的特点

新中国成立初期，全国所有的公立和私立高等学校都沿用了新中国成立前的招生办法，即由各校单独招生、自行组织命题、考试和录取工作。但是这一招生制度存在很多弊端，为纠正这一状况，20 世纪 50 年代，中央确立了全国统一招生制度。这一制度的形成与发展，有着自身的特点，集中体现了这个时期的时代特征。

一、重视党的领导

新中国成立后，刚刚执政的中国共产党还没有在众多高校开展党建工作的成熟经验和办法。党在高校的组织处于初创阶段，党员数量较少，很多高校仅有少数党员或者若干党支部，大部分高校还没有成立党委。因此，新中国成立之初，党在高校的首要任务就是公开党的组织、发展党员、建立党的各级机构，促进高校教学和科研工作开展。高校党组织因此得到快速发展，高校党建工作实现良好开局。据统计，"在 1952 年下半年，所有 500 人以上的专科以上的学校都有了党的基层组织"[①]。此时期，中共中央还加强了党对高校党建和思想政治工作的领导，基本理顺了对高校的领导关系，明确了高校坚持社会主义办学方向，开展了高校知识分子思想改造运动，在"三反"运动基础上进行了高校整党建党工作，并在高校设立了政治辅导处，建立了政治工作制度，抽调了大批党员干部调入高校担任领导工作。"到 1954 年 10 月，全国高等学校校长、教务长、总务长和学校的主要部门，多已配备了较强的党员。"[②]

1956 年对资本主义工商业的社会主义改造完成，中国的计划经济体制得以确立之后，党在高校的领导得到了空前的加强。尤其是 1956 年 9 月中国共产党第八次全国代表大会召开之后，党章明确规定"基层党组织对本单位起领导作用"。我们可以从 1958 年 6 月，时任中共中央宣传部部长、中央人民政府文教委员会副主任陆定一在给教育部临时党组向教育工作会议提供的第二个有关高等学校招生问题的文件的批示中管窥一斑：

---

①　雷克啸、张炳良：《中国教育通史》，第 8 卷，山东教育出版社 2004 年版，第 226 页。
②　中共中央文献研究室：《建国以来毛泽东文稿》，第 4 册，中央文献出版社 1993 年版，第 157 页。

各级党委和各高等学校党委加强对招生工作的领导，是政治挂帅，做好招生工作的关键。应请各级党委（陆定一同志在这里批示：应改为各省、市、自治区党委和学校党委。）注意加强对招生工作，特别是招生工作中政策、思想的领导。各高等学校党委对本校招生工作中的主要问题（陆定一同志在这里批示：什么是主要问题？第一是谁去主考，是资产阶级去主考，还是无产阶级去主考？第二是什么，是主要考文化程度，还是主要考政治，同时也考文化程度？第三是考题，政治课考题是叫人去背书，还是叫人去参加现实的阶级斗争？这些都应写明。）应该进行讨论和研究。各校派赴各地参加录取工作的人员，必须挑选政治上强的干部（应尽可能派党员担任）（陆定一同志在这里批示：过去把主考的业务委托党外民主人士来做，而不是由党员和左派来担任主考，是错误的。应该这样明确地写出来。现在的句子欠明确性。）。

所有招生机构、高等学校，必须在当地党委统一领导下进行工作。（陆定一同志在这里批示：这段应当扩大，把省、市、自治区党委的任务，把学校党委的任务都写进去，放在里头，让大家一目了然。这是招生工作的一个革命。不这样做，今年的招生工作是做不好的。）①

1958 年 9 月，中共中央、国务院在《关于教育工作的指示》中再次明确规定"一切学校应该受党的领导"，"在一切高等学校中，应当实行学校党委领导下的校务委员会负责制"。党的领导在高校管理体制中得到进一步的加强。

二、招生向工农成分倾斜

高等学校的招考，作为一项非常重要的社会人才选拔方式，主要通过教育资源的分配来实现，具体表现在教育机会的分配上，其中在教育中获得较多资源的个体，将在社会升迁、社会福祉等方面受益更多。教育机会分配因时代不同而表现出差异性，一般可分为社会结构主导型、经济结构主导型、

---

① 宋葆初：《新中国高校招生 50 年大事记（四）》，《中国高校招生》，2000 年第 6 期，第 30～42 页。

个人能力主导型三种。自 1949 年新中国成立以来，由于中国共产党的基本性质，国家通过行政命令规定中国高等教育遵循"教育向工农开门"的方针，在考试基础上对广大工农实行优先录取。

1949 年 12 月 23 日，教育部部长马叙伦在第一次全国教育工作会议的开幕词中指出："由于我们的国家是以工农联盟为基础的人民民主专政的国家，因此我们的教育也应该以工农为主体，……我们的小学校应该多多吸收工农的子女，我们的中学校和大学校也应该有计划有步骤地为工农青年大大开门，以期大量地培养工农出身的新型知识分子，作为我们国家建设的新的坚强骨干。"他认为学校"向工农开门"是建设这种新教育的一个重要组成部分，是"中国新教育建设的工程中具有头等重要意义的工作"。[①] 此次会议明确了教育"向工农开门"的方针，重点讨论和解决了两个问题，一是创办中国人民大学，二是普遍举办工农速成中学。其中，创办中国人民大学是新中国完全新式的高等教育的起点，其主要任务是学习苏联经验，有计划有步骤地培养新中国的各种建设干部。"参加这个大学学习的，不仅有青年知识分子，还要吸收工农青年和干部。"[②]

1950 年 6 月 1 日至 9 日，教育部召开首届全国高等教育会议。会议所要解决的主要问题是如何根据新中国的性质和国家建设的需要，进一步改革旧的高等教育和建设新的高等教育。由此，会议明确提出，高等学校要"向工农开门"。周恩来在会上发表讲话，给高等学校明确提出了"向工农开门"的要求和任务。他说："我们的高等教育首先要向工农开门，培养工农出身的新型知识分子。"[③] 在会议的开幕词中，教育部部长马叙伦也提出："我们的高等学校从现在起就应该准备和开始为工农开门，以便及时地为我们的国家培养大批工农出身的知识分子。"他还指出："为新中国的建设培养工农出身的科学技术专家，作为新的坚强的骨干，乃是新中国教育的一项十分重要的任务。"在这个方针政策下，他强调一部分高等学校应该立即做各种准备，在自己的学校里附设工农速成中学，作为升入高等学校的预备班；同时开始注意招收具备入学条件的工农干部与工农青年，进入自己的学校学习，并

---

① 北京师大高等学校干部进修班：《中国高等教育文献法令选编》，北京师大高等学校干部进修班编印，1981 年，第 21~28 页。

② 中共中央文献研究室：《建国以来重要文献选编》，第 1 册，中央文献出版社 1993 年版，第 87~88 页。

③ 中共中央文献编辑委员会：《周恩来选集》，下卷，人民出版社 1984 年版，第 16 页。

"在他们入校以后，加以各种必要的帮助和照顾"。①

1950 年中国人民大学成立以后，把参加革命工作具有一定年限的工农干部和产业工人作为招生的重点人群。为了招收产业工人入学，中央人民政府政务院专门作出决定，并分配了各地区各行业招收产业工人的名额。② 在入学标准上，考虑到工农干部和产业工人文化程度比较低，而经历过革命斗争锻炼的工农干部和产业工人年龄都偏大，因而放宽了对他们的学历和年龄的限制。学历上，只要具备相当于初中程度的文化水平即可。年龄上，参加革命工作满 8 年以上的工农干部放宽至 35 岁；参加革命工作 3 年以上或具有 3 年以上工龄的工农干部和产业工人放宽至 32 岁。据资料统计，中国人民大学招收的第一期本科学生共计 1600 余人，其中参加革命工作 3 年以上的工农干部 450 余人，产业工人 170 余人，此外有原在华北大学及政法大学学习的青年知识分子 700 余人。工农干部和产业工人所占的比例超过 50%。第一期本科学生于 1950 年 3 月 13 日正式上课。③ 至 10 月 3 日中国人民大学举行正式开学典礼时，全校有学生 3000 余人，其中参加革命多年的工农干部和工人先进分子占到学生总人数的三分之一以上。④

此后，中国人民大学在相当长的一段时间始终坚持"向工农开门"，遵循以培养工农知识分子为主的方针。1954 年 6 月 30 日，高等教育部办公厅人民来信组在《人民日报》发表《关于中国人民大学招生问题答读者问》，对招生对象作出如下答复："中国人民大学由于招生对象不同，除外交系、俄文系参加全国统一招生，招收一部分高中毕业学生外，其余各系各专业在国家统一的培养高级建设人才计划指导下，均只招收在职干部及产业工人。"⑤ 由于主要面向工农干部和产业工人招生，因而学生中的工农干部、产业工人与知识青年的比例，在相当长时间内基本上保持在 7：3 左右。1953 年 10 月 4 日，中国人民大学举行创办三周年校庆会，校长吴玉章在会上发言指出，当年毕业的 443 名本科学生中，产业工人占 12%，工农干部

---

① 《教育部马叙伦部长在全国高等教育会议上的开幕词》，《人民日报》，1950 年 6 月 14 日，第 1 版。
② 《大量培养新型知识分子　中央人民政府政务院决定人民大学招收产业职工　政府有关各部及全总确定各地区分配名额》，《人民日报》，1950 年 1 月 6 日，第 1 版。
③ 《中国人民大学开课》，《人民日报》，1950 年 3 月 15 日，第 3 版。
④ 《中国人民大学举行开学典礼》，《人民日报》，1950 年 10 月 4 日，第 1 版。
⑤ 中央高等教育部办公厅人民来信组：《关于中国人民大学招生问题答读者问》，《人民日报》，1954 年 6 月 30 日，第 3 版。

占 60%，知识青年占 28%。①

　　中央在高等学校关于招生、录取等方面向工农倾斜的政策在每年的暑期招考新生规定、录取分配办法中都有明确规定。1950 年教育部发布的《高等学校一九五〇年暑期招考新生的规定》指出，考试成绩虽稍差，但"有三年以上工龄的产业工人"，可从宽录取。② 1952 年教育部发布的《关于全国高等学校 1952 年暑期招收新生的规定》对工农报考学生的录取进行了详细规定，即符合下列条件之一：（1）工厂、矿山、农场等产业部门的青年工人，工龄在三年以上者；（2）工农家庭出身或本人是工农成分的干部，参加革命工作三年以上者。即使"考试成绩虽稍差，而可望在一学年内补习及格者，得从宽录取"。③

　　《1953 年全国高等学校录取新生的原则和办法》规定在录取新生的程序上，应先工农青年、革命干部，后一般学生。④ 1954 年 7 月 24 日，高等教育部发出录取新生的通知，并指出录取分配过程中应特别注意的两点，都反映了高等学校录取新生在政治身份上的明确倾向。一是录取的新生"必须注意政治条件及健康条件，仅仅注意学科考试成绩录取新生是不妥当的"。这个"政治条件"就显然包含政治出身的倾向。二是对于工农速成中学毕业生、在职干部及转业军事干部，应在学科成绩要求上予以适当照顾。国家认为工农速成中学毕业生和在职干部"一般政治质量较好，亦具有相当文化水平，但是他们的学科考试成绩可能较差，特别是在职干部（包括转业军事干部）由于报考很迟，几无复习时间，考试成绩可能更差些，对此种特殊情形，更须予以适当照顾，并且在入学之后，也须予以特别帮助，才能跟班"。而且还认为"从国家培养干部的长远利益着眼，在一定要求条件下，使他们有更多的被录取机会，进入志愿的系科专业或学校，是完全必要的"。⑤

　　1956 年 2 月 23 日，国务院审批同意高等教育部关于《一九五六年高等学校招生工作意见的请示报告》，其中提道，"为积极增加高等学校学生中的

　　① 吴玉章：《中国人民大学三年来工作的基本总结》，《人民日报》，1953 年 10 月 4 日，第 3 版。

　　② 宋荩初：《新中国高校招生 50 年大事记（一）》，《中国高校招生》，2000 年第 3 期，第 21～22 页。

　　③ 宋荩初：《新中国高校招生 50 年大事记（二）》，《中国高校招生》，2000 年第 4 期，第 24～27 页。

　　④ 宋荩初：《新中国高校招生 50 年大事记（二）》，《中国高校招生》，2000 年第 4 期，第 24～27 页。

　　⑤ 宋荩初：《新中国高校招生 50 年大事记（二）》，《中国高校招生》，2000 年第 4 期，第 24～27 页。

工农成分，应当做好优先录取工农速成中学毕业生和工农成分干部入学的工作"，而且还规定 1956 年招生，将政治、健康条件合格、考试成绩够录取标准的工农速成中学毕业生和工农成分干部，先行单独录取，参照他们所填的志愿，根据能跟班上课的要求，分配适当学校，其具有入重点学校条件，首先分配给重点学校。[①]

1956 年 4 月 3 日，国务院发布"关于保证完成今年高等学校招生计划的指示"，指出为了保证当年高等学校招生任务的胜利完成，必须尽最大可能扩大报考学生的来源。"除了应该动员今年的高中毕业生全部报考高等学校以外，还应该广泛地动员机关在职干部、小学教师、中等师范学校今年的毕业生、复原建设军人、专业军人、公私合营企业职工、工商界知识青年、停学待业的知识青年和有计划地抽调在职的中级专业干部、中等专业学校今年的毕业生报考高等学校。"[②] 为此，一系列动员、报考人数分配、抽调干部报考等工作陆续展开，到 20 世纪 50 年代中后期，从国家工业部门、企事业单位抽调的报考学生已经占到一定比例，1956 年更是占到 10%，而且重工业部门比拟录取人数还多 50%。

据统计，在 20 世纪 50 年代高等教育机会分配"强调出身、倾向工农"的这一办学理念指导下，通过优先录取、单独考试、加分（或降分）录取等措施，高等学校中具有工农背景的学生所占比重逐年均有所增加。据不完全统计，1950 年，工农学生占学生总人数 10.65%，1952 年为 12.48%，1953 年为 14.77%，1954 年为 21.19%，1955 年为 21.39%，1956 年为 24.31%，1957 年为 32.45%。[③]

高等学校"向工农开门"的方针，这种典型的高等教育机会分配中的社会结构主导型，即教育机会分配的主导因素是家庭阶层背景，通过一种结构赋予的方式，个体依据家庭所处的阶层获得教育机会的政策得到了贯彻执行，这在一定程度上使得部分工农干部和工农子弟获得了接受高等教育的机会，使旧中国教育不公平的状况得到了很大的改观。在这些有机会接受高等教育的工农干部和工农子弟中，其中一部分人学有所成，成长为中国第一代

---

① 宋葆初：《新中国高校招生 50 年大事记（三）》，《中国高校招生》，2000 年第 5 期，第 23~31 页。

② 《上海市人民委员会关于保证完成今年高等学校招生计划的知识的通知》，1956 年 4 月 13 日，上海市档案馆馆藏档案：B112-4-44-1。

③ 《上海市高等教育管理局关于高等学校向工农开门的情况报告》，1957 年，上海市档案馆馆藏档案：B243-2-100-1。

工农出身的新型知识分子，为新中国的建设发挥了重要骨干作用，这是这一方针积极的一面。但同时这种方式也带有一定的政治色彩。从制度上来说，国家首次建立全国统一招生制度，其中"优先录取""破格录取"等成为高等教育统一招生制度的一部分，虽丰富了当代高等学校招生录取的途径，但一定程度上也为后来高校招生权力寻租提供了土壤。

三、片面追求升学率的趋势

录取率是录取新生数占全体考生数的百分比，体现竞争的激烈程度，对高校统一招生考试有决定性的影响。据统计，1952、1953、1954 年的高校统一招生录取率分别为 90.35％、77.88％、73.78％，没有听到考生负担重等反映。1955、1956、1957 年有所下降，分别为 55.92％、51.13％、41.89％，却立即出现了考生负担重、紧张之类的呼声。[①] 为何会出现这种明显的反差，归根结底，跟 20 世纪 50 年代前期国家对人才的急需，一味追求高校入学率有不可分割的联系。而随着人才接近饱和，国家又不得不缩减升学率，并采取举措分流青年学生。

1956 年，中共中央提出既反对保守又反对冒进，在综合平衡中稳步前进的经济建设方针。在初中毕业生数有较大增长的同时，高中招生人数有所下降。初中毕业生升学率从 1956 年的 47.6％，下降到 1957 年的 29％。在高中毕业生人数 1956、1957 年连续增长的同时，1957 年大学招生人数大幅度下降。高中毕业生录取率从 1956 年的 120.1％降到 1957 年的 56％，高考录取率从 1956 年的 51.13％降到 1957 年的 41.89％。[②]

为此，1957 年 3 月 16 日，中共中央宣传部发出通知，指出："今年不仅有大批小学、初中毕业生不能升学，甚至高中毕业生也有一部分不能升学，应当引起各地党政部门密切关怀。"同日，教育部负责人就中小学毕业生升学和参加生产问题发表谈话。《人民日报》发表社论《劳动教育必须经常化》[③]。4 月 8 日，《人民日报》发表社论《关于中小学毕业生参加农业生产问题》。社论是根据中共中央副主席刘少奇同年二三月间在河北、河南、湖南、湖北和广东等地视察时，针对教育工作和中小学毕业生的安置、就业

---

① 杨学为：《高考四十年（一）》，《中国考试》（高考版），1997 年第 1 期，第 6～11 页。
② 杨学为：《高考四十年（一）》，《中国考试》（高考版），1997 年第 1 期，第 6～11 页。
③ 中央教育科学研究所：《中华人民共和国教育大事记（1949—1982）》，教育科学出版社1984 年版，第 192 页。

问题发表的多次讲话整理的，并经本人修改过。社论指出："解放以来，我国教育事业有很大发展。但由于条件的限制，中小学毕业生还不能全部或多数升学，要有很大一部分转入农业生产战线。这是正常现象，是长期现象，是好事情。"社论还针对某些青年学生中间出现的下乡种地"丢人""没出息""吃亏"等思想问题，摆事实、讲道理，号召青年从党和人民利益的大局出发，毅然决然地、愉快积极地投入生产劳动中去，特别是投入农业生产中去。社论发表后，教育部、青年团中央联合发出通知，要求各地组织学习。各地认真地组织干部、教师、学生和家长学习社论，并迅速见诸行动。此后，6 月 18 日，武汉市组织首批 81 名自学青年下乡参加农业生产。长春、沈阳、天津、青岛、济南、包头、北京在一两个月内先后组织一千余名应届初高中毕业生下乡。"立志作祖国第一代有文化的农民""到农村去安家立业"成为许多中小学毕业生的行动口号。张闻天、徐迈进、南汉辰、刘秀峰等一批领导干部热情支持自己的子女下乡从事农业劳动。据《光明日报》9 月 22 日报道，全国已有 200 万没有升学的中小学毕业生到农村参加生产，此外，各地还用民办中学、短训班、补习学校和自学等形式，组织安排了一批中小学毕业生继续学习。[①] 此后，广大知识分子兴起了上山下乡，参加劳动生产的热潮。

由此可见，中央在新中国成立初期的头几年之内，为了吸收更多的人才服务于新中国的经济建设，在统一招生的政策方面比较宽松，以至于在短短的的几年时间内，人才趋于饱和状态，因此，20 世纪 50 年代的后几年，中央的统一招生政策趋紧，并且由于新中国成立以来形成的片面追求升学率的倾向，使得教育的初衷变味，很多学生上学的目的就是升学，由此国家的就业岗位供不应求。为了解决广大高等学校毕业生以及中小学毕业生的就业问题，国家将就业的目光投向天地广阔的农村，因此，大、中、小学毕业生，即知识青年上山下乡成为 20 世纪 50 年代末 60 年代毕业生的就业主旋律，并改写了一代人的命运。

第四节　实行全国统一招生制度的影响

新中国成立之前的一百多年以来，国家分崩离析，国弱民贫，在这种情

---

① 中央教育科学研究所：《中华人民共和国教育大事记（1949—1982）》，教育科学出版社 1984 年版，第 194 页。

况下，人人渴望国家的统一与强大。这种在中国人民心中普遍存在的观念，对新中国成立以后的诸多方面，包括高校招生制度在内都有着深刻的影响。新中国成立后，由于政治经济体制的变化，高校招生制度逐渐走向由党中央集中统一领导。高校统一招生考试制度影响新中国60余年，未来还将持续，可以说，它的变革是国家、社会变革的一面镜子。

一、是国家行政管理权在高等教育领域建立和发展的具体反映

1950年6月1日至9日，教育部在北京召开了第一次全国高等教育会议。教育部部长马叙伦致开幕词，指出：我们的高等教育"必须密切地配合国家经济、政治、文化、国防建设的需要，而首先要为经济建设服务，因为经济建设乃是整个国家建设之本，这是第一点，也是最重要的一点"。他还强调，"我们的高等教育应该随着国家建设的逐渐走上轨道，逐步走向计划化"。这其中首要的就是"要逐步实现统一和集中的领导"。表现在具体事务上，实现全国高等学校的统一招生，建立统一招生各项制度，完成年度招生计划，为国家培养和输送大量经济建设人才是国家在高等教育上的重要工作，也是国家行政管理权开始在高等教育领域建立和发展的具体反映。

国家在高等教育行政管理权的具体体现有很多，其中一项最重要的表现是每年统一向全国发布的"招生规定"。

1950年，教育部下发的"招生规定"要求，"关于报考资格，凡志愿为人民服务，身体健康，具备下列条件之一者，均可报考：（1）曾在公私立高级中学毕业，有毕业证书或升学证明书者；（2）曾在后期师范毕业，有毕业证书及毕业后服务满2年之证件者；（3）曾在公私立高级职业学校或中等技术学校毕业，有毕业证书及毕业后服务满2年之证件者；（4）凡具有高级中学毕业的同等学力，并有县以上人民政府教育行政机关证明，或县以上工会、解放军团以上政治机关之证明者"。可以看出，当时的招考条件还是比较严格的。当年，全国高等学校共录取新生58000人，其中产业工人、革命干部各200余人。[①] 1951年，共录取新生52000人。1952年原计划录取新生50000人，实际录取新生79000人。1953年，由于学生来源较少，而人才需求量增加，故招生条件有所放宽。当年"招生规定"要求："工农速成

---

① 宋葆初：《新中国高校招生50年大事记（一）》，《中国高校招生》，2000年第3期，第21~22页。

中学本届毕业生持有毕业证书者；中等专业学校本届毕业的优秀学生，经当地教育厅（局）介绍函件者；优秀小学教师经当地教育厅（局）教育部规定名额审查批准报考高等学校并持有当地教育厅（局）介绍函件者"均可报考。由于招考条件放宽，这一年，全国高等学校计划招生70000人，实际招生82000人。录取新生中，有工农速成中学第一批毕业生1500余人。①

1954年的招生规定指出：港、澳学生，具有高中毕业文化程度，而持有广州"港、澳高中毕业回广州升学指导委员会"证明函件者也可报考。本年，全国高等学校考生125000多人（内含本届高中毕业生近68000人），录取新生92000人。② 1955年的招生规定指出：复员退伍军人、转业军人，具有相当于高中毕业文化程度，持有原籍县（大中城市的区）以上转业建设委员会、部队团或相当团的单位介绍报考函件者也可报考。本年共录取新生98000人。③

1955年8月5日，国务院全体会议第17次会议批准通过的《中华人民共和国高等教育部1954年的工作总结和1955年的工作要点》第一项内容就是汇报高等学校的招生工作，称比较顺利地完成了1954年高等学校招生计划。计派遣留学生1518人，共计留学苏联和人民民主国家的学生已达2800人；1954年选拔留苏预备生2418人，连同没有出国的157人，共计2575人。高等学校招收研究生1155人。高等学校本科及专修科原定计划招收新生为90805人，实际招收新生89540人，完成原定招生计划的98.61%，加上中央各业务部门委托培养的新生3069人，实际到校新生有92609人，总计在校学生达到258391人，较1953—1954学年初的在校学生增加了19.2%。④

为满足新中国工业建设的发展对人才的大量需求，1956年4月6日，高等教育部、教育部联合发出的《关于全国高等学校一九五六年暑假招考新生的规定》还规定中等专业学校毕业生（不包括中师毕业生）、在职的中级专业干部由接受入学的有关高等学校单独进行考试，对中专毕业生还可采取

---

① 宋葆初：《新中国高校招生50年大事记（二）》，《中国高校招生》，2000年第4期，第24~27页。

② 宋葆初：《新中国高校招生50年大事记（二）》，《中国高校招生》，2000年第4期，第24~27页。

③ 宋葆初：《新中国高校招生50年大事记（三）》，《中国高校招生》，2000年第5期，第23~31页。

④ 宋葆初：《新中国高校招生50年大事记（三）》，《中国高校招生》，2000年第5期，第23~31页。

保送入学的办法。此年度，全国高等学校共录取新生 185000 人。①

1957 年，国务院指示，因为"本年，考生来源充足，不再动员在职干部报考，但也不限制他们报考"，并且还规定"自本年起，取消入学新生的调干助学金待遇"。根据国务院指示的重点专业继续发展、一般专业适当压缩、着重提高质量的方针，本年招生计划有所压缩。全国高等学校共录取新生 106000 人，比上年减少近 80000 人。②

由此可见，为满足国家百废待兴对建设人才的大量、紧急需求，国家充分运用行政管理权，花费几年的时间迅速完成从高校单独招生—联合招生—统一招生的过渡，建立了一系列诸如健康体检、政治审查、录取新生等招生制度。从 1950 年到 1957 年，中国高等学校的招生规模逐年增加，1950 年为 58000 人，1956 年为 185000 人，增长了 3 倍多，基本上满足了社会主义建设人才的需要，国家行政权力在高等教育招生领域得到了充分的体现。

二、体现了规模经济效益

规模经济效益是指适度的规模所产生的最佳经济效益，在微观经济学中，它是指随着规模的加大，生产成本和经营费用都得以降低，从而能够取得一种成本优势。

1949—1952 年，国家对高等教育的统一招生并没有立即执行，而是经过了两三年的慎重考虑和分析。当时的主流观点认为，高等学校招生"实行统一的制度效率最高"。对此，上海市高等教育管理局也进行过细致分析，"国家需要大量的新生入高等学校培养，而考生的来源却不足，学生的地区分布与各地高等学校招生任务之间的不平衡以及缺乏人力"等多方面原因使得政府不得不从整体来考虑，"为了克服各个地区与各个学校招生工作中的某些困难，予考生以方便，当然最好就是实行统一招生"③。上海市高等教育管理局认为统一招生不但能解决一些高等学校和考生来源分布不平衡等矛盾，还有以下几个好处：一是统一招生能广设考区，使考生能就近报考较多的学校和专业，减少经济负担；二是考生只需要参加一次考试；三是高等学

---

① 中央教育科学研究所：《中华人民共和国教育大事记（1949—1982）》，教育科学出版社 1984 年版，第 168—169 页。

② 中央教育科学研究所：《中华人民共和国教育大事记（1949—1982）》，教育科学出版社 1984 年版，第 195 页。

③ 《上海市高等教育管理局关于高等学校统一招生中的几个问题的汇报》，1957 年，上海市档案馆馆藏档案：B243-2-100-24。

校少出人力、物力和财力，便于完成招生任务；四是能减少各级地方政府多头协助的工作；五是可以节省国家的财政支出。

针对有考生及家长提出的问题，即"统一招生会不会妨碍考生的志愿选择与个性的发展"，上海市高等教育管理局指出，"统一招生可以广设考区，考生可就近报考较多的学校与专业，而且可以一次选填十二个专业学校的志愿，也可以选填一个学校的十二个专业的志愿"。也就是说，"对于不管是选择专业志愿还是选择学校志愿入学，都是按志愿自由进行的。相反的，如果不是统一招生，考生能考多少专业和学校呢？无论如何也不可能考十二次吧！"另外还强调，"由于统一招生中取消了计划分配，并为考生创设了各种方便与有利的条件，故不但不会妨碍考生的志愿选择与个性的发展，相反还有助于志愿选择和实现个性的充分发展"[1]。

新中国成立初期几年来，高等学校的统一招生有了很大的变化与发展。如 1952 年、1953 年是统一集中在高校录取的，并实行了较大量的计划分配；到 1954 年、1955 年分别由各大行政区为单位进行统一录取，能按志愿录取的就按志愿录取，不能按志愿录取的就实行计划分配；1956 年除了按志愿录取外，剩下的有缺额的学校，考生尚可重填志愿，按志愿再录取，只有极少的一部分因为交通不便、时间来不及以及志愿服从计划分配的，才实行计划分配。此后基本按此方法实行。

由上可见，全国统一招生制度不管是从国家宏观层面，还是从微观的操作层面，都实现了人力、物力、财力等长期平均成本下降，实现了规模经济。

三、减轻了考生的经济与身心负担

新中国成立前，各高等学校单独举行招生考试，需要报考的学生自费前往大学所在地或分布在有限范围内的若干个考点参加考试，这对远离报考的大学或考点的大多数考生而言，不仅在经济上，而且在身心上都是一个沉重的负担，也影响了高校招考学生的范围。从近代高等教育史上看，穷苦人家的子弟因为经济原因很少能进入高等学校就读，也使得高校生源与培养受到制约，进而影响到国家的长远发展。

---

[1] 《上海市高等教育管理局关于高等学校统一招生中的几个问题的汇报》，1957 年，上海市档案馆馆藏档案：B243-2-100-24。

新中国成立以后，新政权采取了与旧政权截然不同的全国统一招生考试制度，对经济基础较差的广大工农群众大开高校之门，让他们享受高等教育机会倾斜政策，不仅减少了考试给他们带来的经济和身心负担，而且没有地域的限制，此外，考生还可以根据自己的喜好选择报考全国范围内的任何高校，这些都为高校与考生的双向最优选择创造了前提，奠定了新中国发展所需的人才基础。

综上所述，20世纪50年代，无疑是中华人民共和国高等学校统一招生制度（简称高考）的基本确立与早期发展阶段。全国统一招生考试制度的形成，一方面是高校管理制度变革的内容之一；另一方面也巩固了中国作为统一国家的基础，是中国共产党将其行政权逐渐扩展到国家各个领域的发展过程的具体反映。这一权力高度集中统一的招生制度，使得高等学校的招生开始纳入国家计划，成为20世纪50年代国家计划经济体制下教育制度的一部分。

时至今日，高考仍然是当前社会各界关注的重大焦点问题之一。中国社会的变迁与教育事业的发展要求我们以历史的眼光、现实的关怀和全球的视野探讨中国高考制度的过去与现在、成就和问题以及经验和教训，进而从中发现和概括高考历史演进的逻辑，高考对于社会、教育和人的发展的内在联系，等等。本章的考察正是尝试对此作出一些回答。

第五章　高等学校毕业生统一分配制度的确立

高校毕业生统一分配是指根据国家规定的方针、政策和方法，按国家的需要和毕业生本人的情况，由主管分配工作的部门将毕业生分配到适当的地区、部门和岗位上工作。

新中国成立前夕，高校毕业生的就业方式主要是自谋职业。新中国成立后，在相当长的时期实行的是高度集中的计划经济体制，与此相适应，我国高校毕业生就业实行的是"统包统分""包当干部"的制度，所谓"包"就是学生的培养全部由国家承担，毕业后全部由国家负责分配到全民所有制单位当国家干部。1989年3月2日，国务院颁布了《关于改革高等学校毕业生分配制度的报告》（以下简称《报告》），《报告》指出："我国现行的高等学校毕业生分配制度是在建国初期形成并逐渐发展并延续下来的。这种制度与我国当时高度集中的、以产品经济为基本模式的经济体制相适应，在历史上曾起过积极的作用。但是，这种以'统'和'包'为特征的毕业生分配制度存在着一些明显的弊端，不利于调动学生学习、学校办学、用人单位合理使用人才的积极性。"[①]《报告》还对新中国成立以来形成的统一分配制度提出了改革意见。

那么，《报告》中所提到的中国高等教育变革历史过程中建立的毕业生统一分配制度究竟是如何形成、发展的？在中国发展历史上起到哪些积极作用？又是因为哪些原因导致最终被改革的命运？本章将集中对这些问题进行探讨。

第一节　毕业生统一分配制度的形成与发展

新中国成立前，高等学校的毕业生主要根据自己的爱好和专长自谋职

---

① 国家教育委员会：《中华人民共和国现行教育法归汇编（1949—1989）》，人民教育出版社1992年版，第211页。

业。新中国成立初期，由于新中国急需人才恢复和发展满目疮痍的社会经济，故新政权提出了对高等院校的毕业生实行"统一计划，统筹兼顾"的方针和"学用一致"的原则，将毕业生自谋职业转变为国家统一分配工作。

一、统一分配工作机构的变化

1950 年，《政务院统筹分配全国高等学校毕业生工作》中指出，"为防止在分配中发生偏枯等现象，特于六月三日成立一九五〇年暑期高等学校毕业生工作分配委员会，直接办理全国高等学校今年暑期毕业学生工作分配事宜"①。可见，此时期实行的是在"分配委员会"领导之下，以大行政区为单位，即分为东北、西北、华北、华东、中南、西南等大区域的全国高等学校毕业生分配计划形式。但是，到了 1953 年，以大行政区为单位制定调配计划已不是主要的方式。政务院对进行毕业生统一分配的基本单位进行了改革，即将原先以大行政区为单位制定分配计划转变为由中央制定全国统一的毕业生分配计划。对此，政务院《关于一九五三年暑期全国高等学校毕业生统筹分配工作的指示》第七条明确指出，从 1953 年开始，全国高等学校毕业生分配工作的具体办法有所改变。鉴于以往以大行政区为单位制定具体的分配计划"浪费时间、人力和财力"，因此，各大区、各省（市）的人事部门不再制定调配计划，而是由中央人事部制定总的分配方案，具体的分配计划由"对学生情况比较了解"的各个高校自行制定。② 分配方法改变后各有关部门的分工情况如下：

　　各大行政区人事局的任务：一是负责布置并督促、检查本区各省（市）及各高等学校的调配、派遣工作，进行重点协助，贯彻中央统一分配方案；二是协助本区高等教育局、教育局进行对本区各高等学校毕业生的思想教育工作；三是负责制订本区照顾私营企业名额的调配计划。

　　各省（市）人事局（厅）的任务：一是负责统一布置本省（市）各高等学校毕业生的调配、派遣工作及本省（市）各高等学校进行毕业生的调配、派遣工作，及本省（市）各高等学校完成调配任务的调剂工作；二是负责指

---

　　① 《政务院统筹分配全国高等学校毕业生工作》，《新华月报》第二卷第五期，1950 年 9 月，第 1139 页。

　　② 炼烽：《做好今年高等学校毕业生同学统一分配的思想动员工作》，《人民教育》，1953 年第 7 期，第 6 页。

导本省（市）各高等学校进行对毕业生的调配、派遣工作，或直接负责进行调配、派遣工作；三是负责审查批准本省（市）各高等学校所拟定的调配计划，并负责介绍毕业生到所分配的工作岗位报到；四是应根据具体情况，协助本省（市）教育局（厅）及各高等学校进行对毕业生的思想教育工作。

各大区高等教育局、教育局及各省（市）教育局（厅）的任务：一是负责布置并督促、检查本区各高等学校进行对毕业生的思想教育工作；二是对各省（市）、教育局（厅）的任务不作硬性规定，应视各省（市）不同情况，协助本省（市）各高等学校进行对毕业生的思想教育工作。

各高等学校的任务：一是负责本校毕业生的服从统一分配的思想教育工作；二是根据高等学校的不同条件，负责毕业生的调配、派遣工作，或协助省（市）人事局（厅）进行毕业生的调配、派遣工作。[①]

20世纪50年代，负责全国高校毕业生分配工作的组织机构变动频繁，一定程度上反映了新中国刚刚成立，关于高等教育的领导机构、高教制度、甚至方针政策等一切还处在探索之中。如1950年和1951年由教育部和人事部共同负责。[②] 1952年由中央人事部、教育部及中央其他业务部门协商制定分配计划。[③] 到1953年、1954年，全国毕业生统一分配工作计划主要由中央政府人事部制定。[④] 1955年，高等教育部与其他各业务部门通过协商制定分配方案。[⑤] 1956年、1957年、1958年则由国家经济委员会负责制订分配草案。1959年以后，国家计划委员会取代国家经济委员会，负责毕业生分配计划的制定。

二、统一分配政策的演变

1950年6月3日，政务院成立"1950年暑期高等学校毕业生工作分配委员会"，直接办理全国公私立高等学校18000名毕业生的工作分配事宜。

---

① 〔日〕大塚丰著，黄福涛译：《现代中国高等教育的形成》，北京师范大学1998年版，第281~282页。

② 《中国教育年鉴》编辑部：《中国教育年鉴（1949—1981）》，中国大百科全书出版社1984年版，第348页。

③ 《中央人民政府政务院关于一九五二年暑期全国高等学校毕业生统筹分配工作的指示》，《高等教育文献法令汇编》，第五辑，高等教育部办公厅编印，1958年，第133~134页。

④ 《国务院关于一九五四年暑期全国高等学校毕业生统筹分配工作的指示》，《高等教育文献法令汇编》，第二辑，高等教育部办公厅编印，1955年，第242页。

⑤ 《国务院关于一九五五年暑期全国高等学校毕业生统筹分配工作的指示》，《高等教育文献法令汇编》，第三辑，高等教育部办公厅编印，1956年，第201页。

22 日，政务院发出通令，要求"教育部门和人事部门有计划地合理统筹分配高等学校的毕业生"，并指出："对毕业生，一般应说服争取他们听从政府的分配，为人民服务。其表示愿自找职业者，可听其自行处理。"经全国统一调配，当年全国毕业生的半数分配到国家重点建设的东北地区。^① 1950 年7 月 11 日，周恩来在北京高等学校毕业生分配工作动员大会上讲话，勉励毕业同学"要确定为新中国服务的方向，站稳工人阶级立场，培养民主作风。要服从祖国分配，自觉的接受考验和锻炼，自强不息地为人民努力工作"。而且规定自当年起到 1965 年，北京市每年在高等学校毕业生分配工作前举行报告会，分别由周恩来、陈毅、彭真向全市应届高等学校毕业生作报告。

1951 年 6 月 29 日，政务院第 91 次政务会议通过《关于 1951 年暑期全国高等学校毕业学生统筹分配工作的指示》。该指示要求在毕业生统筹分配中进行地区调剂，以适应国家重点建设的需要，并照顾毕业生过少的地区；同时要求贯彻执行使毕业生的学和用尽可能最大限度一致的原则，防止分配中的混乱和偏枯现象。这一年的暑假毕业生共 17000 人，从华北、华东、中南、西南各地抽调 6000 余人，分配往东北、西北地区及中央各业务部门。寒假毕业生 2200 人，多数是各业务部门所属学校的毕业生，统归各业务部门经同级人事部门同意后自行分配。^② 10 月 1 日，政务院发布《关于改革学制的决定》，明确规定"高等学校毕业生之工作由政府分配"。1952 年 7 月19 日，政务院再度发出《关于 1952 年暑期全国高等学校毕业生统筹分配工作的指示》，进一步指出："高等学校毕业生的工作由政府分配。这是完全符合我们国家实际情况的发展与需要的。"当年，全国高校毕业生约为 25900人，为把数量有限的毕业生分配到国家最急需的工作岗位上，政务院确立了"集中使用，重点配备"的基本方针，首先是尽量满足国家基本建设的需要，其次是加强教育建设和科学研究工作，并强调在适应国家建设需要的基础上贯彻"学用一致"的原则。^③ 此外，政务院还于 1952 年 11 月 9 日专门颁布《关于少数民族毕业生分配工作的指示》，对少数民族毕业学生的工作分配进

---

① 中央教育科学研究所：《中华人民共和国教育大事记（1949—1982）》，教育科学出版社1984 年版，第 19 页。

② 中央教育科学研究所：《中华人民共和国教育大事记（1949—1982）》，教育科学出版社1984 年版，第 42 页。

③ 中央教育科学研究所：《中华人民共和国教育大事记（1949—1982）》，教育科学出版社1984 年版，第 62 页。

行了相关规定。

为了提高高校毕业生的工作积极性，为当时统一分配工作打下基础，1952 年 6 月 18 日，政务院发出《关于调整高等学校毕业生工作中几个问题的指示》，该指示要求，对用非所学及存在其他实际困难的高等学校毕业生的工作予以适当调整，并规定"今后高等学校毕业生分配之后，如因工作分配不当需要调整者，分配后半年之内，仍由原办理分配高等学校毕业生的部门负责调整"①。

1953 年，政务院继续统筹当年度暑期全国高等学校毕业生。当年毕业生共 34900 多人，分配到工交、农林、水利、财经等系统的占 40%以上，分配到高等学校做助教、研究生、到科研单位作研究实习员的占 18%，分配做中学教师的约占 10%。②

1956 年 8 月 28 日，时任中共上海市委学校工作部、教育卫生工作部副部长舒文同志在交通大学、华东纺织学院、华东化工学院作关于毕业生分配动员报告，他对当前国家的形势、毕业生的状况、国家的政策以及毕业生应该树立何种工作理念进行了总结和宣传，以期动员广大高校毕业生服从国家统一分配。他指出当前国家形势为"社会主义改造获得了伟大胜利，国内形势起了根本变化；社会主义建设获得了巨大发展；国际形势趋向缓和，和平地域扩大；中央毛主席提出十条方针"。他提倡，高校毕业生从学习到工作要树立"光荣与平凡"的理念，工作"要从平凡的做起"。他指出，工作分配，正确的做法首先应该是"理论与实际相结合"；其次要准备"从沿海到内地，在内地进行边疆建设，这是青年人应有态度"；再次就是"学与用基本一致"，万一不一致怎么办？一方面可以"服从分配，不合理可提意见"，另一方面"在精通工作时务必不放弃自己专业"；最后就是"统一分配与个人选择"。他还回答了为什么现在还要统一分配，"主要是因为'干部太少'"。最后，他谈到，如果毕业生对工作分配有不同意见，可以个人向组织提意见，其原则是"从整体出发，确有困难"。③

另外，舒文的报告还提到 1956 年以上三校共有 1705 名毕业生。这些毕

---

① 中央教育科学研究所：《中华人民共和国教育大事记（1949—1982）》，教育科学出版社 1984 年版，第 59 页。

② 中央教育科学研究所：《中华人民共和国教育大事记（1949—1982）》，教育科学出版社 1984 年版，第 84 页。

③ 《舒文同志在交通大学、纺织学院、化工学院作关于毕业生分配动员报告的发言提纲》，1956 年 8 月 28 日，上海市档案馆馆藏档案：A23－2－108－27。

业生的地区、部门分配情况如下：

按地区：

上海市占三校毕业生总人数	30％
内地占三校毕业生总人数	13％
沿海占三校毕业生总人数	53％
边疆占三校毕业生总人数	4％

按部门：

留学预备研究生占毕业生总人数	6％
科学研究与高教师资占毕业生人数	21％
工业部门占毕业生总人数	65％
中国人民解放军占毕业生总人数	3％
其他部门占毕业生总人数	2％
省（市）地方部门占毕业生总人数	3％[①]

由上可见，上海作为近代工业中心和教育发达城市，其高校数量与高校毕业生自然是排在全国前列的。从分配的地区来看，沿海地区仍占总人数的一半以上，其次是内地，最后是边疆。从分配的部门来看，大多数毕业生还是集中在工业部门，其次是科学研究机构与高校。这就充分说明，20 世纪50 年代发展工业经济，尤其是重工业仍然是国家经济发展的核心，再加上高校人才培养需要师资，从事科学研究是发展经济的基础，自然这些部门需要的人才排在前列，占了毕业生部门去向的 86％。

到 1957 年 7 月 17 日，国务院发出《关于一九五七年高等学校暑期毕业生分配工作的几项原则规定》。该规定提出，今年毕业生的调配计划，应该按照"分批拟定计划，分批下达，并争取能够早些分配"的原则进行。计划分配在高等学校、科学研究机关和行政机关工作的大专学校毕业生，各单位都应该注意使他们尽可能地先到工厂、企业或农业生产中去参加一定时期的体力劳动，并把这种办法逐渐地固定下来，成为制度。该规定同时指出，对

---

① 《舒文同志在交通大学、纺织学院、化工学院作关于毕业生分配动员报告的发言提纲》，1956 年 8 月 28 日，上海市档案馆藏档案：A23－2－108－27。

于学生所提出的个人志愿和实际困难，应在可能条件下给以适当的照顾。对于少数无理坚持个人要求、拒不服从分配的学生，由他们自找职业；但是，国家机关、学校、企业和事业单位不得录用这些学生。7 月 31 日，国务院发出《关于一九五七年暑期高等学校毕业生统筹分配工作的指示》，同日，高等教育部发出高等学校毕业生调配、派遣办法。1957 年，全国高等学校毕业生共计 56800 多人，近半数分配给各省、市和自治区。[①]

此时期，为了解决日益增长的毕业生带来的就业难的问题，中国学习了苏联的举措。苏联在 1954 年大规模垦荒运动中，改变了过去移民开荒的办法，而以城市青年为垦荒主体，两年里一共动员了 27 万城市青年移民垦荒。此举既解决了粮食短缺，又解决了城市青年就业问题。1955 年 4 月，团中央代表团访苏时了解到苏联的城市青年移民垦荒运动，回来后就向党中央汇报了苏联的做法，认为"从城市中动员年轻力壮、有文化的青年去参加垦荒工作是有好处的，也是今后解决城市中不能升学和无职业青年就业问题的一个办法"[②]。这个意见得到毛泽东的首肯。随着时间的推移，一直到"文化大革命"爆发前期，这场知识分子"上山下乡"的实践运动逐渐发展到高潮，也影响到了高校毕业生的工作分配。

三、对不服从国家统一分配毕业生的处理

1949—1955 年，上海高等学校毕业生中，未服从国家统一分配的，据上海市高等教育局初步调查与统计（包括前华东人事局移交的 500 多名）有 600 余名。"这些毕业生，多数是资产阶级、小资产阶级子弟，个人主义和享乐思想极为浓厚，甚至很严重，但其中很少有政治历史等问题的，在对百余人的了解中，仅发现国民党、三青团员 2 人，而年龄又多在 25 岁以下。"其中"虽有部分人自谋了职业，其多数还是游闲在家，而且不断地来找我局与有关机构要求分配他们的工作，然却藉口种种，不肯离开上海，又不宜迁就，因那样会造成极大地影响"[③]。对这些不服从国家分配工作的毕业生，虽然数量不多，但是如果没有处理好，势必也会造成一定的负面影响。因

---

① 中央教育科学研究所：《中华人民共和国教育大事记（194—1982）》，教育科学出版社 1984 年版，第 201 页。

② 江西省政协文史和学习委员会：《重返 1955：上海青年志愿者赴江西垦荒口述纪实》，江西人民出版社 2013 年版，第 1 页。

③ 《训练未服从国家统一分配高等学校毕业生计划的报告》，1955 年 7 月 30 日，上海市档案馆馆藏档案：B243-1-48。

此，政府的一般政策主要是通过教育培训使之转变思想，接受国家分配，接受教育后仍不转变思想的，再另作处理。

为此，1955 年，国家高等教育部创办了一期 80 人左右的试点训练班。其目的是"根据国家建设的需要，中央交下处理的任务与本人要求就业情况，集中起来加以有效地教育，有可能团结、教育、争取、改造部分毕业生，接受国家的统一分配"。该训练班由上海高等教育局领导和主办，行政干校协助，吸收高校、大学工作委员会、市公安局和其他有关学校参加。训练班设班部，下设教育、组织二组。班主任由高等教育局人员担任，另外从学校调三至五个干部组成工作组，视其具体条件分别担任一定职务。训练班学习时间暂定为 3 个月，时间由 1955 年 2 月中旬至 5 月中旬，地点设在上海市行政干部学校。训练班的教育总方针是"党对知识分子'团结、争取、改造'的政策及中央关于高等学校毕业生处理方面多次的指示精神"，具体包括四个方面的教育方针：一是加强进行政治思想教育，启发认识，提高觉悟；二是采取以积极的正面教育为主，适当地进行批判，着重培养为人民服务的精神；三是启发作为人民干部的光荣思想及其要求；四是强调从实际出发，联系实际解决问题，避免空泛的说教。① 其教育内容主要分为以下六个单元：

第一单元的主题是"进行开学的欢迎，学习动员报告与各项有关制度的学习"。其目的与要求是"通过欢迎和学习动员，启发学习的总要求，稳定学习情绪，端正学习态度"，为此，结合学员的思想情况，"解决有人想通过学习进一步提高认识，有人想来试试看，好则留不好则去；有人抱着来诉说困难，争取照顾留上海，有人抱着先来吃几个月再决定服从与否"等各种各样的学习动机与目的，"针对其思想活动，加以解剖和分析，指出所有的内心矛盾，说明哪些是对的，哪些是不对的，应该具有的学习态度、观点和立场。为胜利完成学习任务而努力，此乃是政府和每个同学共同的、一致的要求"。这一单元的学习时间为一周。②

第二单元的主题是"党在过渡时期的总路线"。其目的与要求为"除了灌输总路线的理论知识之外，应有机结合学员的特点、要求，使之容易接受

---

① 《训练未服从国家统一分配高等学校毕业生计划的报告》，1955 年 7 月 30 日，上海市档案馆馆藏档案：B243-1-48。
② 《训练未服从国家统一分配高等学校毕业生计划的报告》，1955 年 7 月 30 日，上海市档案馆馆藏档案：B243-1-48。

和利于达到教育的目的。"因为这些学员，有些是拥护总路线的；有些虽拥护国情，但不愿为其实现奋斗；有些虽了解其内容，但未能从思想深处接受；有些抱无所谓的态度，实行也好，不实行也好，认为与自己关系不大；有些虽不公开反对，但却暗藏着对抗情绪等。由于多种多样的情况存在，"故不能采取对一般干部那样的讲解，而应从他们的特点及实际水平出发进行教育，应避免'填鸭式'的生灌，不问其是否消化"，因为培训的要求是"要他们接受教育，提高认识与觉悟，服从分配，增加社会主义的建设力量"①。此单元分三课讲，每课一周，共三周。

第三单元的主题是"党对知识分子的政策、态度"。其目的和要求是让学员领会"社会主义是中国人民的意志与愿望，没有任何力量能阻碍它的实现。人人都得生活、工作和学习在这制度之下，并应自觉而愉快地投入这伟大的建设斗争中，这制度是最光明和幸福的，应突出说明对资本主义工商业改造政策必要性，解决某些学员中的不正确的看法、想法"②。此单元学习时间为二周。

第四单元的主题是"革命的人生观"。在这单元的教育中，要求解决学员的"谁养活我""什么是幸福""怎样才能有伟大的光明前途""生活的目的"的问题，以对那些"享乐一天是一天，吃到社会主义再讲""轻视劳动"等落后、错误思想进行批判并要求其对错误思想予以澄清，使之初步认识并参加社会主义建设，为人民服务，争取做个人民干部。此单元分三课讲，每课讲一周，一共三周。其中第一讲的主题是"全心全意为人民服务"，第二讲是"劳动是光荣豪迈的事情"，第三讲是"生活就是政治"。③

第五单元的主题是"努力争取做个人民干部，为建设社会主义而奋斗"。本单元目的与要求是使学员了解"做人民干部的光荣、责任和指出必须具有的思想、立场与作风，同时说明干部在进行社会主义建设中的作用，初步确定为社会主义工作以及做人民干部应具备的素质，解决'当干部受约束、不自由'，'怕完不成任务受处分'以及'待遇太低'，'怕到边疆太艰苦'，'怕到厂、矿找不到合适的爱人'、'到农村工作没有在城市工作发展得快'，'在

---

① 《训练未服从国家统一分配高等学校毕业生计划的报告》，1955 年 7 月 30 日，上海市档案馆馆藏档案：B243-1-48。
② 《训练未服从国家统一分配高等学校毕业生计划的报告》，1955 年 7 月 30 日，上海市档案馆馆藏档案：B243-1-48。
③ 《训练未服从国家统一分配高等学校毕业生计划的报告》，1955 年 7 月 30 日，上海市档案馆馆藏档案：B243-1-48。

上海工作也是为人民服务，别的地方缺少一个人也没关系'，等等原有思想认识，要求通过一单元的学习与教育，奠定服从国家建设计划，听从国家的统一分配"。本单元学习时长为一周。①

第六单元的主题是"服从国家分配的动员报道"。其目的是"在进行服从国家统一分配动员教育时，使学员领会分配方针、政策与原则，着重阐述'集中使用、重点分配'的方针和照顾的政策、原则，重点解决不以国家的需要而行动的思想，对于照顾困难上应如何理解、认识，因家远了便妨碍与父母的感情，出门后无依无靠，以及上海以外地区的物质条件太差，不便于个人的发展与享受等等糊涂、错误的思想"。要求经过教育后，"能够有相当数量的学员自觉地认识到先前的想法不切实际，天真，自愿地改变其认识与要求，坚决服从国家的统一分配，愉快地走上工作岗位"②。

经过思想教育和政治教育后的这批训练班成员，对国家政策的认识水平和本身的思想面貌均有了一定的改善。但高等教育部认为，经过培训之后，"会有些无条件服从分配的，但仍会有不服从分配的，且还会有些不同程度的具体困难问题存在。至于有严重政治历史问题和品质极端恶劣者，只能是个别或少数的"。对此，高等教育部也作出了不同的分配处理方案：一是凡服从分配者，除上海以外，制定以志愿为基础的分配方案并上交中央，适应其现有的觉悟程度；二是凡服从分配而确有具体困难者，则争取予以适当照顾；三是凡不服从分配者，挨到以后分别不同情况继续训练或其他处理；四是凡遇有较严重政治历史问题和品质极端恶劣者，联系市公安局适当处理。③

四、政府对毕业生统一分配之后的工作调整

国家对高校毕业生统一分配工作以后，多少存在有一部分人因工作分配不当，或因需要照顾家庭困难、身体有病、爱人关系等，要求调整工作；还有的由于不服从统一分配，私自离职逾假不归，辞职或被开除等原因而失业，现在又要求参加工作等多方面的问题。对于这一部分实际存在的问题，

---

① 《训练未服从国家统一分配高等学校毕业生计划的报告》，1955年7月30日，上海市档案馆馆藏档案：B243-1-48。
② 《训练未服从国家统一分配高等学校毕业生计划的报告》，1955年7月30日，上海市档案馆馆藏档案：B243-1-48。
③ 《训练未服从国家统一分配高等学校毕业生计划的报告》，1955年7月30日，上海市档案馆馆藏档案：B243-1-48。

政府也成立了相应机构进行专门办理。

高校毕业生在分配工作之后，因为各种原因要求调整工作等问题，1956 年以前是由毕业生所在的中央各部门和各省、自治区、直辖市人事部门办理，高等教育部负责督促、检查和协助处理。但是在实施过程中，由于高等学校毕业生工作调整涉及的范围很广，一些需要调整工作的毕业生和办事机构经常向高等教育部、国务院人事局反映，认为"在进行这项工作的时候，遇到不少的困难，其中有的问题时间拖得很长，迟迟得不到解决"。尤其是按照当时的政策，"不论已经工作了多少年和担任什么职务（经统一分配工作的高等学校毕业生，时间长的已经工作六七年，有的已经担任工程师和科长职务）一律由高等教育部处理，其他干部的工作调整由人事部门处理"。长期以来，这种安排不仅让需要调整工作的毕业生等待时间太长，影响工作积极性，甚至到后来，连高等教育部、国务院人事局都认为"这是不妥当的"。因此，"妥善及时地处理他们的工作，发挥他们的积极作用，使他们更好地从事社会主义建设事业，有很大好处"[①]。

1956 年以后，关于高校毕业生分配工作后的调整问题，经由国务院人事局等相关机构商讨、研究之后，对高等学校毕业生分配工作后的调整等问题提出如下意见：一是高校毕业生分配工作后要求调整工作的，由他所在的中央部门和各省、自治区、直辖市人事部门负责处理。各省、自治区、直辖市人事部门对在本省、自治区、直辖市内的中央部门所属的厂矿、企业单位分配和使用高等学校毕业生的情况，应当经常予以检查和监督，如果发现有分配和使用不合理等情况，有权向使用单位所属中央部门、国务院人事局或国务院提出调整的意见。二是高等学校毕业生分配工作后，私自离职或逾假不归而失业，现在要求工作的，由他原工作的中央部门或省、自治区、直辖市人事部门负责处理；如果他们确有实际困难，需要在地区上加以照顾的，可由他原工作的部门或省市商请他现居住的省、自治区、直辖市人事部门解决。三是高等学校毕业生不服从分配工作或分配工作以后、自行辞职、被开除而失业，现在要求工作的，在他居住地的省、自治区、直辖市处理有困难的时候，可报国务院人事局协助办理。[②]

---

① 《关于解决高等学校毕业生分配工作后调整工作问题的报告》，1956 年 11 月 2 日，上海市档案馆馆藏档案：B98－4－361－109。

② 《关于解决高等学校毕业生分配工作后调整工作问题的报告》，1956 年 11 月 2 日，上海市档案馆馆藏档案：B98－4－361－109。

如果说 1949—1956 年期间，中央对一些不服从统一分配的毕业生还存在一定的迁就，那么到 1957 年这种待遇就有所改变了。《中华人民共和国关于高等学校 1957 年暑期毕业生分配工作的几项原则规定》发布之后，其中针对新中国成立以来中央在统一分配制度上存在的缺点进行了反省，"在分配工作的时候，对于少数根本不顾祖国社会主义建设需要，错误地坚持个人要求，甚至拒绝工作，无理取闹的毕业生，存在着过分迁就的现象"，明确指出对个别不服从国家统一分配的高校毕业生的迁就是不正确的，必须予以刹车。① 如上海市"有些用人单位，特别是某些医务单位，不顾国家制度，片面地强调本部门的需要，自行录用不服从统一分配的高等学校毕业生，以致造成对今后毕业生分配工作的困难和被动，并且影响到已经到达工作岗位的某些毕业生思想的巩固"②。这就预示着从此时起，对拒不服从统一分配的大学毕业生将有一定的惩罚机制。

1957 年，中央为此特别规定，"在具体调配和派遣工作中，应该作好思想动员工作，说服学生自觉地接受国家所分配的工作，鼓励他们积极参加祖国的社会主义建设，对于学生所提出的个人志愿和实际困难，应该在可能的条件下能以适当的照顾。实际条件下不可能照顾的，应该把国家的困难向他们交代清楚，说服他们服从国家分配。除开国家某些缺乏和急需的专业必须全部服从国家分配以外，对于其他专业学科中少数不顾国家需要，无理坚持个人要求，拒不服从分配的学生，可以发给毕业证书，由学校负责人向他们宣布，国家不再负责他们的工作，由他们自找职业；但是，国家、机关、学校、企业和事业只能接受国家分配的学生，不得自由录用这些自找职业的学生"③。

"为了坚决贯彻统一分配政策，纠正以往缺点错误"，1957 年上海市人民委员会发布了《关于处理不服从分配的高等学校毕业生的办法的通知》，提出执行办法如下：一是今年高等学校应届毕业生，都应服从国家统一分配。对于坚持个人要求，无理取闹拒不服从分配而又属国家缺乏和急需专业的毕业生（例如医科毕业生等），国家机关、企业、事业（包括联合诊所）团体和学

---

① 《中华人民共和国关于高等学校 1957 年暑期毕业生分配工作的几项原则规定》，1957 年 7 月 27 日，上海市档案馆馆藏档案：B163—2—493—67。

② 《中华人民共和国关于高等学校 1957 年暑期毕业生分配工作的几项原则规定》，1957 年 7 月 27 日，上海市档案馆馆藏档案：B163—2—493—67。

③ 《中华人民共和国关于高等学校 1957 年暑期毕业生分配工作的几项原则规定》，1957 年 7 月 27 日，上海市档案馆馆藏档案：B163—2—493—67。

校均不得录用。二是对历届不服从分配的毕业生应根据国务院指示的原则和现在的实际情况进行处理，能够动员到外地去，又为外地用人单位所需要的，应尽量动员到外地去；对确有困难不能离开上海又为本市某单位十分需要的，可经有关部门研究同意后吸收录用；但对某些态度恶劣影响极坏的不宜录用。①

1956 年对私营工商业的社会主义改造完成以后，私营企业转变为事实上的公有制企业，此前大多数在私营企业自找职业的学生的出路得以封闭，国家对不服从国家分配的高校毕业生进行了严格规定，某些打算不服从国家分配的高校毕业生将面临没有出路的处境，不得不接受国家的统一分配。由此可见，在 20 世纪 50 年代后期与 60 年代，国家的统一分配制度相比 50 年代前期，其统一程度得到高度强化，深刻体现了计划经济的时代特征。

20 世纪 50 年代，高校统一招生制度的形成从生源上把握了高等院校的发展，高校毕业生统一由国家进行分配工作，也是政府对人才流向的终极把控，一所高等学校从源头到流向都被政府全面控制，由此也宣告高等学校全面接受国家领导的开始，中国高校治理结构从新中国成立前的自主管理变革为新中国成立后全面接受国家统一管理的模式。

第二节　高校毕业生的工资待遇

高校毕业生统一分配工作以后的工资制度安排不仅是高等教育制度组成的内容之一，同时也是毕业生关注的生存保障问题。新中国成立初期，各类高等学校毕业生的工资待遇无统一规定，后随着各类大专院校毕业生由国家统一实行分配，制定了相应的工资待遇标准，最早执行的工资标准是 1953年国家统一规定的，工资高低基本依据毕业生在校修业年限长短来定，一般修业 5 年的工资最高，以此类推。具体如表 5-1 所示。

---

① 《上海市人民委员会关于处理不服从分配的高等学校毕业生的办法的通知》，1957 年，上海市档案馆馆藏档案：B1-1-1431。

表 5—1　1953 年高等院校毕业生月工资表（单位：工资分）

学历分类		工资分
研究部（所）毕业生和专门学院修业 5 年以上毕业者		210
大学和专门学院修业 4 年毕业者（修业满 3 年因需要提前毕业者）		190
专科学校及大学附设专修科	专科学校修业 3 年毕业不满 4 年者	180
	专科学校修业 2 年或不满 3 年，及专修科修业 2 年毕业者	175
	专修科修业 1 年或不满 2 年毕业者	170

资料来源：《上海劳动志》编委会：《上海劳动志》，上海社会科学院 1998 年版，第320 页。

此外，高校毕业生参加工作以后的临时工资待遇也是由中央统一规定的。1956 年 8 月 11 日，国务院发布了《关于高等学校和中等专业学校毕业生分配工作以后临时工资待遇的规定》，该规定指出：一是高等学校分配工作以后，不论到行政机关或者事业、企业单位，也不论其担任行政、技术、教学、翻译或者其他工作，他们的工资待遇一律按照表 5—2 所列的工资标准执行。二是凡分配到有见习期规定单位工作的，他们的工资评定时间应该依照该工作单位的规定办理。凡分配到没有见习期规定的机关单位工作的，应在到职工作起 6 个月以内，由所在机关、单位根据他们各方面的表现，予以正式评定。正式评定后的工资应从第 7 个月起执行。在正式评定工资的时候，应该在不低于他们临时工资待遇的原则下进行评定。三是高等学校毕业生中，原系机关、事业、企业的职工，经过机关单位抽调去学习的，他们分配工作以后的工资待遇，一般的应该在不低于他的原来的工资待遇的原则下，由现在工作机关单位根据他们现任职务和具体条件评定。五是所有毕业生分配工作以后的工资待遇，都从他们向所在单位报到之日算起。凡是在上半月报到的，发给全月工资，在下半月报到的，发给半个月的工资。[①]

---

① 《国务院关于高等学校和中等专业学校毕业生分配工作以后临时工资待遇的规定》，1956 年 8 月 11 日，上海市档案馆馆藏档案：B123—3—281—26。

表 5-2　1956 年 8 月高等学校毕业生分配工作以后临时工资标准表

修业年限		工资标准（元）										
		1	2	3	4	5	6	7	8	9	10	11
高等学校	研究部毕业	58	59.5	61.5	63.0	65.0	66.5	68.5	70.0	72.0	73.5	75.5
	修业 5 年以上	52	53.5	55.0	56.5	58.0	60.0	61.5	63.0	64.5	66.0	67.5
	修业 4 年	49	50.5	52.0	53.5	55.0	56.5	58.0	59.5	61.0	62.0	63.5
	修业 3 年以上不满 4 年毕业的	44	45.5	46.5	48.0	49.5	50.5	52.0	53.0	54.5	56.0	57.0
	修科修业 2 年以上不满 3 年	40	41.0	42. 5	43.5	45.0	46.0	47.0	48.5	49.5	51.0	52.0

资料来源：《国务院关于高等学校和中等专业学校毕业生分配工作以后临时工资标准的规定》，1956 年 8 月，上海市档案馆馆藏档案：B123-3-281-28。

由表 5-2 可见，高校毕业生分配工作以后在新单位实习半年内的临时工资标准分为 11 个等级，每一个等级之间的工资数量相差不多，但是根据修业年限不同，工资的数量却相差稍多一点。而且 1956 年调整临时工资标准之后，新工资相比旧工资标准数量有所增加，增加比率在 10%～20% 左右。

此外，对于高校毕业生中，原系职工，经过机关单位抽调去学习的，应按国务院规定第四项规定评定工资级别和工资，如一时不能评定，工资可以暂借，但一般不得超过 6 个月。其暂借工资按以下原则发给：一是原工资高于国务院规定的毕业生临时工资者（包括原已评有工资级别，按新标准高于国务院规定的毕业生临时待遇者），按原工资暂借。二是原工资低于国务院规定的毕业生临时工资或原系供给制无原工资者，原在校享受三等助学金者，暂借 54 元。在校享受第四、第五等助学金者，按照国务院规定的毕业生临时工资暂借。[①] 可见，国家在高校毕业生刚参加工作，工资、待遇等一

---

① 《中华人民共和国对外贸易部转述国务院关于〈关于高等学校和中等专业学校毕业生分配工作以后临时工资待遇〉的规定》，1956 年 9 月 28 日，上海市档案馆馆藏档案：B170-2-374-12。

切未定的时候，给予毕业后临时的生活保障，使得广大毕业生得以适应环境并安心工作。

1956 年，由于全国实行统一的工资改革，各类学校的毕业生工资待遇改为货币工资。国务院对高等学校毕业生参加工作后的临时工资作了统一规定。研究部毕业生每月 90 元、大学本科生每月为 59.50～62 元，大专生每月为 48.80～53.00 元。

1957 年 10 月，国务院调整大、专毕业生工资待遇、临时工资待遇。具体来说，调整后的工资标准为：研究部毕业生为 60.50 元，大学本科生 48.50 元，大专生 41 元，比原来有所降低。此外，为了更好地加强锻炼和合理使用高等学校毕业生，国家规定每个毕业生在工作初期都必须至少有 1 年的见习期，毕业生在见习期表现不好的可以延长见习期 0.5～1 年，在见习期内不评定正式工资，只发临时工资。毕业生的正式工资，在见习期满后，由所在单位根据表现予以评定，一般不低于他们的临时工资，但差别不宜过大。同时，还规定了调干（包括产业工人）毕业生分配工作后，不实行临时工资待遇，他们的工资待遇由所在工作机关（单位）根据他们的现任职务结合具体条件评定，对于原工资较高的，可以适当照顾。

第三节　毕业生统一分配制度的审视

新中国成立以后，国家对高校毕业生的分配实行统筹兼顾的就业分配原则。统筹兼顾，是适应国家的重点建设以及满足中央和地方各部门业务上的需求，并照顾个别毕业学生人数过少的地区，如 1951 年国家在毕业生统一分配中，从华北、华东、中南、西南各调出一部分，补给东北、西北和中央各部门。[①]

对于毕业生的统筹分配，还体现在兼顾各行各业，尤其是重点行业。如1950 年寒假毕业的学生中一半以上（2400 名中有 1200～1400 名）分配到中央各行政机关工作。1951 年高等教育部则强调将毕业生分配到生产第一线，1951 年的高校毕业生"将尽量分配到工厂、矿业等生产部门中工作；其次才补充机关工作干部。此外尚有小部分毕业生，由中央人民政府教育部与中国科学院分配担任全国高等学校的助教、研究生与科学院所属研究部门的研

---

① 《毕业同学们，服从统一分配，参加国家建设》，《人民日报》，1951 年 7 月 11 日，第 1 版。

究实习员"。不仅如此，为了满足抗美援朝战争的医疗卫生人员的需要，1951 年还对医学专业的毕业生分配作了特殊的规定，即"医科毕业学生因适应国防需要，交由中央人民政府卫生部和人民革命军事委员会卫生部统一分配"①。

1949—1952 年，党和政府用了三年时间来努力恢复国民经济，取得了巨大的成就。到 1952 年，工农业生产超过了历史的最高水平，为大规模的经济建设创造了条件。为了将我国建设成社会主义工业化强国，党和政府树立了更远大的目标，并在国民经济恢复和发展的基础上制订了第一个五年计划。1953 年，我国开始实行第一个五年计划。到 1955 年，全国高等学校毕业生达 53000 多人，为各行各业输送了大量人才，这与当时国家对毕业生实行"集中使用、重点配备"的分配方针紧密相关。然而，随着时间的推移、国家经济发展情况的变化，一方面人才储备越来越充足，另一方面经济的发展使得用人单位需要根据自身的情况来选用更加合适的人才，但与此同时，国家"统"与"包"的毕业生分配制度却越来越高度集中统一，由此带来了一系列的问题和矛盾。其主要体现在以下几个方面。

一、毕业生供求的不平衡与国家计划的不完备

自新中国成立以来，政府各有关部门对于高校毕业生的分配工作曾经给予了很大的重视，工作上也每年有所改进，但是分配工作中仍然存在某些不足，其中最大的缺点就是国家计划分配的不完备，对于这一点，中央也有所反应，这在《中华人民共和国关于高等学校 1957 年暑期毕业生分配工作的几项原则规定》中有明确的说明。"由于培养干部的计划不够准确，也很难完全准确，部分毕业生的专业口径和实际需要存在着距离，使分配工作没有尽量做到供需一致和学用一致。""每年毕业生的分配计划，由于采用了全部一次下达的办法，时间比较短促。各方面准备不够。"② 表 5－3 是 1950—1957 年中国高等学校每年的毕业生人数。

---

① 《全国高等学校毕业生统一由国家适当分配工作》，《人民日报》，1951 年 7 月 1 日，第 3 版。
② 《中华人民共和国关于高等学校 1957 年暑期毕业生分配工作的几项原则规定》，1957 年 7 月 27 日，上海市档案馆馆藏档案：B163－2－493－67。

表 5－3　1950—1957 年中国高等学校毕业生数目表

年度	全国毕业生人数（人）
1950	17539
1951	19200
1952	29655
1953	34958
1954	40351
1955	53000
1956	62383
1957	56800
合计	313886

资料来源：根据中央教育科学研究所：《中华人民共和国教育大事记（1949—1982）》，教育科学出版社 1984 年版；中央人民政府高等教育部办公厅：《高等教育文献法令汇编》，第 1~5 辑，高等教育部办公厅编印，1954—1958 年。

注：表中数据因原始数字统计不全等原因，可能与实际数字有出入。

　　1953—1957 年为中国第一个五年计划时期，按照国家计划，高等学校五年的毕业生应为 283000 人，但是从表 5－3 计算可得这五年的实际毕业生为 247492 人，实际相差 35508 人。可见，国家宏观计划与实际的毕业生人数差距比较大，究其原因，一方面与当时高等学校的人才培养数量不够有关；另一方面是当时国家对高等教育发展水平的宏观预测过于乐观，对新中国成立初期各种困境考虑不全。后来为改善各行业的人才紧缺现状，国家甚至采取让学生提前毕业以满足重点行业人才紧缺的举措。

　　1952 年，除了满足当时各方面对大专人才的迫切需要，吸取了第一次全国工学院院长关于采取学生提前毕业的建议，当年除了暑期毕业生 19206人之外，还有 8438 名理工科三年级学生提前毕业。具体来说，工科的水利、采矿、冶金三个系的三年级学生提前毕业，机械、电机、化工、土木、纺织、建筑、航空各系的学生尽可能提前毕业，其他如汽车制造和航海系的三年级学生不一定必须提前毕业，而是根据专业需要的紧迫程度决定是否提前毕业。理学院也是如此，地质、数学、物理、化学、气象五个系的三年级学生在 1952 年夏提前毕业，而天文、地理、生物、心理各系的学生没有必要提前毕业。此外，实施学生提前毕业的学科，为了能在缩短的时间内修完规定的课程，都为学生制定了特别的课程，另外，这些学生毕业后的待遇也与正常毕业生相同。[①] 1953 年仍然有一些学生实行提前毕业的政策。如当年 10 月 27 日，《南方日报》刊登了高等教育部决定中山大学法律系 69 名三年级学生提前毕业的报道，报道称他们主要是参加广东省的土地改革和司法改革运动，分配的去向为：省政法委员会 5 人、省人民法院 44 人、省检察院 4 人、广州市检察署 14 人、留在中山大学 2 人。[②] 由此可见，事先制订的计划与实际工作开展过程中的需要还是存在差距的，体现在毕业分配上，即计划的不完备与国家供求的不平衡。这是中国计划经济时代不可避免的缺陷，也是无法回避的一个问题。

二、用人单位与高校毕业生选择权弱化

新中国成立初期，由于各行各业建设和发展对人才的迫切需要，促使从中央到地方的相关单位，不时有直接从高等学校抽调毕业生或未毕业学生直接就业的现象。对于这种情况，1951 年 5 月 2 日，中共中央发出"关于克服目前学校教育工作中偏向的指示"，重申过去的有关指示，并禁止党、政、军机关及人民团体随便到高等学校抽调在校学生参加工作。[③]

此后，国家开始强制规定高等学校毕业生由国家统一分配工作。1951 年 5 月 29 日，中央人事部和教育部联合召开全国高校毕业生分配计划会议。该年全国高等院校暑期毕业生共计达 17009 人。会议认为，去年（1950 年）暑期，华北有 86% 的毕业生接受了统一分配，据近期调查，在 1951 年的 2719 名毕业生中，除 35 人提出自找职业外，其余全部表示愿服从政府的统一分配；西南虽属新区，但是在 2618 名毕业生中，表示愿意自找职业者只有 10 余人；预计 1951 年 91% 以上的毕业生愿意服从统一分配。根据实际调查和人才急缺的现状，会议制定了以下毕业生分配方案：一是医科毕业生 1647 人，全部交给卫生部；二是为平衡各地需要，从华北、华东、中南、西南共抽出毕业生 6800 人，补充东北 2000 人，剩下的 1400 人分到全国各

---

① 《关于理、工学院三年级学生提前毕业问题的几点启示》，《高等教育文献法令汇编》，第五辑，高等教育办公厅编印，1958 年，第 128～129 页。

② 《中山大学法律系 69 名三年级学生提前毕业》，《南方日报》，1953 年 10 月 27 日，第 2 版。

③ 《某些机关学校不遵守政府规定私自招聘高等学校毕业生，本报读者来信提出批评》，《人民日报》，1951 年 7 月 4 日，第 2 版。

高校及中央科学院做教师、研究生之用。6 月 29 日，政务院发出《关于
1951 年暑假高等学校毕业生统筹分配工作的指示》，明确指出，"由于人才
极为短缺，国家建设迫切需求，高等学校的毕业生应由国家统一分配"。
1952 年 6 月 5 日，中共中央又发出《关于高等学校暑假毕业生统一分配工
作的指示》，要求各机关遵守国务院的上述决定，严格制止自行洽谈聘请毕
业生等现象。该指示还特别强调："各地区在分配时，首先应保证完成中央
抽调到其他地区的数字，特别是工科学生必须全部由中央统一支配。"①

　　由此可见，20 世纪 50 年代，大学生毕业后是没有选择某种工作以及某
种工作单位的就业权利，用人单位选择何样的毕业生来单位就业的权力同样
被弱化。此时期的大学生与用人单位的就业权和选择权都被弱化，大学生只
能根据自己所学的专业被国家分配到相应单位，用人单位也只能根据国家的
计划和安排接受分配来的大学生，其中体现最明显的就是私营工商企业的大
学生统一分配。

　　由于 20 世纪 50 年代对资本主义工商业实行社会主义改造，其改造政策
在一段时间内处于探索和未定时期，导致私营企业用人单位在选择毕业生的
时候相比国营企业、公营企业、党政机关、事业等单位受到更多的限制。

　　如当时上海市高等教育局的一份档案文件里这样写道："向私营工厂企
业中分配高等学校毕业生是一件新的工作，我们感到既缺少经验，又对本市
各种不同性质的管制企业、技术设备、生产任务、需要人员等方面情况不了
解，分配起来确有一定的困难。为此，先将华东分局方案和工商联交换意
见，由他处召集了一次座谈会，说明分配原则及照顾私营企业的生产需要，
听取了各厂所需人员的意见，同时又派专人深入各厂了解情况……从这次分
配情况来看，目前私营企业工厂迫切需要的是各种技术人员，电机、机械、
纺织工程、化学等系学生分配将较为顺利，普通学科因工厂是生产单位，行
政事务人员不多，并不急需增加，实无适当工作安排，分配将略有勉强。"②
对于分配到私营企业的高校毕业生，其待遇问题规定由工商联负责统一
规定。

　　而且，文件里还总结了统一分配高校毕业生到私营企业的经验：一是对

---

① 李朝军：《大学毕业生统一分配制度研究（1949—1965）》，2007 年复旦大学博士论文，第
68 页。
② 《上海市高等教育局关于上海市 1955 年毕业生统一分配工作、有关毕业生分配计划和总
结》，1955 年，上海市档案馆藏档案：B243-1-48。

向私营工厂企业分配学生的工作，由于市教育局对情况不够了解，分配起来确有困难，建议今后该工作均由市工商联直接分配较妥。二是今后私营企业分配方案的制定，应先通过工商联召开各私营企业的相关会议，由他们提出要求，然后再行分配，以免变动而造成学生的不满。①

事实上，纵观 20 世纪 50 年代前期与中期，国家对私营企业的大学生分配政策一直都在变化。如 1950 年，中央人民政府政务院《关于一九五〇年暑期全国高等学校毕业生统筹分配工作的指示》中规定："私人办理的工商业企业及文教事业，如需要高等学校毕业生，而自己无法找到时，得向地方政府申请，地方政府应适当地照顾他们的需要。"② 1952 年，中央人民政府政务院《关于一九五一年暑期全国高等学校毕业生统筹分配工作的指示》也规定，在毕业生的安排上，对私人开办的企业或医院等，"必须进行必要的考虑"。③ 但是，除了在高等学校夜间部学习的私营企业在职人员毕业后回到原工作单位以外，中央制定的毕业生分配计划中，有关私营企业的分配名额由各大行政区根据具体情况进行安排。以 1953 年为例，分配给私营企业的毕业生人数为 184 人，占毕业生总数额的 0.6%。④

1954 年，随着对资本主义商业进行社会主义改造的深入，公私合营进入了扩展公私合营阶段，一部分试点企业成为实质上为公有制企业的公私合营企业。此时期国家对私营企业的统一分配政策随之也有所改变，"毕业生中的私营企业在职人员仍回原工作单位，不另外分配毕业生给私营企业"。⑤此外，还规定，"公私合营企业的需要，由各主管业务部门或各地区在其分配人数中予以适当配备"。⑥ 在《关于一九五五年暑期全国高等学校毕业生统筹分配工作的指示》中又再次提出，"私营企业的需要，由各地区适当考虑配备"。⑦ 而 1956 年中央发布的《指示》则只是提到考虑对公私合营企业

① 《上海市高等教育局关于上海市 1955 年毕业生统一分配工作、有关毕业生分配计划和总结》，1955 年，上海市档案馆馆藏档案：B243-1-48。
② 《关于一九五零年暑期全国高等学校毕业生统筹分配工作的指示》，《高等教育文献法令汇编》，第一辑，高等教育部办公厅编印，1954 年，第 128 页。
③ 《关于一九五一年暑期全国高等学校毕业生统筹分配工作的指示》，《高等教育文献法令汇编》，第二辑，高等教育部办公厅编印，1955 年，第 133~134 页。
④ 《关于一九五三年暑期全国高等学校毕业生统筹分配工作的指示》，《高等教育文献法令汇编》，第三辑，高等教育部办公厅编印，1956 年，第 241 页。
⑤ 《关于一九五四年暑期全国高等学校毕业生统筹分配工作的指示》，《高等教育文献法令汇编》，第四辑，高等教育部办公厅编印，1957 年，第 241 页。
⑥ 《关于一九五四年暑期全国高等学校毕业生统筹分配工作的指示》，《高等教育文献法令汇编》，第四辑，高等教育部办公厅编印，1957 年，第 241 页。
⑦ 《关于一九五五年暑期全国高等学校毕业生统筹分配工作的指示》，《高等教育文献法令汇编》，第五辑，高等教育部办公厅编印，1957 年，第 201 页。

的大学生配备，而只字未提私营企业。[①] 可见，由于 1956 年初期已基本完成对私营工商业的社会主义改造，全国范围内的私营企业都已转变为名为公私合营企业、实为社会主义性质的公有制企业，理所当然此时期的大学生统一分配政策不会再提到私营企业。

由此可见，20 世纪 50 年代在毕业生统一分配制度下，我国高校毕业生工作实行高度集中统一管理，毕业生是通过自上而下的办法落实工作岗位。在国家计划的宏观掌控下，不论是高校毕业生个体，还是作为用人单位的群体，在这个本应双向选择的过程中，基本的选择权力都被大大弱化，可以说基本上失却了自主选择权。

三、个人利益与国家利益的博弈

高等学校毕业生由国家实行按计划分配的制度，是伴随着我国长期实行的计划经济体制而产生和发展的。新中国成立初期，我国实行财政经济统一，是为了把能集中的力量都集中起来以便战胜当时所面临的巨大困难，维持全国的统一和安定，有能力调剂各地的余缺和应付各种意外，并且有计划、有步骤地发展经济，这种选择是必然的。与计划经济相适应，高等学校毕业生"统包统分"分配制度的形成也是必然的。事实证明，它对国家的兴旺发达和社会主义制度的巩固起了巨大作用。

新中国成立后，整个国家百废待兴。新创办的各种项目需要大量人才，而我国专业技术人才十分缺乏，远远满足不了国民经济和社会发展的需要，有些专业仅能满足需要量的十分之一甚至几十分之一。在这种供需极不平衡的情况下，国家实行保证重点、统筹安排的政策，区别轻重缓急，给国家经济重点建设部门地区分配了一大批急需的毕业生，有力地保证了重点建设的正常进行。

1950 年 6 月 22 日，政务院发布的《为有计划地合理地分配全国公私立高等学校今年暑期毕业生工作的通令》中规定，从毕业生人数较多的华东、中南、西南三个大区抽调部分毕业生支援重点建设地区，即东北区；另从华北区抽调部分毕业生充实中央党政机关。[②] 该通令要求，"对毕业生一般应

---

① 《关于一九五六年暑期全国高等学校毕业生统筹分配工作的指示》，《高等教育文献法令汇编》，第五辑，高等教育部办公厅编印，1957 年，第 151 页。
② 《政务院统筹分配全国高等学校毕业生工作》，《新华月报》，1950 年第 2 卷第 5 期，第 1139页。

说服争取他们服从政府的分配，为人民服务。其表示愿自找职业者，可听由自行处理"。同时确定，从 1950 年暑假起，全国高等学校毕业生大多数由政府统一分配工作。针对我国经济、教育发展和人才供求状况不平衡的情况，政务院 1951 年 10 月 1 日发布了《关于改革学制的决定》，在这一文件中明确规定"高等学校毕业生的工作由政府分配"。[①] 这一决定，得到国家机关与建设部门的支持和绝大多数毕业生的拥护。1952 年 7 月 19 日，政务院《关于 1952 年暑假全国高等学校毕业生统筹分配工作的指示》中进一步指出："高等学校毕业生的工作由政府分配，这是完全符合我们国家实际情况的发展和需要的。"该指示确定了 1952 年暑假高等学校毕业生统一分配工作的基本方针是"集中使用，重点配备"。[②] 1956 年，国务院对高等学校毕业生统筹分配的基本方针做了补充，即"根据国家需要，集中使用，重点配备和一般照顾"，分配计划优先照顾科学研究、高等学校师资、工业部门的需要；对其他部门，在迫切需要的情况下，给予适当照顾；对各省、自治区、直辖市的需要也做了适当的照顾。可见，当国家需要时，大多数毕业生的个人利益选择服从了国家利益。

此外，为促进老、少、边、山、穷地区（革命老区、少数民族地区、边远地区、山区贫困地区）经济和文化、教育事业的发展，国家在学生毕业分配方面采取了一系列政策措施，如对来源于这些地区的毕业生凡是原地区需要的，仍分配回原地区；号召内地和经济文化发达地区的毕业生支援老、少、边、山、穷地区，并给予种种优惠政策；采取指令性计划的形式进行抽调等。这些政策措施在一定程度上解决了上述地区对人才的需要，使这些地区各类人才的紧缺情况有所缓解，促进了这些地区的经济、文化和教育事业的发展。同时"统包统分"分配制度也有利于国家宏观调控人才流向，改善了国民经济发展和高等学校及其专业设置分布不均衡而造成的人才分配不均的状况，促进了各地区、各部门经济的协调发展。此时期，国家倡导的仍是，在国家经济建设需要时，个人志愿要遵从国家利益。

然而，在国家利益至上、个人利益服从国家利益的年代，也有个别大学毕业生因为分配的单位在外地离家远、工作性质辛苦或者家庭富裕等原因而

---

① 中央教育科学研究所：《中华人民共和国教育大事记（1949—1982）》，教育科学出版社 1984 年版，第 49 页。
② 中央教育科学研究所：《中华人民共和国教育大事记（1949—1982）》，教育科学出版社 1984 年版，第 62 页。

强调个人利益，不服从国家分配，这样的案例几乎每年都有发生。

在新中国成立最开始的几年，国家统一分配政策的强制性相比 20 世纪 50 年代后期要弱一些。1950 年政务院颁布的《关于分配全国公私立高等学校本年暑假毕业生工作的通令》即指出："毕业生中，对于一时难于理解政治形势、不服从工作分配的少数人，各地应酌情处理，不得分往其他地区。"另外，"对毕业生一般地应说服争取他们听从政府的分配，为人民服务"，"愿自找职业的，可听由自行处理"。①

1951 年的"毕业生分配指示"则要求，"要做好政治工作和动员工作，努力做到使 90％至 95％以上的毕业生服从国家的分配，保证完成调出毕业生的任务"②。可见，即使有 90％～95％的大学毕业生服从分配，却还有 5％～10％以上的毕业生可能不服从国家的统一分配，而更多的遵循个人意愿和个人利益，此时，国家利益与个人利益就处于博弈处境。

当然，国家颁布的通令、指示的要求与实际的执行情况还是存在一定差异的。在新中国成立初期阶段，即使国家对毕业生统一分配的规定不是特别严苛，但事实上确实存在着必须服从国家意志的气氛，而使得一部分强调个人利益的毕业生感受到周围环境无形的压力，相比国家利益，坚持个人利益者明显处于劣势。

1957 年 7 月 17 日，国务院公布的《关于毕业生分配原则的规定》中指出，"除开国家某些缺门和急需的专业必须全部服从国家分配以外，对于其他专业学科中少数不顾国家需要、无理坚持个人要求、拒不服从分配的学生，可以发给毕业证书，由学校负责人向他们宣布，国家不再负责分配他们的工作，由他们自找职业；但是，国家机关、学校、企业和事业只能接受国家分配的学生，不得自由录用这些自找职业的学生"③。这个规定前半部分内容允许不服从国家分配、以个人利益至上的学生自找职业，但是却在后半部分规定全民所有制的企事业单位不得录用这些学生。此时期由于私营企业已经完成社会主义改造，全部转变成为公有制企业，这就意味着高校毕业生如果继续坚持个人利益，置国家利益于不顾，而不服从国家分配的话，就没有工作的机会，失去赖以生存的经济来源等。

---

① 《关于分配全国公私立高等学校本年暑假毕业生工作的通令》，第五辑，高等教育部办公厅编印，1958 年，第 127～128 页。
② 《中国教育年鉴》编辑部：《中国教育年鉴（1949—1981）》，中国大百科全书出版社 1984 年版，第 348 页。
③ 《关于毕业生分配原则的规定》，《光明日报》，1957 年 7 月 20 日，第 2 版。

随着国家经济体制的转变，私营企业等用人单位最后的用人选择权已经在国家对资本主义工商业进行社会主义改造的洪流中消失殆尽。而毕业生对自己职业的最后一丝固执也随着国家政策的转变而落空。从此，高校毕业生的统一分配演变为由国家完全高度集中统一的"统包"。个人利益与国家利益的相比在社会主义公有制的计划经济时代，最终还是以个人利益服从国家利益而告终。

高校毕业生计划统一分配制度是新中国成立初期形成的计划经济体制的产物，在当时历史条件下曾产生了一定的社会效应，为社会主义建设作出过积极的贡献。但随着我国经济体制改革的进行和新的经济体制的建立，这种计划统一分配制度的弊端，就非常突出地表现出来。

第六章　高等学校的国际交流与合作

　　1861年，清朝洋务运动兴起。在洋务运动开展近十个年头的时候，洋务派的代表人物终于意识到"落后就要挨打"，只有掌握科学的西方先进技术，才能够壮大清朝的实力，维护清王朝的封建统治。于是，1872年第一次派幼童留美，后陆续派遣留学生到法国、日本等进行学习，1895年中日甲午战争宣告洋务运动失败，但此时期的留学运动不但没有停止，并且在清朝灭亡之后的20世纪20年代初再次兴起。这些留学生归国后倾其所学，推动了中国教育现代化的进程。

　　20世纪50年代，新中国高等教育的国际交流主要集中于苏联、东欧等社会主义国家。同时，这一时期国外留学生也来到中国学习。这些活动在促进高等教育对外交流的同时，也增进了国家之间的了解和友谊，扩大了中华文化在世界上的影响。

　　本章所述高等教育的国际交流活动，主要包括三部分内容，即中国选派学生出国留学、接受外国学生留学中国及争取海外留学生的归国工作。

第一节　派遣留学生赴国外留学

　　新中国成立初期，以美国为首的西方国家对我国实施包围封锁，我国要发展工业特别是重工业，除资金、设备等方面的困难外，最为缺乏的就是相关专业技术人员特别是高级技术人员。第一个五年计划，全国经济各部门就急需补充专门人才100万、熟练工人100万，其中仅工业和交通运输业就需要增加技术人员39.5万，而当时我国的科研、教育、工程技术、工业、文艺等方面的高级人才不到7万人，1952年中国科学院所属机构也只有研究人员7200多人。① 但当时我国高校在校学生只有15万人，且学生的出身成

---

① 中华人民共和国教育部：《共和国教育50年》，北京师范大学出版社2000年版，第593页。

分复杂不一，正如当时郭沫若对苏联大使说的："这些大学的学生中不仅没有工农子弟，甚至连富农的子弟都很少。"[1] 可见，在当时的国际大环境下，我国要与西方国家之间进行大规模教育交流的可能性是很低的，因此，要在短时间内快速培养出中国自己的专业技术人才，在当时就只能和与中国交好的苏联通过派遣留学生开展大规模的教育交流。于是，1950年前后，我国开始积极大量向苏联等社会主义国家派留学生，从此，中国留学生由新中国成立前的留学欧美向新中国成立后的苏联等社会主义国家转变，中国的留学时代开始发生历史性的转变。

新中国高等教育发展的一个重要取向就是学习苏联教育经验。学习苏联教育经验，并将中国学生派到苏联进行留学，全面接受他们先进的科学教育，回国后作为社会主义建设的科学人才主力军，是中国社会特定历史条件下的一个决策，它对中国高等教育产生了积极意义。

一、国家选派留学生的政策

新中国成立以后，遭受了帝国主义重重封锁，而苏联等世界上一些主要社会主义国家先后承认中国的国际主权地位，并与中国建立了大使级别的外交关系。为了学习苏联先进科学技术与建设经验，中国与外国开始互派留学生。

20世纪50年代，国家统一计划并组织向苏联和东欧派遣留学生。1950年，首批派往波兰、捷克斯洛伐克、罗马尼亚、保加利亚、匈牙利5国学习所在国语言、历史、地理的25名留学生，以及赴波兰、捷克斯洛伐克学习工程的10名留学生，分别于当年9月与12月赴对方国家。1951年我国首批派往苏联的留学生共375名（其中包括研究生136名）。

从1952年开始，根据中央人民政府秘书长林伯渠的建议，周总理指示外交部、教育部等筹办留苏预备学校。第一批留苏预备生419名，从1952年3月31日起，北京俄文专修学校第二部（留苏预备部）正式上课。[2] 1952年9月26日，华东军政委员会教育部通知交通大学："中央业于本月

---

① 李涛：《关于建国初期赴苏留学生派遣工作的历史考察》，《东南大学学报》，2005年第5期，第112页。

② 中央教育科学研究所：《中华人民共和国大事记（1949—1982）》，教育科学出版社1984年版，第66页。

二十三日放榜，你校录取留苏研究生 2 名，大学生 28 名。"①

1954 年 11 月 19 日，外交部、高等教育部联合发出《派赴苏联及各人民民主国家留学生暂行管理办法》（以下简称《办法》）。《办法》规定：在各驻外使馆的领导下，由使馆指定专人或经外交部统一由高等教育部派遣专职干部，必要时设立留学生管理机构负责留学生管理工作。《办法》还规定了留学生管理工作的基本要求。②

（一）选派留学生的对象

20 世纪 50 年代，选派哪些留学生出国留学也是按照国家计划统一集中进行的。选派的留学生主要包括以下对象：

第一是高级中学毕业生。以上海高校为例，和其他省市高校一样，按照党中央 1950 年 12 月 2 日制定的《派往东欧社会主义国家交换留学生暂行管理办法的指示》以及按照华东军政委员会教育部《关于在暑期高校毕业生中选拔 10 人赴社会主义国家的指示》，遴选政治上有要求（党员、团员）、历史上清白、有一定外语基础且身体健康、无家庭负担及未满 30 岁的男性为赴外留学对象。当时上海根据教育部、人事部、科委等部门的要求，从1952 年起选派高中毕业生、大学生和青年教师赴苏联留学。起初以高中毕业生为主，约占派出人数的 90%。1953 年 5 月至 8 月，中央有关部门和各地进行 1953 年留苏预备生选拔工作。1953 年 5 月 15 日，高等教育部、教育部发出指示，"决定本年度由各地依照一九五三年流苏预备生选拔办法，选拔投考生二千七百九十五名，其中由北京、天津、上海、沈阳四市本年度高级中学毕业生中选拔七百九十名"。5 月 26 日，高等教育部、教育部、人事部发出指示，要求各有关部门、机关、学校保证做好选拔工作。6 月 9 日，留苏预备生学科考试委员会成立。8 月 1 日至 3 日，各大行政区同时举行留苏预备生统一考试。1954—1955 年，派出人数每年约 500 至 600 人。③

第二是大学生群体。1951 年 8 月 19 日，中国派往苏联的我国留学生启程。在 375 名留学生中有研究生 136 名，几乎占了总人数的三分之一多。

1955—1956 年，国家派遣留学生的主要选拔范围是大学毕业生及本科

①　《关于选送教员去革大学习，革大干部分配及留苏名单》，1952 年 9 月 26 日，上海交通大学档案馆馆藏档案：长期－0086。
②　中央教育科学研究所：《中华人民共和国大事记（1949—1982）》，教育科学出版社 1984 年版，第 116 页。
③　中央教育科学研究所：《中华人民共和国大事记（1949—1982）》，教育科学出版社 1984 年版，第 78~79 页。

一年级学生。以 1955 年为例，分配给交通大学的选拔任务是留苏研究生 33 人，赴人民民主国家留学研究生 4 人，合计 37 人，均在 1955 年毕业的本科生中选拔。① 1956 年 1 月 18 日，高等教育部发出《关于 1956 年选拔留学预备研究生的指示》，"决定从 1956 年高等学校本科暑期有些毕业生中经政治审查、身体检查后，选出报考留学预备研究生 850 名（专修科毕业生不选），再经学科考试录取后，入北京俄语学院学习一年俄文及政治课，于 1957 年 8 月派赴苏联学习"②。而几乎同一时间，高等教育部《关于选拔赴人民民主国家留学生的指示》发出："根据派遣赴人民民主国家留学生计划，决定从 1956 年度暑期高等学校毕业生及本科一年级生中选拔留学研究生 95 名、留学大学生 35 名，于 1956 年 7 月上旬在北京俄语学院集中，8 月间分别赴各人民民主国家留学。"③

1952—1955 年，派遣出国留学人数翻倍增长，这与新中国刚刚成立，国民经济的恢复和发展急需专业人才储备紧密相关。1955—1957 年，派遣出国人数基本趋稳，呈小幅稳步增长态势，表明此时期国家派遣留学生政策经过一段时间的探索，基本趋于稳定，再加上此时期国家计划经济体制刚刚建立，一切处于计划之中，留学生的派遣计划自然也不例外。

1951—1960 年，由于此时期中苏关系密切，我国派往苏联的留学生，每年少时二百多人，多时达两千多人，约占十年中全部派出国的留学生总数的 90%。④

第三是优秀机关干部或高校青年教师。在各级机关机构中选拔干部去国外留学从 1956 年开始。根据国家计划委员会 1956 年选拔留苏预备研究生计划的规定，"除主要从高等学校毕业生选拔外，须从中央各部门与中国科学院等所属机构在职干部中经政治审查、身体检查选出报考留苏预备研究生 300 名，再经学科考试合格后，入北京俄语学院留苏预备部学习一年俄文及政治课，1957 年派赴苏联留学"。并且指出，在国内各机关干部中选拔留学

---

① 《交通大学、华东纺织工学院关于选拔留学生工作计划、报告》，1955 年，上海市档案馆藏档案：A26－2－385。
② 《中华人民共和国高等教育部关于 1956 年选拔留学预备研究生的指示》，1956 年 1 月 18 日，高等教育部办公厅：《高等教育文献法令汇编（1956 年 1—12 月）》，第四辑，高等教育部办公厅编印，1957 年，第 186 页。
③ 《中华人民共和国高等教育部关于选拔赴人民民主国家留学生的指示》，1956 年 1 月 17 日，高等教育部办公厅：《高等教育文献法令汇编（1956 年 1—12 月）》，第四辑，高等教育部办公厅编印，1957 年，第 186 页。
④ 中央教育科学研究所：《中华人民共和国大事记（1949—1982）》，教育科学出版社 1984 年版，第 45 页。

生有比其他生源更多的优越性。"由各机关在职干部中选派留学研究生，学习苏联先进的科学技术与建设经验，对提高我国生产技术、科学研究水平以及社会主义各项建设事业的发展有着重要的意义。同时具有一定的专业理论知识和实际工作经验，出国后学习效果一般较大学刚毕业的学生为先。"故此，"今后将逐年根据需要与可能的原则由各机关在职干部中选调一批优秀的干部出国留学"①。

1956 年 1 月，高等教育部发出通知，除选拔相当数量的留学研究生、留学大学生若干名之外，还决定由中央各部门和中国科学院等所属机构在在职干部中选拔一批留苏预备研究生；选拔高等学校讲师以上教师一百名赴苏进行短期专业进修。②

第四是国家各部技术、研究人员。1952 年 7 月 24 日，时任政务院财政经纪委员会委员的计划局局长、财经委员会秘书长宋劭文就派赴苏留学生给时任政务院财政经济委员会副主任、重工业部部长李富春写信，信中写到教育部准备 1953 年派赴苏联的留学生，拟于 1952 年 8 月前选拔预备生 1100名，分配给财委系统 650 名。宋劭文担心"留学生主要由国内大学肄业生中选派，恐学习后只能学成一个一般技术人员"，故向李富春提出，"可否下决心从现有厂矿中选择优秀的技术人员（大学毕业或同等程度在工厂干过两三年的）派遣留学？这样挑五六百人，对国内一二年内的工作会有些影响，但在四五年后，这些人回国则能起大作用"③。对此，1952 年 8 月 1 日，李富春回信，信中明确指出财委系统选派留苏学生的标准：一是"留学生回国后的出路只能是两类，一是进大学教书，二是从事研究，二者均以培养高级人才为目标"；二是"实习生只能是由苏设计的新建厂或装备来自苏联的新建厂，派去的实习者大多数为一年，此不在留学生之内"；三是"中等技术学校不要派，老干部老工人应当在国内提高文化科学水平……中等技术国内可

---

① 《中华人民共和国高等教育部关于 1956 年由机关干部中选拔留苏预备研究生的通知》，1956年 1 月 17 日，高等教育部办公厅：《高等教育文献法令汇编（1956 年 1—12 月）》，第四辑，高等教育部办公厅编印，1957 年，第 188 页。

② 中央教育科学研究所：《中华人民共和国大事记 1949—1982》，教育科学出版社 1984 年版，第 155~156 页。

③ 宋劭文：《关于派赴苏留学生给李富春的信》，1952 年 7 月 24 日，中国社会科学院，中央档案馆：《1949—1952 中华人民共和国经济档案资料选编.工业卷》，中国物资出版社 1996 年版，第 787 页。

办，不必送苏留学"①。

（二）选派留学生的步骤

教育部选派留学生比较严格，并且遵循一定的步骤。下面以上海市选拔留苏预备生为例，对国家选拔赴苏留学生的政策与步骤进行说明。

1. 成立相应组织机构

新中国自决定向国外派遣留学生以来，从中央、地方到各校等各级均设有选派留学生的专门机构，负责选派留学生的各项事宜。

选拔留苏学生对培养国家建设的骨干，贯彻国家在过渡时期的总路线、总任务有着重大的政治意义。因此，1954 年 12 月 23 日，高等教育部、教育部联合发布《关于一九五五年度高中毕业生中选拔留苏预备生的联合指示》，要求"各省、直辖市教育厅（局）必须高度重视，具体领导，认真研究选拔办法，严格掌握选拔标准，周密布置，深入检查，并在省、直辖市党委的统一领导下，与有关部门密切联系，统一步骤，以保证工作计划的顺利进行，按期完成任务"②。

根据中央《关于一九五五年度高中毕业生中选拔留苏预备生的联合指示》，由中共上海市委组织部、市人民委员会第二办公室、人事处、教育局、公安局、卫生局、团市委等单位负责同志组成市选拔留苏预备生审查委员会，并抽调 14 个党员干部组成办公室，负责具体工作。1955 年 2 月 10 日至 3 月初，先后成立区审查委员会——由组织部、宣传部、区公安分局、团区委等单位负责同志具体掌握。1955 年根据全市各区统计，共抽调专家干部 103 人，兼职干部 68 人负责留学生审查事宜。2 月底 3 月初各区召开学校基层干部会议，布置任务，各校根据不同情况组织独立（或联合）审查小组，由党员行政负责同志、支部书记、党员教师等组成。③

具体到高校的组织机构，以 1955 年交通大学选派留学生为例，其组织领导机构是"在校长领导下以人事处学生科为主，与总务处卫生科，教务处教学行政科，团委会等成立工作小组，分头进行工作"。此工作小组的工作

① 李富春：《派赴留苏学生应规定严格制度》，1952 年 8 月 1 日，中国社会科学院、中央档案馆：《1949—1952 中华人民共和国经济档案资料选编·工业卷》，中国物资出版社 1996 年版，第 788 页。
② 高等教育部办公厅：《高等教育文献法令汇编》，第二辑，高等教育部办公厅编印，1955 年，第 351 页。
③ 《1955 年上海市选拔留苏预备生工作总结》，1955 年 5 月 25 日，上海市档案馆馆藏档案：B3—2—33—19。

任务：一是政治审查、调查、复查、整理材料等（人事处学生科）；二是配合业务选拔，并负责集中整理材料（教学行政科必要时可吸收学生秘书），重点检查学生的病史（卫生科）。①

2. 选拔办法

关于赴苏联等民主国家留学生的选拔办法，按照规定有政治审查、身体检查、学科成绩等方面的审查程序，一般来说严格按照这个选拔办法执行。如高等教育部、教育部于1954年12月23日联合发布了《关于一九五五年度高中毕业生中选拔留苏预备生的联合指示》，指出："对选送的学生，首先须有合格的政治条件，但对身体条件与学科成绩两方面亦必须同时并重，不可忽视。这是保证培养出合格人才的先决条件。"②

1957年5月29日，《人民日报》报道：高等教育部选派出国留学生的工作，经国务院同意，从本年起，将采取公布专业、自由报考的方式。同年7月23日，《人民日报》发表社论《用人可以不问政治吗?》对自由报考的办法提出批评。9月20日，《人民日报》发表了高等教育部关于这一问题的检讨。③ 可见，在当时，政治标准仍然是选拔人才的首要条件。

以上海为例，1955年选拔赴外留学生的条件为：一是历史清楚，政治可靠，思想进步；二是学习工作积极努力，品质优良，有培养前途且自愿留学；三是家庭成员及主要社会关系无反革命问题；四是年龄在30岁以下，身体健康。④ 在以上条件下，上海各高校针对符合条件的学生进行排队。

第一个步骤是对预备生进行分类排队阶段。一般学校均于每年3月初至3月15日左右进行排队工作。第一类是历史清楚，政治可靠，思想进步，品质优良，学习积极努力，根据现有材料，全市共排除1659人。其次，现有材料明显不合格者，如主要学科成绩在65分以下者，直系亲属被处死扣押者，本人品质恶劣培养前途不大者，身体有严重疾病或有明显缺陷者，直系亲属在港、澳、台及资本主义国家或主要社会关系在海外从事反革命活动和反动军政机关工作与本人有联系者，凡具有以上条件之一者剔除外，其余

---

① 《交通大学、华东纺织工学院关于选拔留学生工作计划、报告》，1955年，上海市档案馆馆藏档案：A26-2-385。

② 高等教育部办公厅：《高等教育文献法令汇编》，第二辑，高等教育部办公厅编印，1955年，第351～352页。

③ 中央教育科学研究所：《中华人民共和国大事记（1949—1982）》，教育科学出版社1984年版，第197页。

④ 《关于填写留学预备生社会调查表及家庭成员与主要社会关系详细情况表的通知》，1955年，上海市档案馆馆藏档案：B3-2-33-19。

均列为第二类，共有 1972 人，因人数较多，故视情况再分为两种，一种接近符合选拔条件者，一种接近不合条件者。①

第二个步骤是调查核对阶段。多数区域组织调查力量前往沪杭甬及上海附近县区等地进行调查。一般高校的调查活动于 3 月 16 日开始，4 月下旬基本结束。全市共调查 2535 人，符合条件者 706 人。按照中央统一决定，留苏预备生在调查过程中，必须填写留学预备生社会调查表、家庭成员与社会关系详细情况表两种表格。留学预备生社会调查表作为政治审查重要材料之一，应督促调查人认真填写，最后由负责调查机关（区委组织部或公安分局）签注意见并盖章。对于家庭成员与社会关系详细情况表，选拔对象经调查核对后，对每个疑问都有明确的肯定结论后，由审查组初步审查确定名单，交本人填写（中央规定高中毕业生不写自传，以该表代替），填表前应进行思想教育，使其自愿留苏深造和明确以忠诚老实的态度进行填写，但应事先说明取与不取都有可能，任凭祖国挑选，在未决定前，对外不予公开。②

第三个步骤是审查阶段。高校一般于 4 月 10 日左右开始进入审查阶段。然后送区审查委员会逐个审查，经区委书记批准后报市。各区于 4 月下旬陆续送市，市根据各区报来材料及平日深入学校、区所掌握的情况以问题性质大小分类审查。一、二、三类均由办公室分组逐个审查，提出意见向委员会汇报，二、三类由个别委员会及委员会逐个审查。可以说，以上三个阶段密切结合，交叉进行。

其实，在审查结果的时候，为便于分清问题的性质、大小，帮助审查时建立依据及有利于材料的最后整理和统计起见，又将预备生大体分为三类：

第一类，学生本人条件好或基本好，家庭成员及社会关系政治上、历史上无问题或基本上无问题者。其又可分为三种：第一种是本人条件好，家庭成员及社会关系政治上完全无问题者计 136 人。第二种是本人条件好，家庭成员及社会关系中有一般性的政治历史问题已经搞清者计 225 人。第三种是本人政治历史、思想作风或学业成绩上曾有点小问题，或表现不好，但现已基本弄清和改进者计 8 人。

---

① 《关于填写留学预备生社会调查表及家庭成员与主要社会关系详细情况表的通知》，1955年，上海市档案馆馆藏档案：B3-2-33-19。
② 《关于填写留学预备生社会调查表及家庭成员与主要社会关系详细情况表的通知》，1955年，上海市档案馆馆藏档案：B3-2-33-19。

　　第二类，学生本人条件较好，但家庭成员及社会关系中，政治上对本人影响不大者，其又可分为两种。第一种是家庭成员及社会关系中，政治上有较大问题，但已查清或不予以处理，因政治性或非政治性问题被判刑，对本人影响不大，而本人又能划清界限者计119人。第二种是家庭成员及社会关系中有一般性的政治历史问题，完全无法核实（或未下结论），但据分析估计无问题，对本人影响不大，而本人条件较好者计19人。

　　第三类，学生本人条件较好，其社会关系中有在港、澳、台或资本主义国家，对该关系过去及现在的情况基本上了解，有旁证材料，对本人确实无影响者计24人。

　　以上分类条件是根据家庭成员及社会关系存在问题的性质、大小区分，并非按学生本人条件、家庭及社会关系的全面情况分类，故第二、三类的同学，虽社会关系复杂或有海外关系，但本人思想品质、学习成绩不一定比第一类差。

　　此外，在选拔留学生上的政审上，还非常注重旁证调查。"重视旁证调查是保证选拔留学生政治质量的关键。"例如，1955年不少地区的复审部门，为了保证按期完成选拔留学生的任务，均在当地党委领导下，组织了有关部门及有关学校力量，对被选学生的政治历史情况统一研究，集中问题，然后按问题分布地区，分头进行调查。这样，"不仅密切联系了上下，避免脱节返工，节省了人力物力，还作到了'人人有调查，重要问题有旁证'，保证了调查工作，既迅速又深入"。[①]

　　据资料显示，1955年上海市21个区104个学校11331名毕业生，各区选出677名报上海市，后因体检不合格106人，经市复查不合格者40人，故实报中央531名，其中男436人，女95人，党员43人，团员363人，群众125人，超额完成中央的规定31名。[②]

　　经过1955年的留苏学生选拔工作，上海市高等教育局对赴外留学生的三个选拔步骤进行了总结，概括起来如下：

　　一是排队。排队工作是整个选拔工作的基础，只有做好排队工作才能保证把最优秀的学生列为选拔对象，并可减少调查核对工作中的忙乱被动。一

---

　　① 《中华人民共和国高等教育部关于1956年选拔留学预备研究生的指示》，1956年1月18日，高等教育部办公厅；《高等教育文献法令汇编（1956年1—12月）》，第四辑，高等教育部办公厅编印，1957年，第187页。
　　② 《1955年上海市选拔留苏预备生工作总结》，1955年5月25日，上海市档案馆馆藏档案：B3—2—33—19。

是要集中全部材料，全面物色对象。排队时要集中有关学生政治、学业、品德、健康、家庭情况等材料，并从全班学生中物色对象，即使任务少，考虑的面也不能太窄。防止单凭印象，在少数团员干部中考虑。如虹口中学第一次排队时由于没有依据资料，单凭印象排出三四人，结果经过调查，17 份材料无一份合格，后来只能重新排队。二是排队分类可采取"排两头"的办法。首先剔除明显不合格的，以便缩小选拔范围。其次选择条件最好的学生列入第一类，作为首先调查物色的对象。剩余的中间一批，分类时，一般掌握两头紧、中间宽的原则，以保证质量。此外，排队的过程也就是初审的过程，必须掌握所规定的选拔条件。学校基层审查组亲自掌握，审查组通知按班级人数分工包干审阅材料，提出排队意见，在审查组会议上逐个研究，确定名单。①

二是调查核对工作。为了切实弄清楚学生的政治条件，必须对学生的政治、历史、家庭及社会关系进行调查核对，取得旁证，按中央指示须做到"人人有调查，各个有交代"。其基本要求：一是抽调一定数量的专家干部协助基层，以补充目前高校工作多、力量少的局面。而且，在调查力量的使用上，采取按人分工包干为主，次要问题或关系捎带核对的办法，使得调查干部掌握调查对象的全面情况。二是工作过程中要帮助负责调查的同志切实领会选拔条件，以免因不明选拔条件，继续调查明显与政策不符的对象，浪费人力物力。三是调查方法上要分别材料，先易后难，从关系简单，问题较少，易于调查的对象着手。四是外查工作与学校谈话密切结合，在工作中建立一定的联系制度，双方发现问题及时汇报。例如 1955 年上海江宁等大部分区和学校规定了定期汇报研究制度（每天或隔天），根据具体材料，共同研究明确政策精神，以决定进一步调查的要求或是否终止调查。此外，全部核对材料经学校审查初步肯定后，要抓紧时间进行整理，写出调查报告。调查报告是调查工作的集中表现，必须力求正确清楚，说明关系的职业、地址、政治历史、材料来源。五是外埠材料的核对问题。上海高校的学生来自全国各地，外埠关系占相当比例，为了确保质量，取得旁证，必须组织外查，根据学生本人条件和家庭关系，其处理原则分为三种：第一种是本人条件好，家庭成员及主要社会关系都在上海，仅个别关系在外埠，尽可能找上

---

① 《1955 年上海市选拔留苏预备生工作总结》，1955 年 5 月 25 日，上海市档案馆馆藏档案：B3—2—33—19。

海进步力量旁证，如无旁证，分析问题不大，关系不密，可以选拔，但同时发信核对。第二种是学生本人条件中间偏下，家庭成员主要社会关系在上海的，虽不进步，也没有重大政治问题，但大都在外埠，或外埠关系经分析可能有问题者，路途较远，短时间内无法搞清者，可不选拔。第三种是本人条件虽系中间，外埠关系在宁、沪、杭三角地带，上海关系已调查无问题者，尽可能派人前往核对。

三是审查和掌握标准。留学生选拔审查工作，首先，在审查前需要有专人负责审查全部材料，并整理成书面提要，向审查会议汇报学生本身条件和核对关系的结果材料来源等，以便委员会了解全面情况，掌握主要问题进行讨论。其次，审查的重点应着重政治条件，但学业、健康、品质、思想意识、有无培养前途等方面也要注意。而对于有海外关系学生的选拔，在当时国家关系尖锐复杂的情况下，采取谨慎态度，杜绝一切可能发生的漏洞，是完全必要和正确的。1955 年选拔留苏学生的标准基本上依照 1954 年的经验，凡直系亲属在港澳台或资本主义国家者，主要社会关系在港澳台或资本主义国家党政机关工作或不了解其职业者，及主要社会关系在海外，政治面貌不清，与学生直接联系者不予以选送。但这并不是说只要一涉及海外关系，即不予以选拔。如对海外关系的过去及现在情况基本上能了解（包括其政治面貌、职业、何时何地外出、在外人员的家庭成员在国内对中共政府的态度等），有可靠的旁证材料，并掌握其与学生及家庭成员政治、经济、生活等方面关系不密切，对本人确定无影响，而本人条件又较好者，可予以选送。[①]

此外，为了使留学生选拔工作顺利而有序，使选出的学生素质高，自愿赴国外留学，未来能更多地服务新中国建设，高校针对选拔留学生工作，还明确了必须注意的几个问题：一是明确选拔标准。根据中央指示，结合各校具体情况，首先从政治审查着手，在政治初审合格的基础上进行身体检查与业务选择。业务选择时应注意其主要专业课、基础课的学科成绩，同时也要注意其学习态度是否认真、踏实肯钻研、能独立思考等。二是政治审查必须认真细致，经多方面调查核对，问题弄清后方可选拔。三是选拔方法上贯彻领导与群众相结合的方针。在向学生动员时要交代方针政策，说明留学的重

---

① 《1955 年上海市选拔留苏预备生工作总结》，1955 年 5 月 25 日，上海市档案馆馆藏档案：B3－2－33－19。

要意义和应有的正确态度，对被提名选拔的同学要充分征求教师、同学意见，力求选拔的同学是大家公认的优秀学生，这样被选上的人愉快，留下的人安心。四是为了保证选择足够数量和合乎要求的人才，初审时可超过规定人数准备足够的后备力量，以备复审落选后仍能满足人员需求。五是对于选上的同学，要确认其是自愿出国的，并帮助他们解决一些困难问题，让其安心留学；对于因审查不合格的同学，其不合格原因只作内部材料，一律不向学生宣布，但必须要注意对这些人进行思想教育。[①] 可见，当时政府对选拔留学生出国是比较慎重而又认真的（见表6-1）。

表6-3　1955年交通大学选拔留苏等国家学生名额

系别	专业	人数	应选名额		所占百分比	党员数	团员数
			留苏	人民民主国家			
电力工程系	发电厂配电网及联合输电系统	159	4	—	2.515%	6	67
电工器材制造系	电机与电器制造	86	3	—	3.488%	4	42
造船工程系	船舶制造	55	2	1	5.454%	4	27
造船工程系	船舶蒸汽动力制造	55	3	1	7.272%	3	26
电讯工程系	电话电报通讯	46	2	—	4.347%	3	9
运输起重机制造系	蒸汽机制造	33	3	—	9.090%	2	17
机械制造系	机械制造工程	119	6	—	5.042%	8	60
动力机械制造系	汽车制造	39	3	—	7.692%	1	16
动力机械制造系	内燃机制造	34	2	—	5.885%	1	12

---

① 《交通大学、华东纺织工学院关于选拔留学生工作计划、报告》，1955年，上海市档案馆藏档案：A26-2-385。

系别	专业	人数	应选名额		所占百分比	党员数	团员数
			留苏	人民民主国家			
动力机械制造系	蒸汽动力机械制造	49	5	2	14.280%	4	21
总计		675	33	4	—	36	297

资料来源：《交通大学、华东纺织工学院关于选拔留学生工作计划、报告》，1955年2月19日，上海市档案馆馆藏档案：A26-2-385。

从表6-1可见，交通大学选派出国留学生主要集中在电力工程、造船工程和动力机械制造三个系，其中又以电力工程为最重。这就表明新中国成立初期选派留学生出国学习的专业重在工科且是国家重点建设的领域，符合高等教育部关于"选派留学生以培养工矿交通人才为主，所学专业大部为理工科"的规定。此外，中央还对留学的文法学生数量进行控制，"各省、直辖市对自愿学习文法科的报考留学生所占的比例，应作适当控制，一般应不超过各省、直辖市分配名额总数的3‰"[①]，以保障理工科留学生的优先地位。此外，还可以从上图看出，留苏学生的政治面貌均是党、团员，其中又以团员为主，党员其次，反映了国家对出国留学生选拔政治标准上的严格。

二、对派遣留学生的管理

（一）派遣留学生管理机构的设立

国家对派往国外的留学生统一进行管理，尤其是留学生在国外的思想、学习、生活、健康等方面必须定期由专门机构进行管理与跟进，并汇报给国内相关部门。

1950年12月2日，教育部颁布《1950年度派往东欧人民民主主义国家交换留学生暂行管理办法》，这是新中国第一个关于留学教育的管理制度。其中规定："留学生之管理工作，由本部（教育部）与外交部商定原则，由所在国我国大使馆执行。"而"留学生直接受所在国大使馆的领导，本部与

---

① 《中华人民共和国高等教育部关于从1956年暑期高级中学毕业生中选拔留苏预备生的指示》，1955年12月29日，高等教育部办公厅：《高等教育文献法令汇编（1955年1—12月）》，第三辑，高等教育部办公厅编印，1956年，第230页。

留学生间的联系均通过外交部和大使馆"进行。① 到 1955 年，高等教育部规定由各驻外使馆留学生管理处管理赴国外留学生的学习、身体等其他一切事务。

按照高等教育部的要求，在国外的留学生也应该遵守中国的规章制度，并履行相应的业务，即"留学生每学期结束后两周内将学习成绩及生活情况做出总结，并拟定下学期学习计划要点，报经我驻外使节"。此外，还规定留学生应遵守以下规则：一是建立小组会议制度，定期进行对学习、生活思想的检讨，发扬团结互助、批评与自我批评的精神，并向大使馆汇报学习情况。二是在有必要参加政治性活动、发表文章或演说时，事前必须获得大使馆的批准。三是须遵守所在国的法令、学校规章，尊重所在国的风俗习惯，不得随便打听有关国家机密的问题。四是生活应该保持朴素耐劳作风，费用不得超过所在国政府发给的津贴。五是在假日的活动，如参加文化、娱乐、旅行、运动等等，应尽可能集体参加。当然，留学生在留学期间如有不合适行为也会受到惩罚，"留学生在国外如有学习不力或违犯规则之行为时，本部得根据我驻外使节之意见，视其情节轻重予以适当处理"。② 由此可见，在当时，留学生的行为不仅仅涉及个人形象，更多的是代表国家的形象，因此，要求留学生在国外的一切行为务必要按照母国的行为规范和法规约束去行事。

1953 年 7 月 25 日，高等教育部在中南海怀仁堂举行欢送赴苏联及东欧各国学习的留学生晚会，周总理出席晚会并在讲话中向同学们提出，"出国学习要身体好、学习好、纪律好"。这一年派赴苏联及东欧各国的留学生共675 名，其中去苏联的 583 名。③

中国政府对留学生在国外的学习与生活是非常关心的。尽管 20 世纪 50年代的中国积贫积弱，各方面物资非常缺乏，但政府对留学生的待遇始终非常优厚。一般说来，去国外学习、实习或进修的在职职工和非在职的研究生，在学习期间国内工资按原工资 80% 发给，原来享受的福利待遇，由原工作单位照常发给。留学生在出国前，国家为其做了充分准备，如出国服装

① 中央教育科学研究所：《中华人民共和国大事记（1949—1982）》，教育科学出版社 1984 年版，第 30 页。

② 《1950 年度派往东欧人民民主主义国家交换留学生暂行管理办法》，1950 年 12 月 2 日，中华人民共和国教育部办公厅：《教育文献法令汇编（1949-1952）》，教育部办公厅编印，1958 年，第 158 页。

③ 中央教育科学研究所：《中华人民共和国大事记（1949—1982）》，教育科学出版社 1984 年版，第 82 页。

补助费、车船差旅费、旅途零杂费等所有费用全部由国家支付，不仅书本之类的学习用品是公家发的，连服装、鞋、帽都是国家统一制作的。此外，每人还可享受每月50卢布的特别费用。在当时，这种待遇绝对超过国内一般干部的生活标准。① 此外，为了保证留学生在国外安心学习，政府还对留学生可能存在的一些具体困难采取了一定的举措，如为留学生在国内的家属提供困难补助，对原系在职干部留学生的家属生活困难的补助问题由选送单位予以解决，等等。

（二）留学生身体健康管理

为保障派遣出国留学生学成归来，为国家建设贡献力量，国家对派往国外留学生的健康状况也是十分关注的。

20世纪50年代，中国派往苏联及各人民民主国家的留学生在自觉努力的基础上，由于各兄弟国家政府、学校的亲切关怀和我国各驻外使馆的督促勉励，他们在国外学习的整体表现情况是"努力学习，刻苦钻研，成绩优良，纪律良好，获得了各国政府和学校当局的一致称赞"②。但是，我国留学生也存在着一些普遍性的问题，首先，"最突出的问题是身体不够健康，影响学习任务的完成"，其次，"有些学生闭户读书，不注意参加社会活动，因而不能与外国学生打成一片"。③ 据我国驻苏联大使馆留学生管理处的调查，"在莫斯科各学校的518名留学生中，有53人患病，其中大多数是头痛、神经衰弱，其次是肠胃病、关节炎、心脏病和肺病等。平均十分之一的学生健康方面有问题，有些病重的同学现在已住院疗养；病轻的同学虽坚持学习，但有的已失去学习信心，学习效率很低，甚至有个别的已不能继续在国外学习，不得不调遣回国。在东欧各国的留学生，也有类似的严重情况"④。这些情况说明我国留学生的健康问题是十分严重的，是违反全面发展的教育方针的，是不符合国家对他们所提出的"政治坚定、业务精通、作

---

① 《有关出国留学人员的经费规定》，李滔：《中华留学教育史录（1949年以后）》，高等教育出版社2000年版，第255~258页。
② 《中华人民共和国高等教育部关于改善国外留学生健康情况的指示》，1956年6月10日，高等教育部办公厅：《高等教育文献法令汇编（1955年1—12月）》，第三辑，高等教育部办公厅编印，1956年，第228页。
③ 《中华人民共和国高等教育部关于改善国外留学生健康情况的指示》，1956年6月10日，高等教育部办公厅：《高等教育文献法令汇编（1955年1—12月）》，第三辑，高等教育部办公厅编印，1956年，第228页。
④ 《中华人民共和国高等教育部关于改善国外留学生健康情况的指示》，1956年6月10日，高等教育部办公厅：《高等教育文献法令汇编（1955年1—12月）》，第三辑，高等教育部办公厅编印，1956年，第228页。

风正派、身体健康"的培养目标的。①

事实上，导致留学生健康出现问题的原因也是多方面的，主要有以下几个：一是我国留学生的外语基础较差，学科水平较低，随班上课，困难很大，留学生们为了取得优良成绩，采取了延长学习时间的办法。如有的同学每天学习达 14 小时之多，休息时间很少，再加上不适应国外生活，不注意营养和锻炼，因而健康受到影响。二是留学生把取得优良成绩和保持身体健康两者对立起来的错误思想相当普遍地存在着。他们认为要想成绩好，身体就不可能好。有的甚至说："学习是国家的任务，必须完成；健康是个人的事情，坏了没有关系。"还有的说："现在拼命也要完成学习任务，健康坏了回国后再休养。"因此，形成了不注意健康、损害身体的严重现象。三是自新中国成立后开始向国外派遣留学生的几年当中，高等教育部对留学生进行出国前教育时，强调完成学习任务取得优良成绩比较多，而对如何注意身体健康则强调不够，有的驻外使馆例如驻苏联大使馆留学生管理处和党、团领导就有重成绩、轻健康的偏向。②

为了扭转留学生重成绩、轻健康的局面，使留学生全面健康发展，高等教育部提出了下列四点意见：

第一，必须教育学生认识和贯彻全面发展的教育方针，努力成为"政治坚定、业务精通、作风正派、身体健康"全面发展的专门人才，批判那种拼命学习、忽视健康和不问政治的偏向，引导他们在留学期间全面地健康地成长为合乎规格的有用人才。为了加强对出国留学生的思想政治教育，1960年 10 月，国务院批准同意回国留学生工作领导小组的请示，将留学生每两年回国一次改为每年回国一次参加政治学习。③

第二，提倡学习互访，改进学习方法，是克服学习困难，改进健康状况的有效方法之一。留学匈牙利的学生会总结了互相学习的经验，如看书时分头查字典，下课后分头对笔记，有问题分头请教等，可以节省时间。老留学生介绍学习经验，可以缩短摸索过程，少走弯路等。这些有益的方法，都是

---

① 《中华人民共和国高等教育部关于改善国外留学生健康情况的指示》，1955 年 6 月 10 日，高等教育部办公厅：《高等教育文献法令汇编（1955 年 1—12 月）》，第三辑，高等教育部办公厅编印，1956 年，第 228 页。

② 《中华人民共和国高等教育部关于改善国外留学生健康情况的指示》，1955 年 6 月 10 日，高等教育部办公厅：《高等教育文献法令汇编（1955 年 1—12 月）》，第三辑，高等教育部办公厅编印，1956 年，第 229 页。

③ 中央教育科学研究所：《中华人民共和国大事记（1949—1982）》，教育科学出版社 1984 年版，第 284 页。

可以推广的，而且还可以发动同学们积极创造有效的学习方法。此外，有些课程，如第三外国语等，如果学校方面准予外国学生免修或选修，而不影响所在国的学制学习，仍能取得毕业证书，中国使馆可以批准，以适当减轻留学生的学习负担。

第三，必须教育学生认识健康的重要意义，注意营养，加强锻炼，并须经常切实贯彻。如规定每月生活费的若干数量（具体数字由各使馆确定）用在伙食方面，以保证留学生一定的营养；规定每天要有一定时间的课外活动（不包括每周的体育课程），经常锻炼身体，以增强体质。此外，还要发动学生们制定具体办法，及时总结推广。

第四，建立必要的制度，以保证各种留学生健康措施的贯彻实行。各使馆要建立每年检查留学生健康的制度，以便掌握情况，及时进行教育，同时亦可作为考察留学生是否完成国家要求的重要依据。要求国内在留学生出国前要认真加强体格检查制度，以免学生带病出国。[1]

总之，高等教育部认为，出国留学生的"健康问题关系青年一代的成长，是国家的根本利益的问题，必须十分重视"。[2]

三、派往国外留学生的特征

（一）以学习理工科为主

1950 年依照教育部《关于向东欧人民民主国家交换留学生的暂行办法》，上海部分高校向苏联和东欧人民民主国家等国家派出留学生。1952 年8 月，中苏两国签订了《关于中华人民共和国在苏联高等学校学习制协定》以后，上海高校派出留学生主要前往苏联和东欧人民民主国家等国高校留学。

20 世纪 50 年代初期，国家派往国外的留学生专业基本以工科为主（集中在机械、电机、土建、地质、采矿冶金、化工等系科），理科为辅，最后才是其他专业。这集中体现了 1950 年 6 月在第一次全国高等教育会议上，马叙伦在讲话中提出的"我们的高等教育，必须密切地配合国家经济、政

---

① 《中华人民共和国高等教育部关于改善国外留学生健康情况的指示》，1955 年 6 月 10 日，高等教育部办公厅：《高等教育文献法令汇编（1955 年 1—12 月）》，第三辑，高等教育部办公厅编印，1956 年，第 229 页。

② 《中华人民共和国高等教育部关于改善国外留学生健康情况的指示》，1955 年 6 月 10 日，高等教育部办公厅：《高等教育文献法令汇编（1955 年 1—12 月）》，第三辑，高等教育部办公厅编印，1956 年，第 229 页。

治、文化、国防建设的需要，而首先要为经济建设服务，因为经济建设乃是整个国家建设之本"[1] 的精神。因此当时派往苏联等国家学习工科、理科的留学生数量大大超过文科等其他学科。

以交通大学为例，1955 年 2 月 19 日，根据高等教育部指示，决定从应届毕业生及本科一年级学生中选拔留学生，并专门制订了《1955 年选拔留苏及赴人民民主国家留学研究生计划》，该计划提出了选拔条件和方法，其中特别强调要明确选拔标准，根据中央指示结合学校具体情况，在政治初审合格后的基础上进行身体检查和业务选择。业务选择时要关注其主要专业课和基础课的学习成绩，同时要注意学习是否认真踏实、肯钻研、能独立思考等。最后，学校分别从电机与电器制造、船舶蒸汽动力制造、电话电报通讯、蒸汽机车制造、汽车制造、内燃机制造、蒸汽动力机械制造、船舶制造、发电机配电网及联合输电系统、机械制造工程 10 个专业选拔出 37 名学生。其中留苏 33 人，留学社会主义民主国家 4 人，占这 10 个系学生总数675 人的 5.5%。[2] 据统计，1953—1956 年，交通大学共派出公费留学生328 人。[3]

除了主要派遣理工科学生赴国外留学，高等教育部还审时度势，派遣了一批留学生赴国外学习外语语言，以应当时国家建设的需要。

（二）强调政治面貌

政治面貌是高等教育部派选拔派遣留学生的首要条件。以交通大学为例，1953、1954 年学校派出留苏学生。1955 年高等教育部分配给交通大学的留学生名额是 37 名，其中留苏学生是 33 人，留学东欧其他社会主义国家4 人。赴国外留学的留学生的选拔条件：一是历史清楚，政治可靠，思想进步；二是学习、工作积极努力，品质优良，有培养前途，且自愿留学；三是年龄在 30 岁以下，身体健康。选拔方法：一是各系行政领导与有关班级党员根据选拔条件先进行排队，提出初步名单，与人事处及有关业务部门协商提出复审名单；二是复审名单提出后，由学生科进行政治审查，卫生科进行体格检查；三是政治、业务、身体均合格者，在系和班级教师中征求意见，

---

[1] 北京师大高等学校干部进修班：《中国高等教育文献法令选编》，北京师大高等学校干部进修班编印，1981 年，第 24 页。

[2] 《1955 年选拔留学生名单》，上海交通大学档案馆馆藏档案：长期-0206。

[3] 《上海交通大学志》编纂委员会：《上海交通大学志》，上海交通大学出版社 1996 年版，第660 页。

然后确定选送名单，报校长核批；四是最后将选送名单及各审查材料上报高等教育部核批。1954 年，上海四所高校即交通大学、复旦大学、同济大学、华东师范大学共同遴选了 234 名留学生，后又选出留学生 214 人，包括共产党员、团员和群众，绝大多数是各方面表现优秀者。

20 世纪 50 年代选拔赴外国留学生一般以学生政治过硬及家庭成员社会关系清白作为重要的政审条件之一。如 1955 年上海高等学校遴选留学生标准说明中指出："对学生本人条件好的，且家庭成员在政治上清白的，作为选拔留学学生的审核条件。"1955 年在交通大学、华东纺织工学院选拔留学生的工作计划中，规定交通大学选拔留学生名额为 675 人，其中工程系 159 人、电工器材制造系 86 人、造船工程系 55 人、电讯工程系 46 人、运输起重机械制造系 33 人、机械制造系 119 人、动力机械制造系 39 人、内燃机制造系 34 人、蒸汽动力机械制造系 49 人，并规定了留学生的遴选条件、步骤、时间安排、组织机构、工作中注意事项等。随后，依照 1956 年高等教育部的指示，上海高等教育管理局经过认真审核、选拔，保质保量地完成了国家计划委员会确定的派遣留学生专门计划。

四、对派遣留学生工作的评价

20 世纪 50 年代派遣学生赴苏联等民主国家留学在中华人民共和国对外教育交流史上具有非常重要的地位。它为我国社会主义建设事业培养了大批人才，输入了苏联等社会主义国家建设的先进经验和优秀成果。

作为新中国留学教育的发端，短短几年时间里，高等教育部等相关部门发布了一系列规定，确定了留苏教育的指导思想、原则、派遣标准和办法，以及回答了留学管理、留学人员的专业结构、经费等重要问题，由此构建了新中国留学制度的基本框架。当时留学生教育坚持"保证重点与兼顾一般相结合、现实需要与长远规划相结合、提高质量与保证数量相结合"的方针；在留学生管理上由教育部、外交部、人事部分工合作，在驻外使馆设留学生管理处，派专人负责的管理体制；派遣留学生坚持"又红又专"标准，坚持既要考虑本国需要，又考虑接收国实际的原则；同时加强对留学生思想政治教育，照顾好其学习、生活以及出台毕业后全部归国妥善安排工作的政策等，所有这些为改革开放后新一轮海外留学高潮的管理提供了宝贵经验和继续前行的基础。尽管当今的形势已发生很大变化，但这些制度仍对我国留学教育有着重要的借鉴意义。但由于受历史和时代的局限，当时的留学教育管理体制上也存在一些弊端，这些弊端主要表现在以下几个方面：

一是派遣国家单一。20 世纪 50 年代，从世界范围来看，是一个教育交流较为活跃的时代。"世界范围内的教育改革实践与理论通过不同国家之间的交流过程相互激励、相互推动，蔚为大观。"① 而我国却在那个年代始终将意识形态、社会制度的认同作为对外交流的首要标准，在 1950—1959 年期间，将留学生的 91% 多派往苏联，8% 多派往东欧人民民主国家。而事实上，20 世纪 60 年代苏联在电子、自动化、计算机等领域已落后于西方国家，但是由于我国留学生派遣国家过于单一，对世界上其他国家、其他民族的先进文化、科技知识就无从比较和选择，一定程度上影响了留学生的视野和知识面的拓展。

二是学科专业狭窄。20 世纪 50 年代，我国派往苏联的留学生中有 70% 是学习理工，由此造成自然科学与社会科学的比例严重失调，社会科学很长一段时间得不到更好的发展。再加上苏联高等教育实行的是学科高度专业化，因而造成我国留学生知识面非常狭窄。此外，苏联大学专业设置过于精细化，教学方法的僵化和具有法律权威的"一纲一本""重智轻能""重教轻学"的教育观念，都对我国留学生的知识结构产生了影响，从而增加了他们后期学术能力进一步提高的难度。②

三是管理体制存在弊端。其主要表现在国家层面大包大揽、内控式的管理。教育的对外交流必须由政府的教育主管部门来领导，任何其他行政机构或学校均无单独开展教育对外交流与合作的可能。1951 年 11 月 20 日，教育部颁布《关于各级教育行政机关及学校对外联系的指示》规定："严禁与尚未与我国建立外交关系的国家团体发生联系。各级教育行政机构及学校，今后一切对国外的联系应报经我部核办，不得擅自处理。"③ 在当时世界性留学教育潮流已从单一国家派遣向多形式、多渠道转化的形势下，这样带有强制性的条款和这种政府对教育交流严格控制的做法，可以说，严重影响了我国对外教育交流工作和国内高等教育事业的进一步发展。

事实上，经过一段时间向国外派遣留学生的历程，国家对这项工作也进

---

① 田正平、肖朗：《教育交流与教育现代化》，《社会科学战线》，2003 年第 2 期，第 139～149 页。

② 黄利群：《建国初期留苏教育的历史地位评价》，《教育评论》，2001 年第 2 期，第 53～54 页。

③ 李涛：《关于建国初期赴苏留学生派遣工作的历史考察》，《东南大学学报》，2005 年第 5 期，第 112～117 页。

行了总结，并对以后的留学生派遣工作提出了一些改进意见。1959年4月13日至5月9日，国家科委、外交部、教育部在北京联合召开留学生工作会议，参加会议有相关的负责干部40人。会议回顾了自1949年开始，共计9年来派往社会主义国家的留学生工作，提出了改进今后工作的意见。会议总结了新中国成立以来留学生的派遣工作，分为三个阶段：一是1950—1953年，执行"严格选拔、宁少毋滥"的方针。二是1954—1956年，执行"严格审查、争取多派"和"以理工科为重点兼顾全面需要"的方针。三是1957—1959年，执行方针是前面两个阶段方针的融合。会议公布了1949—1959年九年间共计派遣留学生16000余名（学成归国的已有9000名），其中91％派往苏联，8％派往其他社会主义国家。留学生中有三分之二学工科。留学生绝大多数刻苦学习，成绩优良。留学生工作成绩很大。会议认为，九年来留学生工作存在的问题是：质量不高，专业不全，缺乏长远规划，对基础理论专业重视不够。会议还讨论了留学生的政治思想教育、国外管理及回国分配、使用等问题，并决定由国家科委统一领导留学生工作。在统一领导、分工负责的原则下，由教育部、科学院等部门分口管理。7月27日，中共中央批转了这次会议的报告。[①]

这些意见是对新中国成立后近十年留学生派遣工作的总结和反省，虽然不是很全面，但确实也指出了当时派遣留学生过程中存在的一些问题，但由于受当时国际形势的变动以及国内政治因素的影响，这些认识和改进的意见并没有全面付诸实施，直到1978年底十一届三中全会召开，决定实行改革开放政策之后，问题才真正逐步得到解决。

第二节　接受外国留学生来华留学

20世纪50年代以来，我国也陆续接受外国留学生来华留学。跟向国外派遣留学生一样，高等学校培养外国留学生的体制也是由中央高等教育部按计划统一安排来校，并统一进行管理。1949年新中国成立以后，到北京、上海等高等教育发达城市来学习的外国留学生一直呈增长态势。可以说，除北京之外，上海一直是接受外国留学生来华留学人数最多的城市。

---

① 中央教育科学研究所：《中华人民共和国大事记1949—1982》，教育科学出版社1984年版，第244页。

一、来华留学生概况

20世纪50年代，我国接受外国来华留学生的国别比较广泛，人数也较多。据统计，1950—1966年我国接受了来自苏联、保加利亚、捷克斯洛伐克、匈牙利、德意志民主共和国、波兰、罗马尼亚、南斯拉夫、阿尔巴尼亚、朝鲜、越南、蒙古、印度、印度尼西亚、柬埔寨、缅甸、泰国、尼泊尔、锡兰、老挝、伊拉克、塞浦路斯、伊朗、叙利亚、沙特阿拉伯、日本、埃及、苏丹、索马里、肯尼亚、乌干达、桑给巴尔、加纳、喀麦隆、乍得、赞比亚、马拉维、塞拉利昂、刚果、墨西哥、哥伦比亚、巴西、智利、委内瑞拉、古巴、西班牙、意大利、希腊、冰岛、丹麦、挪威、瑞典、芬兰、比利时、法国、奥地利、英国、澳大利亚、美国、加拿大等60个国家7259名留学人员，分布在我国55所高等学校154个专业点学习。[1]

1954年，华东纺织工学院、上海铁道学院、上海机械专科学校和复旦大学4所高校首先接受来自朝鲜、越南和日本的留学生。其中华东纺织工学院一所学校接受了来自朝鲜、越南的5名留学生，是新中国成立后上海首批接受的留学生，以后逐年递增。

1956年随着各国来华留学生增加，上海各高等院校接受外国留学生的数量也随之增加。如复旦大学开始接受日本及欧美、大洋洲国家的留学生，且多为研究生、进修生。他们学习中国古典文学、现代文学、中国古代史和中国近代史，有的留学生到沪主要是为了撰写博士论文和进行相关专题研究。1957年及此后几年，中国主要接受来自苏联和东欧社会主义国家的留学生，还有来自亚洲、非洲、拉丁美洲等国家的留学生。

此时期，我国高等学校培养外国留学生也是由中央高等教育部按计划统一安排来校的。以交通大学为例，1955年，高等教育部分配4名越南本科生来交大留学。这批留学生来校前已在桂林中国语文专修学校学习中文一年，到校后均在蒸汽机车制造工程学专业学习。当年还有一位越南本科留学生是院系调整时从大连工学院转学来校的，在船舶内燃发动机及装置专业学习。1956年，又有14名越南学生分配到交大留学，其中蒸汽机车制造专业

---

① 《中国教育年鉴》编辑部：《中国教育年鉴（1949—1981）》，中国大百科全书1984年版，第666页。

7 名、车辆制造专业 5 名、电机和电器制造专业 2 名。[①]

为了做好留学生工作，交通大学于 1956 年 4 月 30 日成立了由张鸿教授为首的留学生工作组，由副校长苏庄分管。工作组制订了留学生工作计划，涵盖其思想、学习、生活、健康等各方面；要求教务处经常关心留学生学习，推动系和基础教研室加强学习指导；要求任课教师及时解决他们的困难，做好答疑工作，批改作业要特别予以关心；教室上课要讲普通话，板书要清楚，避免写草字；考试时，适当延长口试准备及口试时间等。留学生 4 人一间寝室，伙食上也予以关心。

1957 年，又有 30 名越南留学生由高等教育部安排陆续来到交通大学，到运输起重机械系学习的有 19 名；从武汉调来的有 8 人，从上海机床厂来校进修的 3 人，其中有越南劳动党党员 6 人、团员 13 人。1958 年，越南在交通大学（上海部分）的留学生共有 17 人。1959 年 3 月 28 日，校长办公室发布的"1958 年留学生工作总结及 1959 年工作规划"称，交通大学当时有留学生 27 人，其中运输起重系 17 人、船舶动力系 5 人、电机系 4 人、船舶制造系 1 人；另有华侨学生 34 人。[②]

做好留学生工作的关键是抓好教学，培养具有真才实学的合格人才。上海各校在这方面都给予了高度重视，建立了一支合格的留学生教师队伍，并根据各国留学生的学习基础因材施教。20 世纪 50 年代，根据国家对来华留学生教学计划的要求，高等教育部每年都要安排留学生到各省市有关单位进行生产实习和毕业实习。实习时间有长有短，长的达一个半月，短的半个月，有的是大学二年级进行实习，有的是三、四年级进行实习。所有这些实习都配有指导教师。1954—1966 年间，同济大学共接受了 28 名留学生，主要来自越南；同济大学共接受了 238 名留学生；华东师范大学共接受了 80 名越南的留学生；上海海运学院共接受了 31 名来自越南的留学生。[③] 这些由上海高校培养的留学生基本均为合格，有的学生还达到了高质量人才的水准，受到派遣国家的好评。

[①] 王宗光：《上海交通大学史》（1949—1959），第 5 卷，上海交通大学出版社 2016 年版，第 58 页。

[②] 王宗光：《上海交通大学史》（1949—1959），第 5 卷，上海交通大学出版社 2016 年版，第 59 页。

[③] 《上海高等教育志》编纂委员会：《上海高等教育志》，上海社会科学院出版社 2010 年版，第 507 页。

二、设立管理机构

1954 年 4 月 15 日，高等教育部颁发《各人民民主国家来华留学生暂行管理办法》。该办法规定了来华留学生管理工作的机构，为了做好来华留学生管理工作，"高等教育部、外交部、对外文化联络事务局、青年团中央委员会、全国学生联合会和有关学校等单位，在必要时得举行留学生联席会议，以利工作的配合"①。

由于各高校前期对于来华留学生分配管理工作缺乏一个统一的计划和领导，因此有的学校对中央关于来华留学生的指示或各项规定、制度办法等，没有及时传达贯彻执行。因此，高等教育部认为"各校有必要在校长的领导下，由教务长（或教务科长）、总务长（或总务科长）并请党、团委派人组成留学生工作组，负责研究计划并定期检查全校留学生的全面工作，学校行政、党团组织分别根据工作组的计划和要求制订具体计划，保证执行，并保证专人负责处理日常工作，加强对留学生的联系"②。

依照 1954 年高等教育部的指示，1955 年上海市高等教育局对来沪留学生的数量、编制经费等作了明确规定，其中对来沪留学生的生活费、服装补助费、报刊讲义费、文娱费、家具及寝具等设备费、卫生保健费、消夏参观旅行费、回国欢送赠礼费等标准都作了明确详细的规定。1955 年 8 月 10 日，上海市高等教育局依照高等教育部的指示，对来沪留学生进高校后的管理制度、留学生的学制、年限等作了明确规定。1956—1957 年期间，上海市高等教育局对来沪留学生在学习期间接受医疗方面的事宜作了妥善规定。

三、教学管理

（一）对留学生进行政治思想教育

对于来华留学生的政治思想教育问题，最初高等教育部有所忽略，以致一些外国留学生意见颇多。有的留学生说"我们的学校从来也不给我们提意见"，对此表示很不满意。一些学校的个别留学生学习纪律不好，学校未及时对他本人提出，却将这些意见写在期终成绩报告单的评语栏中，送到高等

---

① 高等教育部办公厅：《高等教育文献法令汇编》，第二辑，高等教育部办公厅编印，1955 年，第 342 页。
② 高等教育部办公厅：《高等教育文献法令选编（1956 年 1—12 月）》，第四辑，高等教育部办公厅编印，1957 年，第 197 页。

教育部转交其大使馆，这种做法使得留学生很不愉快，认为学校如能当面提出来，他们是很高兴改正的。有的留学生反映，"我们的政治生活太贫乏，学校不但不给我们组织关于中国现况介绍或有关政策时事的报告，有些为中国学生组织的报告，如中国五年建设计划的报告或十月革命节苏联专家的报告等也不让我们参与，好像把我们放在学校以外了"①。

鉴于来华留学生的反应，及从具体情况出发等方面的考虑，高等教育部对留学生的政治思想教育工作采取了以下措施。

第一，设立专门负责机构。1956 年，根据中共中央转发中央书记处第四办公室《关于外国实习生、留学生工作汇报会议向中央的报告》的指示，由各校党委负责留学生的政治思想领导工作，党委将此内容列入议事日程，定期讨论，制订工作计划，并督促检查。

第二，不定期邀请留学生参加各类活动。留学生到我国来留学，一方面是要学习各种专业知识；另一方面他们也有了解新中国的强烈愿望，以便将来学成回国以后，更好地向他们国家的人民介绍新中国。各校可采取各种方式如组织报告会或游览参观，利用假期在本地组织留学生进行参观访问学习等，尽可能有计划地帮助他们了解我们国家的建设情况以及各项重大政策措施。有的留学生自费到外地去，学校应给予协助。中国学生组织的各项政治活动如报告会、座谈会、夏令营等活动，均可邀请他们参加。邀请他们参加的原则是"必须启发其自愿，并注意适当安排时间，不宜过多过紧，以免加重其负担"②。

第三，明确对留学生进行政治思想教育的方式方法。虽然各国留学生在素质上存在一定的差别，但是整体上、基本上是优秀的，当然也难免存在一些缺点。因此，要"用马克思列宁主义的原则进行政治思想教育，应该有批评，有表扬，但要注意方式和场合，批评要慎重，并应注意国际关系和影响，应多作正面教育或采取个别谈话的形式进行，以达到教育的目的"。如中央美术学院的李桦教授对留学生的艺术创作思想以及生活作风、遵守纪律等各方面，恰如其分地运用批评和表扬，使留学生深受教益，留学生说："李先生不仅是我们的好老师，也是我们的好朋友，李先生像我们的父母一

---

① 高等教育部办公厅：《高等教育文献法令选编（1956 年 1—12 月）》，第四辑，高等教育部办公厅编印，1957 年，第 195 页。
② 高等教育部办公厅：《高等教育文献法令选编（1956 年 1—12 月）》，第四辑，高等教育部办公厅编印，1957 年，第 195 页。

样，很爱护我们，但他很严厉，对我们的缺点及时提出批评，帮助进步很大。"① 由此说明，对留学生的教育要注意运用合适的方式方法。

第四，加强学校党团机构与留学生的交流。学校党、团组织与留学生的交流能让留学生感受到重视。学校党团主事机构不管是通过组织专门会议，还是其负责人与留学生进行个别交谈，经常保持与留学生的接触，既可以了解他们的诉求，同时也可以跟他们交代学校对他们的要求和意见。据已执行此种做法的高校的留学生反映："党委给我们谈话，我们感到特别亲切。"②

（二）对教职员工进行国际主义思想教育

为做好对来华留学生的培养工作，高等教育部要求各高校工作人员必须充分认识到做好留学生工作的重大政治意义。它"不仅是为各友好国家培养干部，增进国际间友好团结，扩大和平民主统一战线的重大政治任务，同时也是对我们学校的全体师生员工国际主义精神的实际考验与锻炼"，强调"即使学校里只有一个留学生，也要看作是两个国家间的问题。要遵照中央的指示，只许做好，不许做坏"③，由此也映照了我党在新中国成立初期对国际关系的重视。

1956 年 4 月 23 日，高等教育部发出《关于外国来华留学生管理工作中几个问题的指示》，要求各有关高等学校在全校贯彻国际主义思想教育，加强对留学生的政治思想教育，认真贯彻"学习严肃负责，生活适当照顾"的原则，并在校长领导下组成"留学生工作组"，负责留学生的全面工作。④

至于如何深入普遍地对来华留学生进行国际主义教育，高等教育部认为"必须动员大家，共同关怀、共同负责"，要求"所有师生和工作人员从生活到学习各方面对留学生进行全面的帮助和照顾"，尽量不要出现类似于"一些学校里还存在着实验的时候，留学生站在后边插不上手；中国同学吃一碗饭了，留学生还没有盛上饭；看电影的时候留学生站在后面看不见等等情况"，要求学校职工和学生从"一些最细致的事情上来体现我们的国际主义精神，而不要流于空洞的口号"。通过具体事例，进行普遍深入的国际主义

---

① 高等教育部办公厅：《高等教育文献法令选编（1956 年 1—12 月）》，第四辑，高等教育部办公厅编印，1957 年，第 196 页。

② 高等教育部办公厅：《高等教育文献法令选编（1956 年 1—12 月）》，第四辑，高等教育部办公厅编印，1957 年，第 196 页。

③ 高等教育部办公厅：《高等教育文献法令选编（1956 年 1—12 月）》，第四辑，高等教育部办公厅编印，1957 年，第 194 页。

④ 中央教育科学研究所：《中华人民共和国大事记（1949—1982）》，教育科学出版社 1984 年版，第 132~133 页。

教育，"结合日常工作中学习中反映出来的有关国际主义方面的好坏典型事例，表扬好的，树立榜样，严肃地公开地（不登记）批判处理伤害国际友好团结的言论和行为，努力做到中央指示的'把帮助和关怀兄弟国家这一共产主义思想坚固地树立起来'，形成一种舆论和空气"。[①]

对此，一些高校采取了一些措施，从细节和具体事例方面加强国际主义思想的传播，用实际行动提升国家之间的友谊。例如，有的学校通过文娱和社会活动来进行国际主义教育。如举行一些小型座谈会，请留学生给中国学生介绍一些他们国家的情况，报告一些他们的英雄模范事迹等。在这方面，北京机器制造学校在团组织建设方面比较有经验，他们根据各国留学生的国家节日有意识地在留学生所在班级举行庆祝、赠礼、写贺信等有意义的活动，特别是利用广播、黑板报等媒介来对留学生的优良学习成绩和模范行为进行宣传表扬。通过这些活动，大大鼓励了留学生和中国同学的学习热情；并加强了两国同学间的友谊与团结。[②]

（三）其他教学管理

一般来说，高校接到高等教育部派遣来校的留学生之后，在校内开展的工作首先是动员有关教师及工作人员做好留学生工作。例如辽宁抚顺煤矿学校接到留学生工作任务之后，校长即在校务会议上作了全面的动员，说明这项任务的政治意义，"指出为各人民民主国家培养建设干部，对加强国际间的友谊及增强和平民主阵营力量的作用"。此外，系科主任又向各有关班主任及任课教师进行了反复交代，并提出具体做好这项工作的方式方法。以天津大学为例，1954年9月，该校接受了19名朝鲜和越南的留学生来校学习。这是天津大学首次接受外国留学生来校，"是一项完全生疏的工作"，但是根据高等教育部的指示，特别是通过1954年8月高等教育部召开的留学生工作座谈会，了解了留学生工作的精神、方针和原则，并最终形成了留学生教学及管理工作的经验。

国外留学生来华后，在学习和生活上也遇到了很多困难，其中大部分困难主要是语言交流能力弱所致。

---

① 《中华人民共和国高等教育部关于外国来华留学生管理工作中几个问题的指示》，高等教育部办公厅：《高等教育文献法令选编（1956年1—12月）》第四辑，高等教育部办公厅编印，1957年，第194页。

② 高等教育部办公厅：《高等教育文献法令选编（1956年1—12月）》第四辑，高等教育部办公厅编印，1957年，第194页。

20世纪50年代，各高校针对来华留学生在学习、生活等方面所遇到的困难，其总的指导原则是"学习严肃负责，生活适当照顾"。具体来讲，各高校从以下几个方面进行了改善：

第一，加强汉语专业词汇学习。留学生来到中国，语言是最大的障碍，不仅要在生活、政治上加强汉语词汇学习，而且要加强专业词汇学习。以北京大学外国留学生中国语文专修班和桂林中国语文专修学校为例，其留学生反映，在语文班学的词汇多为生活及政治方面，对专业词汇学习太少，因此在转入专业学习以后，大多数情况下"听不懂，看不懂，记不下"。希望两个语文班具体了解留学生语文困难的情况，考虑在下学期采取有效方法使他们在巩固与提高基本语法及词汇的同时，在课堂上及课堂下尽可能多接触专业词汇，以减少他们将来专业学习时的困难。因此，应改进语文课教学。明确学习语文课的目的是从语言上使留学生正确了解专业课的内容，因此教材的安排应该结合主要专业课，其方法也应该着重提高留学生的阅读能力和表达能力。[①]

第二，改进辅导方法，提高辅导效果。对此，中国人民大学、中央美术学院及贸易学院均确定对留学生的学习辅导工作主要由教师负责，中国同学的辅导只能帮助留学生解决一般的问题。为此，导师或讲课教师要随时了解并解决留学生学习上的主要困难，帮助留学生改进学习方法，提高学习效率，同时学校教务部门对教师和同学辅导留学生的工作要经常进行督促和检查，加强经验交流，以便改进辅导工作。对留学生的导师及中国朋友的挑选也应注意质量。另外在辅导时间的安排上也要特别注意，不要把留学生的时间排得满满的，使留学生没有一点自学的时间。[②]

天津大学根据高等教育部关于对留学生"专业知识方面加强辅导"的方针采取了一系列的措施。首先，允许基础较差的留学生参加数、理、化的工农干部学习班。这个班是专为帮助一部分工农干部同学而开设的，所学内容与其他各班都一样，但进度较慢，上课时数较多，而且老师特别加强了辅导。其次，要求所有负责留学生班级课程的教师对留学生特别注意与帮助，要求教研室指定专人经常了解留学生的学习情况并及时予以帮助。如普通化

---

① 高等教育部办公厅：《高等教育文献法令选编（1956年1—12月）》，第四辑，高等教育部办公厅编印，1957年，第196页。

② 高等教育部办公厅：《高等教育文献法令选编（1956年1—12月）》，第四辑，高等教育部办公厅编印，1957年，第196页。

学教研室召集水、电两系留学生开了调查会，了解他们的学习情况和问题，还采取了分工负责的包干制度来帮助他们，经过一段时期的坚持，大多数留学生不仅能跟上班，而且基本水平在班上都达到了中等以上。但是有些基础较差的留学生学习仍很吃力，于是学校又采取措施，"要求普通化学、物理、中国革命史等课的教师个别加强对他们的帮助"，并且"允许他们在考试时将最感困难的一门课延期考试"，以减轻他们的负担。①

天津大学对于留学生在学习上的帮助可以分为课堂讲课和辅导自学两部分。一是课堂讲课。在讲课中教师除尽可能讲课讲得慢一些、清楚一些，尽量板书工整外，还采取了课前帮助的方式，如普通学科教师在每次讲课前将本课的重点问题、所需要的名词符号先向留学生进行一次交代，使他们早做准备，这样对于留学生听课有很大帮助。此外，也有的教师在课后用几分钟的时间，请留学生提一下对本堂课的意见，一方面了解他们的情况，另一方面改进讲课中的缺点。二是辅导自学。这是帮助留学生学习文化知识最重要的一个方面，大部分教师在开始时是采取每周固定一个辅导时间来专门辅导的方式，由留学生提问题，老师解答，如果留学生提不出问题，教师就把讲课内容再重新讲一遍。后来随着留学生问题的逐渐减少，不需要每周固定一个辅导时间了，于是就改为个别答疑和个别质疑的方式，即留学生在自学过程中产生了问题再去找教师答疑。由于采取了以上措施，留学生的成绩有所进步。"在教师和中国同学的热情帮助下，经过留学生自己刻苦顽强的努力，考试结果是成绩良好。"②

第三，免修或缓修部分课程，减轻留学生学习负担。对于在高等学校学习的留学生，各校经校长批准可确定免修或缓休对外国留学生不必要的一门或二门课程，以减轻他们的学习负担。对研究生补修课程的方法可以征求留学生本人是否自愿，采取随班听课或制订自修计划，再定期考试的方法。③

四、生活管理

20 世纪 50 年代，在中国经济不发达、各种生活用品按计划供应的计划

---

① 《天津大学关于留学生教学及管理工作报告》，1955 年 6 月，上海市档案馆馆藏档案：B105—5—1380—23。
② 《天津大学关于留学生教学及管理工作报告》，1955 年 6 月，上海市档案馆馆藏档案：B105—5—1380—23。
③ 高等教育部办公厅：《高等教育文献法令选编（1956 年 1—12 月）》，第四辑，高等教育部办公厅编印，1957 年，第 196~197 页。

经济时代，高等教育部对来华留学生各种生活用品的供应也是按照标准和计划来供应的。来华留学生在华享受的待遇非常高，除了留学生个人的学习生活费由其国家负担之外，其余都由中国政府承担，并提供各种经费补助和情感关怀，使留学生在中国的学习生活得到全方位的保障。

（一）各类经费管理

1957 年，高等教育部对各高校发布了关于来华留学生若干项经费的几个指示。

1. 医疗伙食费用问题

虽然高等教育部在 1956 年 3 月 22 日统一就留学生的入住医院或疗养院的伙食经费问题进行了规定，但据留学生反映，各校掌握与执行通知内容是不一致的。有的学校完全不扣留学生的伙食费，有的学校伙食费扣得太多，或者扣伙食费后的余款寄发太迟，留学生表示不满。为解决这一问题，参照中国留学生的伙食费标准并照顾留学生有较充足的零用费，决定从 1957 年 2 月份起，"凡入住医院或疗养院（包括亚洲学生疗养院）的中技学校的朝鲜、越南留学生，其伙食费按 10 元标准，高等学校的朝鲜、越南留学生按 12 元，苏联东欧留学生按 50 元，蒙古、奖学金及自费学生按 30 元标准扣除或缴付。由我国发给或垫付留学生生活费的剩余部分请按时汇往有关医院或疗养院及时代发本人"[①]。

2. 实习期间的费用问题

1957 年之前，高等教育部对留学生在实习期间的费用问题没有明确的规定，因此导致各高校在这方面的执行很不一致，留学生对此的意见也不少。从 1957 年开始，高等教育部就留学生在实习期间发生的费用问题进行了如下规定：

一是留学生与中国学生一起参加统一教学计划内规定的实习时，其实习期间的实习补助费、旅费等均按照中国学生一样的标准开支并由我国负担，但在留学生乘火车时可以照顾坐卧铺，其费用也由我国负担。由我国负担的部分应在各校主管机关批准的预算内开支。[②]

---

① 《高等教育部关于来华留学生的经费等几个问题的规定》，1956 年 3 月 22 日，上海市档案馆馆藏档案：A23-2-191-7。
② 《高等教育部关于来华留学生的经费等几个问题的规定》，1956 年 3 月 22 日，上海市档案馆馆藏档案：A23-2-191-7。

二是根据各国驻华使馆的特殊要求，单独为留学生组织的实习或实习性参观旅行，则不发给实习补助费、室内交通费等，其生活费及旅费应按外国来华留学生 1956—1957 学年费用负担办法及待遇标准，由本人缴付或由我国代垫。①

三是根据各国的要求，留学生在毕业后继续留在我国实习半年或一年以上者，其实习期间的待遇标准应与留学生在学校学习时一样办理，各校应及时将全部费用（包括旅费、生活费、文娱活动费、医疗费等）及开支标准一并寄给实习单位掌握开支。关于陪同留学生到外地去指导实习的教员的一切费用，则应由学校在出差费项目内开支。②

四是根据许多学校的反映，留学生毕业回国时，要求将生产实习笔记和实习报告及毕业设计说明书和图纸等材料带回国。高等教育部对此的意见是：一般可以允许留学生本人带回国，至于涉及机密性的实习报告及毕业设计等材料，应请主管业务部门审查批准后，将材料送我部转递有关驻华大使处理。③

3. 其他费用问题

按照 1956 年高等教育部《关于我国来华留学生学习生活费待遇修订标准的说明》第 11 条规定，"外国来华留学生因病或毕业回国的旅费凡规定我国负担或代垫回国旅费者，根据其驻华大使馆的规定……留学生因个人需要经高等教育部及其他大使馆批准来北京或到其他各地或来京参加其大使馆所组织的各项活动，或参加其本国政府派遣来华的团体做翻译等工作者，除特殊情况外，其一切费用（包括旅费等）学校不与负责"。针对这一规定，有的高校未能很好地执行，如越南、朝鲜留学生毕业或经北京回国时，有的学校只购买到北京的车票，而不发给他们北京至河内、北京至平壤的车费，还有旅途补助费及行李拖运费，这样留学生就必须向教育部或使馆借款，造成很多困难。还有的高校未经使馆与教育部同意，即将留学生因事外出和去大使馆租借小汽车费用等，均列入该国代垫款项内，而各国委托我国代垫留学生费用项目内并无交通费用这一项，将无法要求各国归还，因此导致此项费

---

① 《高等教育部关于来华留学生的经费等几个问题的规定》，1956 年 3 月 22 日，上海市档案馆馆藏档案：A23-2-191-7。
② 《高等教育部关于来华留学生的经费等几个问题的规定》，1956 年 3 月 22 日，上海市档案馆馆藏档案：A23-2-191-7。
③ 《高等教育部关于来华留学生的经费等几个问题的规定》，1956 年 3 月 22 日，上海市档案馆馆藏档案：A23-2-191-7。

用难以报销。故此，高等教育部要求"各高校今后认真贯彻执行各项规定，留学生毕业后如无使馆通知和特殊需要，一律由学校所在各地直接回国，如留学生一定要到使馆，请告知学生自己与使馆联系，同时请学校严格掌握各项经费开支及代垫的标准及项目。如留学生有特殊要求，应请其向大使馆提出，经其使馆同意批准后与高等教育部研究决定，再通知学校办理"①。

（二）日常生活管理

许多高校对留学生的生活管理是严格遵循高等教育部的"适当照顾"的方针，"使留学生感到温暖，增进了国际友好关系"。但是，也有个别高校片面强调留学生也是我们学校的学生，因而与中国同学完全一样对待，不加区别，忽视他们是外国学生，如有的学校一个房间住 8 个中国学生，留学生则只住 4 个人，有的干部就认为"为什么留学生要特殊"，高等教育部认为这种思想情绪"应该注意教育、纠正"，对他们"应该有与中国学生不同的必要的关怀照顾"。具体来说，各高校依据高等教育部的指示，对来华留学生的生活管理都进行了细致安排，主要分为以下几个方面：

1. 住宿

各国驻华大使馆都向我方要求留学生能同中国学生住在一起，便于取得中国同学帮助，并逐渐做到学习生活上打成一片。因此，高等教育部要求"各校在可能条件下要尽量满足这一要求，但同时应注意给予留学生一定的照顾，如住宿条件，住宿人数，点灯、暖气（火炉）及室内设备等"②。

2. 伙食

高等教育部要求"各校总务部门应注意适应各国留学生的用餐习惯，在可能条件下适当照顾"。③ 如东欧留学生人数较多的学校，有的已经建立西餐灶。有的学校对朝鲜同学喜欢吃泡菜，不喜欢吃稀饭，越南同学不喜欢吃面食，喜欢吃米饭，等等，也都分别给予照顾，这些做法对拉近与留学生的友谊、保证留学生的健康很有好处。

3. 业余休闲生活

20 世纪 50 年代，高等教育部对来华留学生的重视还体现在精心安排留

---

① 《高等教育部关于来华留学生的经费等几个问题的规定》，1956 年 3 月 22 日，上海市档案馆馆藏档案：A23-2-191-7。

② 高等教育部办公厅：《高等教育文献法令选编（1956 年 1—12 月）》，第四辑，高等教育部办公厅编印，1957 年，第 197 页。

③ 高等教育部办公厅：《高等教育文献法令选编（1956 年 1—12 月）》，第四辑，高等教育部办公厅编印，1957 年，第 197 页。

学生的文娱体育活动。为帮助高校了解留学生参观、娱乐等业务生活费用的开支范围，高等教育部办公厅还曾对该项经费开支作过一次说明。至于具体如何使用，学校一方面要结合留学生的要求，另一方面是根据计划。只要不超出这两项标准，留学生的各种娱乐、旅行、参观等活动，都可由学校自行安排。但即使如此，据留学生反映，有的学校为留学生组织的社会活动、文娱活动还是太少，有的太呆板、老一套；也有的反映，因事先没跟他们商量，到时又不得不参加这类活动，造成了他们的思想负担。因此，高等教育部要求各校行政和团组织要多想办法，尽量使这些活动形式更为多样，内容更为丰富，尤其是过年过节以及放假期间，对留学生更应注意给予必要的关怀照顾。[①]

第三节　争取海外留学生归国

新中国成立初期，由于刚刚结束大规模的战争状态，国内文化教育事业处于停滞状态，各类人才奇缺，根本无法在短时间内培养大批社会主义建设所需的人才，因此，党和政府采取了双重政策，即在向国外派遣留学生的同时，大量争取海外华侨和留学生回国参加经济建设，这成为新生的共和国在建国初期人才建设的一项重要内容和任务。

据统计，新中国成立之初，我国在海外的留学生大概有 5000 多名，他们多数具有爱国主义思想，愿意为祖国的建设贡献自己的力量。因此，我国在积极培养国内专业技术人员的同时，也开始采取措施大力吸引在欧美国家学习和工作的留学人员回到祖国，为社会主义建设添砖加瓦。而事实上，朝气蓬勃的新中国的巨大凝聚力已成为吸引海外留学生回国的最重要的因素之一。1953 年 12 月 21 日，张兴铃等 15 名被美国扣押的学生致函周恩来总理："这封信带去我们对祖国无尽的热爱和怀念，向你申述我们在美国的处境，并急切请求政府给予我们以有力援助"，并表示"我们在痛苦中充满着希望、信心和勇气，也使我们更渴望早日回去"。[②] 信中真切表达了他们迫切归国的赤子情怀。得知这批海外留学人员急切请求归国的愿望之后，党和国家领导人开始从国家政策层面考虑海外留学生的归国问题，并随后采取了

---

① 高等教育部办公厅：《高等教育文献法令选编（1956 年 1—12 月）》，第四辑，高等教育部办公厅编印，1957 年，第 197 页。

② 李滔：《中华留学教育史录（1949 年以后）》，高等教育出版社 2000 年版，第 48 页。

一系列措施。

一、海外留学生艰难归国的背景

1949 年新中国成立之前，我国的留学生大多数在欧美各国学习。新中国成立之后，在国外的留学生纷纷要求回国。据教育部统计，截至 1950 年 12 月，我国在海外的留学生共有 5096 人，他们中的大部分是在 1946—1948 年期间出国的，主要分布在美国（3065 人）、日本（1187 人，其中 2/3 属于台籍学生）、英国（460 人）、法国（190 人）、德国（50 人）等，其中专攻理、工、农、医学科的约占 70%。[①] 这些留学生大多数是抱着"教育救国""科技救国"的信念负笈海外、刻苦攻读的，因此多具有爱国主义思想，愿意为祖国建设服务。

然而，当时的国际形势并不利于留学生归国。

一方面，新中国成立之后，国民党残余势力逃亡台湾地区，但是仍然积极争取在海外的华裔学人为己所用，由此，国共两党争夺人才的斗争也悄然开始。例如 20 世纪 50 年代胡适在美国时，国民党曾经借助他的个人影响笼络了一批在美留学的华裔学者，如吴健雄、吴大猷、刘大中、袁家骝等。胡适还就海外青年留学生不愿来台湾地区却愿回祖国大陆的现象，向台湾当局建议，并提出《争取学术独立的十年计划》[②]，期望以此吸引海外人才来台发展。可见，台湾当局对海外留学生的争夺一定程度上增加了祖国大陆吸引留学生归国工作的复杂性。

另一方面，国际上，当时以美国为首的西方国家为了封锁新中国，对留学生回归大陆采取了百般阻挠的方式。1950 年春，美国政府向中国留学生表示"同情将不被共产党政府所欢迎的留学生"，并将其列为"无国籍人"。抗美援朝战争爆发后，美国各地实行限制我国留学生、禁止他们申请出境，甚至威胁"谁要违反此命令，将被判处 5000 美元以下罚款或五年以下徒刑，或同时处以两种惩罚"，并且规定"凡是在美国受过像火箭、原子弹以及武器设计这类教育的中国人，均不得离开美国，因为他们的才能可能被利用来反对朝鲜联合国武装部队"[③]。在此种情况下，最多时有 120 名中国留学生

---

① 李滔：《中华留学教育史录（1949 年以后）》，高等教育出版社 2000 年版，第 3 页。
② 沈卫威：《胡适传》，河南文艺出版社 1999 年版，第 283 页。
③ 全国政协暨北京、上海、天津、福建政协文史资料委员会：《建国初期留学生归国记事》，中国文史出版社 1999 年版，第 47 页。

被阻止离开美国，有的学生甚至受到移民局长达 4 个小时的盘问，还不准他们聘请律师。以钱学森为例，其归国之路困难重重。首先是 1950 年 7 月，美国军方吊销了钱学森参加研究的证书。接着 1950 年 8 月 23 日，钱学森又被告知限制出境。9 月 9 日，美联邦调查局又以"企图运输机密的科学文件回国"的罪名将钱学森扣押（后保释），此后长达 5 年时间，钱学森一直陷于与外界隔绝的处境。1950 年，原子能物理学家赵忠尧、罗时钧等 3 人在美国当局允许离境返国时，在日本横滨被驻日美军扣留。[①] 这种发生在归国留学生身上的情况在当时还有很多。美国公开限制中国留学生回国的行为严重违反国际法规则和联合国人权宣言，在美国政府持续施加的压力之下，很多中国留学生不敢贸然要求回国。

可见，当时争取海外留学生归国的国内外形势是非常严峻和复杂的。

二、争取海外留学生归国的政策

在新中国成立前，很多中国在海外的留学生因为当时国内战乱等不确定因素选择留在国外。新中国成立后，为了号召广大留学生回国为国家经济发展做贡献，激发他们的爱国情怀，我党专门制定了欢迎留学生回国的政策，为广大留学生回国提供方便和平台。

从国外回国的留学生大都是具有一定的专业知识与技术水平的高级知识分子，"适当安排安排他们的工作，发挥他们的潜力，不但是我们社会主义建设事业中一支重要力量，而且对争取尚在资本主义国家留学生更多更快的回国有直接影响"。为此，1956 年中央指示"要求争取一千人"的留学生回国，无疑这一任务是艰巨的。

1956 年，中共上海市委员会、上海市人民委员会发布了《关于继续开展上海市还在资本主义国家留学生回国工作的通知》，该通知认为"争取还在资本主义国家留学生回国的工作乃是一个长期和相当复杂的工作，需要有一个专门的组织来计划和推动"，因此决定将原来的联合小组加以扩充，增加小组成员，高等教育局、民政局两局组织了一定的专职干部负责日常工作，有关留学生家属救济安排等事项的处理，以民政局为主；有关留学生本

---

① 李灵革、赵文远：《建国初期争取海外留学生归国工作的回顾》，《天中学刊》，2003 年第 6 期，第 99～101 页。

身问题的处理，以高教局为主；整个工作的计划，由联合小组统一研究解决。[①]

以上海市为例，为争取西方国家留学生回国工作，市委从两方面进行了努力：一是进行留学生家属登记及进一步发动家属写信做争取工作，由市民政局负责；二是经常了解与检查已归国留学生安排情况，并发动高等学校中高级知识分子及已回国留学生做争取工作，以及安排留学生回国观光接待和留学生过境招待等工作。

此外，1950 年 7 月 24 日、1952 年 9 月 10 日，上海市工业专科学校、华东教育部、上海教育局对有关在国外留学生申请学历证件等作了明确规定。其中对新中国成立前出国的留学生们，一概不准核发其请求学历证件；对新中国成立后回国的留学生，除由中央人民政府派遣在留学计划内出国的留学生外，其他以私人或其他名义申请原国内学校学历者，在 1951 年内暂不核准。

（一）成立留学生归国工作机构

中国共产党早在新中国成立前夕就已经开始着手准备海外留学生归国的各项工作。1949 年 4 月，在捷克布拉格召开的保卫世界和平大会期间，中共中央就指示我方代表团注意争取我国留学生早日归国问题。

新中国成立初期，为了吸引国外留学人才，政务院总理周恩来更是亲自主持了争取留学生回国的工作。早在 1949 年 12 月 10 日，中央教育部高教司成立第四处，接办这项工作。1949 年 12 月 13 日，中华人民共和国刚刚成立不久，"为了争取国外留学生回国为人民服务，以及便于领导有关留学生回国事宜"，即成立了中央人民政府政务院文化教育委员会办理留学生回国事务委员会，专门办理留学生回国事务。"现在全国大陆除西藏外已全部解放，铁路畅通，很多留学生经香港回国时，先到广州、上海来京。""凡留学生自国外归来，到北京本会登记后，需要本会介绍工作或学习者，本会根据客观需要与本人条件协助解决之，并在介绍工作或学习期间，招待食宿。"[②] 在争取海外留学生等人才归国方面，除了党和政府制定优惠政策之外，一些社会组织也发挥了重要作用，如中国科学工作者协会也向海外各分

---

① 《中共上海市委、上海市人民委员会关于继续开展上海市还在资本主义国家留学生回国工作的通知》，1956 年 7 月 16 日，上海市档案馆馆藏档案：B123—3—162—1。
② 《办理留学生回国事务委员会简则及回国留学生招待办法》，1950 年 4 月 24 日，上海市档案馆馆藏档案：B1—2—413—13。

会发出号召说：“新中国诞生后各种建设已逐步展开，各方面都迫切地需要人才，诸学友有专长，思想进步，政府方面吸盼能火速回国，参加工作。”“我们谨此向你们伸出热情的手，欢迎你们早日归来，共同为人民服务，为我们新中国的生产和文化建设而努力。”①

1950年，中央人民政府政务院文化教育委员会办理留学生回国事务委员会成立之后，制定了委员会章程，明确了委员会的任务、组织、开会、分工等简则。首先，其任务是“根据新民主主义文教政策，统一领导有关留学生回国事宜”，其具体任务为：调查尚在国外的留学生，动员其早日回国；对留学生回国前后的政策宣传及教育；留学生回国后的招待；统筹解决回国留学生的工作。其次，一方面规定其组织暂由文化教育委员会及教育部各派二人，政务院人事局、财政经济委员会、政治法律委员会、文化部、科学部、卫生部、新闻总署、外交部、情报总署、财政部、内务部、华北大学、中华全国学生联合会、新民主主义青年团中央委员会、中华全国第一次自然科学工作者代表大会筹备会各派一人组织之。另一方面该会设主任委员一人、副主任委员二人、秘书一人，由出席各单位的委员互推产生。再次，该会会期暂不固定，有需要时由主任委员召集或由三分之一以上委员提请主任委员召集。最后，就是分工。该会成立了三个工作组。一是调查组，由教育部、外交部、情报总署、财政部、新闻总署、全国学联、团中央所派之委员组成，统筹对国外留学生的调查宣传等工作。二是招待组，由财委会、文委会、财委会的人事处及教育部、华北大学所派委员组成，统筹回国留学生的招待了解及教育工作。三是工作分配组，由财委会人事局、政委会人事处、卫生部、文化部、科学院及教师部所派委员组成，统筹解决留学生的工作。此外，还规定了该会各组的开会等事务工作都由教育部主管司处负责办理。②

1950年4月14日，政务院文化教育委员会办理留学生回国事务委员会还专门制定了《办理留学生回国事务委员会简则及回国留学生招待办法》，主要内容是针对留学生回国后对其本人和家属的临时食宿提供以及就业和学习安排，其中规定，凡回国留学生来留学生回国事务委员会办理登记，由该

① 李涛、周全：《对建国初期吸引海外留学生归国工作的回顾——兼论其对我国文教事业的影响》，《党史文苑》，2004年第4期，第10~13页。
② 《办理留学生回国事务委员会简则及回国留学生招待办法》，1950年，上海市档案馆馆藏档案：B1-2-413-13。

会协助安排食宿。介绍入中央教育部招待所供给食宿者，需要满足两个条件：一是国内外专科以上学校毕业，为进修目的出国者；二是大学毕业的回国华侨，且有专门技能者。满足这两个条件之一，经办理留学生回国事务委员会审查证明文件后方可办理。另外，对于回国留学生亲属的安排是这样的："与留学生本人一同回国之直系亲属，如一时无住处，本会亦可介绍入所暂住，但日期不能超过留学生本人在所日期，伙食费并须由自己负担，小孩八岁以上者按成人计算，8岁以下者减半，婴儿免收。"对于工作的安排遵循回国留学生的个人意愿："回国留学生如愿由本会介绍工作者，本会当根据本人专长、志愿及客观需要，与有关部门洽商进行并与本人协商解决。""如愿自己找工作，可以自行进行，本会并在可能范围内予以协助，但留住招待所期间不能超过二十日。"而且，"如自愿先学习者，本会可以代为介绍去华北人民革命大学政治研究院或其他适宜之学校研习"。此外，"为了帮助回国留学生认识新中国，在留住招待所期间，由本会协助组织临时学习，每周进行有计划的自学与座谈会"[①]。

据统计，从1949年8月到1949年12月，来北京登记的归国留学生共计178人，其中去学校工作者24.2%，去政府机关者23.5%，去华北大学学习者32.6%。[②] 到1950年后，广州、上海、武汉等地相继开始设立专门机构热情招待回国留学生。留学生在归国过程中，曾受到美国等一些西方国家的阻挠，但他们凭借着对祖国的热爱和中国政府的大力支持，最终战胜困难回到中国。1950年国庆大典，政务院总理办公室特别指示，让在北京的80余名新回国的留学生参加天安门观礼。1951年2月22日，周恩来审批了争取留学生回国工作的报告并以中共中央名义转发。报告提出年内至少争取1000人回国，重点放在对美国归国留学生的工作方针上。同年4—5月，中共中央转发中组部报告，决定在知识分子中大批发展党员，尤其是吸收高级归国知识分子入党。1956年11月30日，国务院发出通知，决定将争取还在资本主义国家的留学生回国工作，交由国务院专家局办理，此前由高等教育部代管的部分工作同时并入专家局。[③]

在国际上，为了减轻留学生回国的压力，中国政府也做了不少工作。

---

① 《办理留学生回国事务委员会简则及回国留学生招待办法》，1950年4月24日，上海市档案馆藏档案：B1-2-413-13。

② 李滔：《中华留学教育史录：1949年以后》，高等教育出版社2000年版，第13页。

③ 金铁宽等：《中华人民共和国教育大事记》，第一卷，山东教育出版社1995年版，第368页。

1954 年 5 月 27 日，我国代表团在日内瓦召开的印支国际会议上向新闻界发表了关于美国无理扣押中国留学生和科学家的谈话。为此，美国代表团通过英国代表团成员杜维廉向中国代表成员口头就在华被扣人员和中国在美留学生问题进行接触。同年 6—7 月，中美双方进行 5 次非正式会谈。在此期间，美方递交了一份在华 83 人名单，中方提出有 120 名中国留学生被阻止离美，有的留学生甚至受到移民局长达 4 小时盘问而不准他们聘请律师的外交抗议。后经过双方艰苦的会谈之后，美方在中方提出提前释放美侨的前提下有所松动，宣布对被阻止离美的 15 名中国留学生复查后可以自由离美。一年之后，钱学森、赵忠尧、张文裕等陆续回国。①

1956 年，随着"三大改造"的完成和社会主义制度的基本确立，我国大规模的工业建设如火如荼地进行着。中苏关系恶化后，大批在苏联和东欧国家的留学生被迫中断学业回国。在严峻的国际形势下，中共中央再次明确提出："还在资本主义国家的这七千左右的留学生，对我国社会主义建设是一个很大的后备力量"，要"争取他们回国参加社会主义建设，在目前有重要的意义"。② 在争取留学人员回国的工作中，应该采取"普遍争取而又以在美国的留学生为重点"的方针，在大约三年时间内把尚在资本主义国家的可以回国的留学生基本上争取回国。

以上海争取留学生回国工作为例，1956 年 9 月，根据高等教育部、内务部、公安部发布的《关于争取还在资本主义国家留学生回国的下一步工作布置问题的联合通知》："争取留学生回国的工作须在市人委领导下由文教办公室或教育部门统一负责，并成立市留美学生家属联谊会"。具体来说，上海的工作开展是这样的：一是成立争取留学生回国工作处或工作组，机构附设上海市高等教育局内。该处（组）业务由争取还在资本主义国家留学生工作组及高等教育局领导，工作处（组）下分二科，一方面管理留学生家属争取工作；另一方面管理已回国留学生及留学生观光、过境等接待工作。③

此外，在党中央提出加强争取尚在国外留学生回国参加祖国建设指示后，上海市在市人民委员会领导下建立了登记工作联合小组，并在全国开展

---

① 裴坚章：《中华人民共和国外交史》，第 1 卷，世界知识出版社 1994 年版，第 343 页。

② 《中央对〈争取留学生回国工作组关于争取尚在资本主义国家留学生回国问题的报告〉的批示》（一九五六年二月），中国人民解放军国防大学党史党建政工教研组：《中共党史教学参考资料》，第 21 册，中共中央宣传部编印，1957 年，第 189 页。

③ 《关于成立争取留学生回国工作机构的意见》，1956 年，上海市档案馆馆藏档案：B3—2—94—9。

了动员家属的登记工作，进行宣传动员，消除家属顾虑，动员家属向留学生写信，并收到了一定的效果。同时，上海还根据中央高等教育部、内务部、公安部三部联合通知的指示精神，成立了留美学生家属联合会，在虹口、长宁、卢湾、徐汇四区以 10 户家属为单位成立联谊小组，联系留美学生家属，了解留美学生家属和留学生联系的情况，反映和协助解决有关争取留学生回国的困难问题。上海还召开过高等学校已归国留学生座谈会。在各高等学校，科学院上海办事处系统对留学生工作普遍进行了一次检查，引起了各校领导的普遍重视，并逐渐开始解决了一些具体问题。

政府在从官方层面为海外留学生归国问题采取各种政策和措施的同时，还指示并成立了一些民间社会团体组织，为海外留学生归国发声出力，例如民间组织中国科学工作者协会在争取我国留学生归国工作中就发挥了至关重要的作用。1945 年 7 月 1 日，根据周恩来的建议在重庆成立中国科学技术协会（简称"中国科协"）。第一任会长是竺可桢，监事长是李四光。"中国科协"成立后，一些成员先后出国学习，分会遍布欧洲与美洲等各地；1949年在美国成立了"留美中国科学工作者协会"，简称"留美科协"。1950 年 3 月，留美科协的地区分会数达 32 个，会员近 800 人。1950 年 1 月，中国科协从北京给留美科协去函，希望会员能火速回国参加工作。1950 年 4 月 1 日，全美中国留学生成立了中国留学生回国服务社，专门为回国留学生服务。同年 6 月，留美科协召开 1950 年年会，共有 127 人参加。年会明确了今后的工作重点是加强业务学习，做归国参加建设工作的准备，认识新中国，一切为了回国等事项。1950 年 3 月 16 日，美伊利诺伊大学教授华罗庚携妻儿回到北京任教清华大学，在回国途中曾发表一封给中国留学生的公开信，指出留学生回国服务社和留美科协的努力工作在广大留美学生中掀起了强烈的爱国主义热潮，对我国政府的外交争取工作起到了积极的推动作用。[①]

（二）宣传动员各方力量争取留学生归国

1. 开展留学生家属争取工作

留学生家属是留学生在国内的直系亲属，也是联系最为亲密和频繁的群体。因此，做好留学生家属的宣传动员工作，是争取留学生归国的重要条件

---

① 李灵革、赵文远：《建国初期争取海外留学生归国工作的回顾》，《天中学刊》，2003 年第 6 期，第 99～101 页。

之一。具体来说，开展留学生家属争取工作，主要从以下几个方面进行：

一是成立专门组织机构。中央认为"未来的争取家属工作应由具体机构负责"。中央驻沪机关、人民团体、报社等归市委组织部负责，高等学校归高教局负责，市人委所属单位由人事处负责，列入经常的人事工作规划。二是成立留美学生家属联谊会或座谈会。根据高等教育部、内务部、公安部三部联合通知指示："为进一步加强争取工作，北京、上海等留美学生家属较多的城市，应成立留美学生家属联谊会或座谈会……任务是联系留美学生家属，了解留美学生家属和留学生联系的情况，反映和协助解决有关争取留美学生回国的困难问题。"三是做好归国留学生家属宣传动员工作。发动留学生家属争取留学生回国的主要环节是家属，帮助他们解除顾虑，提高认识，自觉地做好争取工作，必须运用各种方式开展宣传活动。四是动员留学生家属通信。要求与留学生保持经常密切联系，给留学生反映家庭情况和祖国情况，消除他们回国的顾虑。写信内容一般应写留学生最关心的事情，从谈家常联系到反映祖国的建设。留学生回国工作机构要给予一般指导，但不干涉写信的具体内容。五是对留学生家属生活困难的应该给予适当救济或协助解决就业问题，由劳动部门和民政部门办理。[①] 另外，根据1956年高等教育部、内务部、公安部联合指示，为加强领导、统一步调，上海市留学生家属工作划归市文教办公室或教育部门领导。[②]

此外，上海市还举行了全市范围内的已归国留学生招待会和家属联欢会，进一步体现党和政府对他们的关怀，发动他们争取留学生回国。

2. 发动已回国留学生做争取工作

首先是各机构抓紧检查督促，检查当前留学生工作中已发现问题的处理情况，以推动各单位关心和支持留学生工作。针对高教界已归国留学生反映的各项问题，根据中央精神，"该纠正的切实纠正，一时无法解决的亦应作适当解释，个别不合理要求应作适当说服教育工作"[③]。其次是继续召开座谈会。包括高校在内，科学院系统仍要继续举行座谈会，以更进一步了解留学生工作情况，其中应着重举行机关、企业中已回国留学生座谈会，了解他

---

① 《关于进一步做好留学生回国的工作计划（初稿）》，1956年，上海市档案馆馆藏档案：B3-2-94-7。

② 《关于进一步做好留学生回国的工作计划（初稿）》，1956年，上海市档案馆馆藏档案：B3-2-94-7。

③ 《关于进一步做好留学生回国的工作计划（初稿）》，1956年，上海市档案馆馆藏档案：B3-2-94-7。

们的情况，动员他们做争取工作。

3. 做好留学生过境，尤其是回国观光留学生的接待工作

回国观光留学生都有一定的代表性，做好他们的接待工作，不仅可以为争取他们回国创造条件，还可将祖国在新中国成立后的成就和情况、祖国对国外留学生的关怀和希望通过他们传播到国外，扩大影响，以争取更多的留学生回国。

（三）为已有归国意向的留学生提供归国便利

针对一些在国外的生活清贫的留学生，其本人和家属主观上希望回国为社会主义建设添砖加瓦的，中国政府也制定了相关政策为其提供归国便利。

以留学生归国的交通费为例。1952 年 4 月 18 日，高等教育部发布《接济国外留学生回国旅费暂行办法》（以下简称《办法》），其中对接济留学生回国旅费的申请人条件进行了规定，凡经济确属困难，无力自筹旅费且符合条件之一者均可以申请：一是国内专科以上学校毕业，为进修目的出国者；二是大学毕业并有专门技能的回国华侨；三是国内高中毕业现在国外大学肄业者；四是其他在国外工作的高级知识分子。[1]

此外，《办法》还对留学生借贷旅费的归还期限与报销办法进行了规定。留学生借贷旅费应于回国就业后一年以内归还，届时如确有困难，可以向中央教育部申请酌情予以减免或延迟归还期限。而且，为了财务制度的便利，借款一律不许报销，留学生回国后归还的钱就作为其他收入缴库。[2] 由此可见，当时的新中国为了国家经济建设的发展，在吸引留学生人才归国方面，其政策还是比较宽松和人性化的。

（四）已归国留学生工资待遇安排

国家为已归国的留学人员适当地安排工作，发挥他们的潜力，这不仅有利于发挥他们在社会主义建设中的积极作用，"而且对争取尚在资本主义国家留学生更多更快地回国有直接影响"。[3] 总的来说，在对已归国留学生的工作安排上，国家的原则是尽量做到"学以致用"；在工资待遇上，根据留

---

① 《接济国外留学生回国旅费暂行办法》，1952 年 4 月 18 日，高等教育部办公厅：《高等教育文献法令汇编（1949—1952）》，高等教育部办公厅编印，1954 年。第 136～137 页。

② 《接济国外留学生回国旅费暂行办法》，1952 年 4 月 18 日，高等教育部办公厅：《高等教育文献法令汇编（1949—1952）》，高等教育部办公厅编印，1954 年。第 136～137 页。

③ 《关于进一步做好留学生回国的工作计划（初稿）》，1956 年，上海市档案馆馆藏档案：B3—2—94—7。

学人员"从宽"的原则,在工资上普遍进行了晋级加薪等调整工作;在生活安排上,上海在归国留学生较为集中的高校、科学研究机构以及部分企事业单位中召开留学生座谈会,了解他们的情况,并帮助他们解决一些实际问题。

1956年,上海市高等教育管理局针对1949—1956年期间回国的留学生状况,在统计数据的基础上,另外作了一些相关的跟踪调查。1949—1955年期间共有98名留学生回国,他们主要是从美国、英国、法国、瑞士等国家回国,至1956年从主要发达国家回国的留学生增至225人,在国外留学期间主要攻读理、工、医、农、文、法、财经等专业,其中106人回国后被分配在上海高校工作。到1957年,上海市高等教育管理局依照国务院指示的精神,为新中国成立后从美国、日本、英国、法国、德国等国家回到上海工作的301名出国留学生妥善地安排了工作,并对处于见习期间的回国留学生给予了一定的工资待遇(见表6—2)。①

表6—2　回国留学生分配工作以后在见习期间的工资标准表

类别	工资标准（元）										
	1	2	3	4	5	6	7	8	9	10	11
研究部毕业的	58.0	59.5	61.5	63.0	65.0	66.5	68.5	70.0	72.0	73.5	75.5
大学院校修业四年以上毕业的	46.0	47.5	49.0	50.0	51.5	53.0	54.5	55.5	57.0	58.5	60.0
大学院校及专科学校修业三年毕业的	38.0	39.0	40.5	41.5	42.5	43.5	45.0	46.0	47.0	48.5	49.5

资料来源:《上海高等教育志》编纂委员会:《上海高等教育志》,上海社会科学院出版社2010年版,第496页。

注:表列工资标准共分11种,除根据各地区物价、生活水平规定各地区分别执行某一种工资标准以外,对少数物价过高的地区另加生活费补贴。各地区使用工资标准和生活费补贴比率,详见各地区适用工资标准种类和生活费补贴表。

---

① 《上海高等教育志》编纂委员会:《上海高等教育志》,上海社会科学院出版社2010年版,第495页。

1958 年以后，根据国务院关于留学生回国的指示精神，对回国的留学生，原则上让他们回原选派单位工作而不作另外安排，对所学专业在原单位不能学以致用的，可向原选派单位及上级主管部门申请调整工作，由此确保了回国留学生的就业和其生活来源。

三、国外留学生的归国概况

为了广泛吸纳新中国建设的各类人才，国家为归国留学生在政策方面提供了诸多便利。以上海为例，1950 年，上海市高等教育管理局依照政务院办理留学生回国事务委员会的规定，发布了有关留学生回国证件办理函，对所有中国留学生学业有成后回到祖国参加工作、为祖国人民服务的，可免除过境签证，而且还可以从任何地方进入、过境等。1951 年春季三个月之内，华东军政委员会教育部共接待归国留学生 59 人，上海市交际处均派代表赴上海东站欢迎接待。从统计情况来看，由于这一年归国的留学生全部是新中国成立前出国的，因此从欧美资本主义国家归国且学习文、文教、财经、政法等专业的留学生居多，且归国后大部分都找到了工作。具体回国留学生情况统计详见表 6-3。

表 6-3　1951 年春季上海市高等教育局接待回国留学生数目统计表

人数（人）国别＼学科	文	理	医	农	文教	政法	财经	合计
美国	12	4	2	5	9	4	2	38
英国	4	1	3	2	2	2	1	15
法国	0	1	0	0	0	2	0	3
丹麦	1	0	1	0	0	0	0	2
瑞士	0	0	1	0	0	0	0	1
合计	17	6	7	7	11	8	3	59

资料来源：《上海高等教育志》编纂委员会：《上海高等教育志》，上海社会科学院出版社 2010 年版，第 494～495 页。

仍以上海为例，截至 1956 年 3 月 10 日，新中国成立后从欧美等资本主义国家归国的留学生中，在各高等学校和中等专业学校工作的人数为 89 人，其中男 70 人、女 19 人。①

截至 1956 年 10 月，从国外回国，在上海工作的留学生共有 225 人（尚有些单位未上报），计分配在高等学校的 109 人，科学研究机关 44 人，其他工厂、企业、机关、团体 72 人，其中理、工、医、农科 140 人，文法、财经科 57 人，科别不明的 28 人。从美国回来的 157 人，英国 41 人，法国 12 人，瑞士 5 人，日本 7 人，加拿大、中国香港各 1 人，国别不明的 1 人。而且，上海市尚在国外的留学生，据统计已有家属前来登记者共有 1610 人，其中在美国的留学生 1420 人，英、法、德、日、瑞士、加拿大、巴西等国 190 人。1956 年已回国留学生 23 人，其中从美国回来的 21 人，回国观光后仍回美国去的 2 人。②

新中国成立初期从海外归来的留学生中，来自美国的最多，其次为欧洲老牌发达国家，诸如英、法等国。所学科目以工科、财经、理科为最多。现任技术职务以副教授为最多，其次为讲师和教授。学位以硕士为最多，其次为博士。这种情况表明回国留学生的整体素质是比较高的，他们不仅为新中国高等教育的发展奠定了优良的师资基础，而且发挥其所学所长，一定程度上弥补了当时中国科技工程领域人才的急缺，为新中国的经济建设提供了人才资源，他们的归国是符合新中国人才队伍建设和使用预期的。但不可忽视的是，归国的留学生比例还是比较低的，争取留学生回国的道路还很漫长。

此外，由于归国留学生之前常年生活在国外，在这种不同于国内的学习和生活环境下，从道德品行、心理素质，到思想政治教育、国际主义教育等方面多少会受到不同理念的熏陶和影响，对此，我党认为非常有必要加强对回国留学生的思想政治教育，帮助他们树立正确的人生观和价值观，以确保回国留学生在思想意识形态上，在服从国家需要等方面与党中央保持一致。

综上所述，20 世纪 50 年代高等学校的国际交流与合作，无论是派遣留学生出国留学、接收外国来华留学生，还是争取海外留学生归国等方面，都对高等教育的发展、对中国经济的恢复和发展起到了不可替代的作用。不仅

---

① 《中华人民共和国高等教育部、上海高等教育管理局在上海各高等学校工作的解放后从资本主义国家回国留学生统计册》，1956 年 3 月，上海市档案馆藏档案：A108－1－8－4。
② 《关于进一步做好留学生回国的工作计划（初稿）》，1956 年，上海市档案馆藏档案：B3－2－94－7。

如此，还建立了一系列富有社会主义特色的高校国际交流制度。这些发展过程中所取得的经验和教训，都是新中国高等教育制度变迁的重要组成部分，同时也是改革开放之后高等学校继续深化国际交流的起点和基础。

第七章　高等教育的投入与产出

　　教育在中国社会主义经济社会发展中互为作用。一方面，经济增长本身要求教育部门输送大批有一定技术文化水平的劳动者；另一方面，教育事业的发展始终是同一国的国力相适应的，经济越发达，越有可能提供较多的教育费用、促进教育的发展。一个国家可能用于发展教育的经费多少，归根结底要受本国财力所制约。只有在经济持续增长、财政收入不断扩大的基础上，才能使教育经费的绝对额以及教育经费在财政支出中的比重逐年增大。教育和社会经济发展之间有密切的关系，只单纯发展生产力，是不可能建成高度物质文明和精神文明相结合的社会的。教育是培养人、造就人的事业，它既促进物质文明的发展，又促进精神文明的发展。无论是社会的进步、人与人之间的道德伦理关系，还是劳动者自身的发展，都离不开教育。因此，重视高等教育的投入与产出效应研究，对今天的高等教育发展来说，就显得尤为重要。

第一节　高等教育投资管理体制的演进

　　新中国成立以来我国高等教育投资的制度变迁，可以说是国家行为上的强制性制度变迁，这一时期的高等教育投资，可大致分为以下几个阶段。

一、1950—1953 年：实行中央统一财政的三级管理体制

　　从 1949 年开始，在中央政府主管部门的统一部署下，逐渐将所有私立院校和教会学校全部收归国有，并学习苏联，经过全国高校院系调整将全国综合大学以及本专科学校调整重组成为工、农、医、师、财等各种专门学院，这是新中国首次高教体制结构大变迁。

　　此时期，党和政府全面接管了高等学校，政府以苏联模式为参考，着力建设高度集中统一的计划经济体制。1949 年 12 月第一次全国教育工作会议

召开，明确了改造旧教育、发展新教育的主题目标。

这一阶段，国民经济处于恢复发展阶段，国家通过没收官僚资本，严厉打击投机资本，统一全国财政收支，逐步形成并实施中央统一财政收支的国家财政三级预算管理体制。而与这种统收统支的体制相适应的是整个国家高等教育的经费管理也采取了集中统一管理制度。1950年3月，政务院对教育经费的预算、支出、管理进行了如下规定："中央直接管理的大中小学经费列入中央人民政府预算，由财政部掌管；各大行政区、省（市）管理的县立中学以上教育事业费，分别列入各大行政区及省（市）预算内。征收地方附加公粮和城市附加教育事业费的办法及税则、税率，统须逐级呈报审查，由大行政区人民政府批准后，始得征收，并转报中央人民政府财政部备案。各省（市）及专员公署得根据所辖各县具体情况，对地方附加公粮，加以必要的和合理的调度和调剂。"① 可见，在这一体制中，所有高校教育经费无论是中央财政拨款、地方的附加事业费，还是附加公粮，都是由各级政府统一计划、支配和管理的。

新中国成立初期，因为财政不统一，收支机关脱节，1951年3月，政务院进一步明确规定：教育费，列入中央预算者，为中央直属的大学专科以上学校、各高级科学研究所、中小学及民族学院或分院；列入大行政区预算者，为大行政区直属大学专科以上学校、中小学及民族学院或分院；列入省（市）预算者，为省（市）直属的独立学院、专科学校、完全师范、中小学；一般小学、简易师范学校教师，由地方附加开支。新接收的教会学校经费，暂列中央预算。1952年财政部《关于财政收支系统划分的补充规定》中，确定"留学生经费属中央财政支出"。②

1953年，高等教育部、教育部、财政部《关于1953年度"教育支出"预算的联合通知》中规定：各大行政区应根据本年度中央所确定的方针、计划任务及安排经费的各项原则，分级（大区领导的、省市领导的），按财政部统一规定的预算科目表式及高等教育部与教育部的分工，分别编制1953年度"教育支出"预算，连同事业计划、预算标准说明、报送各该区财政部门审核，并同时将副本一份分别报送高等教育部及教育部；又规定："各级

---

① 《中国教育年鉴》编辑部：《中国教育年鉴（1949—1981）》，中国大百科全书出版社1984年版，第79页。

② 中央教育科学研究所：《中华人民共和国教育大事记（1949—1982）》，教育科学出版社1984年版，第15页。

教育行政机构应根据中央固定的财政系统，严格执行三级财政制度。凡属省、市级和县级教育支出预算，已经确定后，除因上级决定变更任务或领导关系外，均不得互相使用。"①

二、1954—1957 年：实行条块式结合、以"块块"为主的管理体制

此时期，国家财政预算是在"统一领导、分级管理"的体制安排下进行的。如中央人民政府政务院在《关于编造 1954 年预算草案的指示》中规定："国家预算，分为中央预算和地方预算，实行分级管理。""各业务部门，除中央直辖各国营企业外，不准条条下达，亦不准条条上达，各级预算的编制和执行，由各级人民政府负责。"② 教育部、财政部 1954 年 9 月 14 日发出了《关于解决经费问题程序的通知》指出："为贯彻'统一领导，分级管理'原则，今后各省（市）、教育厅（局），如有发生经费不足，须先报请省政府统一考虑解决，如省府解决有困难时，则由省府转报中央人民政府政务院考虑，不得条条上达。"③ 这种体制的形成，除了侧重由中央集中统一领导，在收支事项上多采用"以支定收，一年一变"。此时期，高校管理体制上学习苏联模式，经费由政府统一划拨，国家统一实行招生和统一分配制度，各种物资统一调配，教材统一编写，教学计划、教学内容、教学时间安排甚至教学方法都统一进行安排，这是高度集中统一的高教管理体制在各方面的具体表现。

1957 年后，国家教育事业管理权力下放，全国各地的高中与中专都纷纷戴帽子升格办大学，共产主义劳动大学也在全国范围内热火朝天地兴起，他们都片面地认为"劳动＝知识＝教学质量"，每一所高校几乎将 40％～50％的时间用于劳动、上山下乡或搞政治运动，高校实际上变成了劳动大学。此时有些地区、县出现了大量挤占、挪用教育经费的现象。为解决这些问题，国务院于 1959 年 11 月 24 日批转了教育部、财政部《关于进一步加强教育经费管理的意见》，要求各级政府的财政部门和教育行政部门应该根

---

① 中央教育科学研究所：《中华人民共和国教育大事记（1949—1982）》，教育科学出版社 1984 年版，第 75 页。
② 《中国教育年鉴》编辑部：《中国教育年鉴（1949—1981）》，中国大百科全书出版社 1984 年版，第 96 页。
③ 《中国教育年鉴》编辑部：《中国教育年鉴（1949—1981）》，中国大百科全书出版社 1984 年版，第 96～97 页。

据"条条""块块"相结合，以"块块"为主导的精神，密切联系，加强协作，共同管好教育经费。①

总的来说，新中国成立之后，政府通过接管原国民党政府的高等学校、接收受外国津贴的教会大学、接管与改造私立学校，初步建立起了计划经济体制下政府单一办学模式的高等教育体系。从 1949 年到 1957 年，甚至延续到 1978 年改革开放之前，长达近三十年的计划经济体制下，中国高等教育财政制度始终处于集权与分权这种收与放的频繁变动中。但从总体来看，我国的高等教育财政体制仍然是按照统一领导、分级管理模式来运行的，高等学校的办学经费根据其管理关系由中央财政和地方财政分别安排。具体做法是：财政部根据教育部、国家计委提供的教育事业发展计划，按照定员定额的核算方法分别给地方、各部门核定教育经费。然后，根据财政部下达的经费指标，各级预算的编制和执行由各级人民政府负责，地方政府有权结合自己的财力对高等学校经费进行统筹安排。在这种体制下，全国各类高校的经费开支都按其行政隶属关系"纵"向划分。②

第二节　高等教育经费的来源与使用

一、国家预算内教育财政拨款

政府教育经费是指国家财政性教育经费投入，它包括中央人民政府和各地政府投入的教育经费拨款、科学事业拨款、科技三项（科技咨询、科研开发与协作、科技成果转让）费用拨款等。它是高校最主要、最可靠和最稳定的经费来源，未来也将是高等教育经费的来源主体。

教育经费财政拨款是国家为维持学校正常运转、开展以教学为中心的各项工作而提供的拨款。就其用途与经济内容而言，包括财政上安排直接用于教育事业费拨款和上级补助收入，以及财政上安排用于教育的其他经费拨款（主要有公费医疗、住房补贴和食品价格补贴拨款）。它一般依照国家对学校的发展计划、学校规模以及学校人员编制、一定的开支标准核定。以上海市的高等学校为例，其拨款主体是中央政府和上海市政府，主要是根据学校的

---

① 中央教育科学研究所：《中华人民共和国教育大事记（1949—1982）》，教育科学出版社 1984 年版，第 260 页。

② 孙开：《财政体制改革问题研究》，经济科学出版社 2004 年版，第 56 页。

隶属关系变化而变化。上海有直属教育部的高校，有隶属上海市政府的高校，也有归中央各部委管辖的高校，在这种格局安排下，上海各高校所获得的预算由国家教育财政拨款通过不同的渠道来实现。

1952年，国家教育财政拨款、财务结算，采取按系编制预算、按月拨款、按年结算。1954年之后实行的是"年度预算一次核定，限额控制，统支统报，结余年终收回"的拨款方式，这种制度一直延续到20世纪70年代末改革开放之前。下面以上海为例，对1949—1957年上海高等教育经费支出进行统计。详见表7-1与表7-2。

表7-1　1949—1957年上海高校教育经费支出分目统计表（一）

年份	统计单位（家）	合计（万元）	人员经费				教学行政			
			工资（万元）	职工福利（万元）	小计（万元）	占该年支出（%）	公务费（万元）	业务费（万元）	小计（万元）	占该年支出（%）
1949	7	46.92	35.73	0.08	35.81	76.32	4.99	3.51	8.50	18.11
1950	8	434.41	301.51	1.33	302.84	69.71	43.12	25.08	68.20	15.70
1951	9	588.04	309.33	5.17	314.50	53.48	67.75	25.86	93.61	15.92
1952	15	968.29	490.37	10.69	501.06	51.75	124.64	32.32	156.96	16.21
三年恢复时期（1950—1952）	—	1990.74	1101.21	17.19	1118.40	56.18	235.51	83.26	318.77	16.01
1953	15	1721	715.07	24.86	739.93	42.99	179.02	77.67	256.69	14.92
1954	16	2223	841.51	39.27	880.78	39.62	213	150.60	363.60	16.36
1955	16	2365.44	951.73	44.68	996.41	42.12	203.41	203.89	407.30	17.22
1956	19	3290.80	1266.30	73.09	1339.39	40.70	328.70	302.29	630.99	19.17
1957	18	4246.76	1607.40	94.29	1701.69	40.07	394.77	340.48	735.25	17.31
一五计划时期（1953—1957）	—	13847.00	5382.01	276.19	5658.20	40.86	1318.9	1074.93	2393.83	17.29

资料来源：薛明扬：《上海高等教育志》，上海社会科学院出版社2010年版，第561～562页。

表 7-2　1949—1957 年上海高校教育经费支出分目统计表（二）

年份	统计单位（家）	修缮费		设备购置费		人民助学金		其他	
		小计（万元）	占该年支出（%）	小计（万元）	占该年支出（%）	小计（万元）	占该年支出（%）	小计（万元）	占该年支出（%）
1949	7	—	—	2.16	4.62	0.43	0.92	0.02	0.04
1950	8	—	—	43.16	9.94	20.11	4.63	0.10	0.02
1951	9	—	—	145.77	24.79	20.96	3.56	13.20	2.25
1952	15	—	—	136.25	14.07	134.00	13.83	40.02	4.14
三年恢复时期（1950—1952）		—	—	325.18	16.34	175.07	8.79	53.32	2.68
1953	15	—	—	316.17	18.37	388.00	22.55	20.21	1.17
1954	16	—	—	510.90	22.98	435.87	19.61	31.85	1.43
1955	16	—	—	447.13	18.91	450.00	19.02	64.60	2.73
1956	19	—	—	664.32	20.19	508.09	15.44	148.01	4.50
1957	18	—	—	782.80	18.43	739.16	17.41	287.86	6.78
一五计划时期（1953—1957）		—	—	2721.32	19.65	2521.12	18.21	552.53	3.99

资料来源：薛明扬：《上海高等教育志》，上海社会科学院出版社 2010 年版，第 563 页。

由两表 7-1、表 7-2 所见，其反映出的高校教育总经费投入是增长迅速的。从支出类目来看，人员经费从 1949 年的占比 76.31% 降到 1957 年的 40.07%，虽然呈递减趋势，但占比始终最大。其次是教学行政费用，占比 15%~20% 之间，基本维持不变。百分比增幅最大的是设备购置费和人民助学金，可见高校对这两个方面的重视。总的说来，20 世纪 50 年代，随着国家经济的恢复和发展、国家财政年度状况的改善，国家对高等教育的投资基本上呈稳步增长态势。与此同时，此时期教职工与学生人数也逐年增长。

（一）中央财政拨款

新中国成立后，由于国家财政力量薄弱，中央政府对高校的年度教育经费拨款数额一直不高，尤其是建国初期国民经济处于恢复的这段时期。以复旦大学为例，从 1950—1952 年，复旦大学获得的中央教育经费总共只有

409 万元，年均拨款 136.27 万元。学校财政极为困难，只能通过集中全部经费，严格按照预算计划和规定标准列支的财务管理办法，做到"月清月结"，同时采取清查仓库、修旧利废等措施，合理使用经费。1952 年全国高等院校大规模布局，进行了院系调整，复旦大学进入了快速发展时期，办学规模得以扩大，从 1950 年到 1957 年，国家对学校的年度教育经费拨款也由 109 万元相应地增加到 526 万元。8 年间，学校获得的教育经费拨款总额为 2456 万元，年均拨款为 307 万元。[①] 详情参见表 7-3。

表 7-3　1950—1957 年中央对复旦大学教育经费拨款情况表

年份	拨款（万元）
1950	109
1951	124
1952	176
1953	241
1954	442
1955	260
1956	578
1957	526
共计	2456

资料来源：薛明扬：《上海高等教育志》，上海社会科学院出版社 2010 年版，第 567 页。

由于新中国成立初期国家经济恢复和发展的需要，对各类专业人才的巨大需求量加大推动高等教育快速发展，体现在对学校的基本建设、图书馆经费、设备购置、宿舍与教学楼的修建、科研、教师工资待遇等各个方面。由表 7-4 可以看出，20 世纪 50 年代，交通大学学生人数、教职员工数逐年增长，一定程度上为国家建设培养了比较充足的人才。另一方面，国家对高等学校的资金投入也呈增长态势，尤其是在学生人数大幅增长的情况下，人均教育事业费支出也逐年增加，这是难能可贵的。

---

① 薛明扬：《上海高等教育志》，上海社会科学院出版社 2010 年版，第 565 页。

表7-4　1950—1957年交通大学各项收入开支统计表

年度	教职工人数（人）	学生人数（人）	国家基建投入（万元）	国家教育事业费拨款（万元）	教育事业费支出（万元）	教育事业费每生支出（万元）
1950	663	2312	1.90	27.98	27.66	—
1951	662	1894	15.00	142.75	122.57	0.0647
1952	971	2308	176.50	152.37	140.76	0.0610
1953	1065	3881	440.00	249.89	242.98	0.0626
1954	1286	4595	471.00	403.92	385.07	0.0838
1955	1706	5534	76.00	497.54	497.54	0.0899
1956	2270	6091	146.80	605.90	600.54	0.0986
1957	4451	11034	156.00	1248.57	1235.78	0.1120

注：1950—1954 为旧币制，1955 年 3 月 1 日，中国人民银行开始发行第二套人民币，新币与旧币的兑换比率为：1：10000。

资料来源：上海交通大学校史编纂委员会：《上海交通大学纪事（1896—2005）》，上海交通大学出版社 2006 年版，第 410～556 页。

（二）上海市政府财政拨款

1949 年 5 月后，全市公立高校经费由上海市人民政府拨款，1950 年 3 月，按政务院《关于统一管理一九五〇年度财政收支的决定》，教育经费按学校直接领导关系分别列入中央大行政区、省（市）预算。1950 年，上海市地方高等院校只有上海工业专科学院、上海市立戏剧专科学校、上海水产专科学校、上海市立师范专科学校 4 所。1956 年建成上海中医学院、上海音乐学院、上海戏剧学院 3 个学院，经费支出有所增加。[①] 表 7-5 为上海市政府财政预算支付高校经费、竣工校舍情况。

表7-5　1949—1957年上海市财政预算支付上海高校经费、竣工校舍情况表

时期	预算内事业费（亿元）	基建经费（亿元）	竣工校舍建筑面积（万平方米）
三年恢复时期（1949—1952 年）	0.20	0.09	11.19
第一个五年计划时期（1953—1957 年）	1.38	0.63	58.87

资料来源：薛明扬：《上海高等教育志》，上海社会科学院出版社 2010 年版，第 569 页。

[①]　薛明扬：《上海高等教育志》，上海社会科学院出版社 2010 年版，第 567～568 页。

从表7-6来看，20世纪50年代，上海几所主要大学的基本建设经费大体上呈逐步增长趋势，其中一些高校又在1952—1954年间存在经费突击增多的现象。其原因主要有：一是有些大学由于受院系调整等影响，学院或系科有迁入或迁出，例如复旦大学因为院系调入比较多，因而基本建设经费剧增，其中又以1954年为最多。二是国家因为建设需要通过院系调整新成立了一些大学，因而经费投入猛增。例如华东师范大学1951年10月16日建校，建校后的最初几年如1952—1954年基本建设经费投入就非常高，甚至大大超过后面的年份。华东化工学院（今华东理工大学），1952年8月院系调整后在上海江湾建校，由交通大学（上海）、同济大学（上海）、震旦大学（上海）、大同大学（上海）、圣约翰大学（上海）、东吴大学（苏州）、江南大学（无锡）7个学校的化工系合并组建而成。利用同济理学院旧址为校舍，该旧址不大，建筑面积不多，宿舍又分散，学校发展受到一定限制，故计划在梅陇路新建校舍。因而建校初期的1953、1954年的基本建设经费投入是比较大的。三是由于国家"一五"计划的制订，对人才的需求量增大，质量要求比较高，因而在高等学校的建设经费投入上突击增多。

表7-6　上海市1950—1957年几所主要大学基本建设资金情况表（单位：元）

年份 学校	1950	1951	1952	1953	1954	1955	1956	1957
交通大学	—	—	1260542	4397375	2432413	2223842	1468717	1560730
复旦大学	—	—	8688	714907	2164607	134368	1456667	441089
华东化工学院	—	—	—	2952987	3051842	905019	842940	1231684
上海外国语学院	—	—	5401	492566	166835	79005	54735	305261
华东师范大学	—	—	1103569	2217298	3917711	466735	596637	1777166
上海第一医学院	35987	516816	677344	1261891	1221422	426732	434715	79805
上海第二医学院	—	—	262943	157554	756352	317351	13901	69611
同济大学	10647	222971	2264874	316974	2841626	2776318	286229	995252

资料来源：《上海市高等教育局关于上海高校1950—1959年教育经费统计资料》，1960年，上海市档案馆馆藏档案：B243-2-178。

上海市高等教育局18所高校基本建设计划（不包括设备购置计划）是在"以保证教学直接有关的用房和师生生活主要用房为主，各个工程项目的数量，建筑地点应尽量预计到长远发展的要求，避免造成总体规划和今后使用上的不合理"原则上提出的。因此，1955年初，高等教育部分配给上海19所高等学校（当时华东航空学院尚未划出去）1955年度基本建设经费为18915800元（新币）。1956年高等教育部拨付的基本建设经费为11528000元，其中建筑安装部分583000元，专业设备、教学设备、农场设备及一般设备为10945000元。[①]

在高等教育部正式下拨基本建设经费时，上海高等教育局对各校的经费调控也可以根据实际情况来分配经费。例如高等教育局在分配1957年基本建设经费时，由于各校报来的实际增加人数较高等教育部分分配数多，因此额定教学设备及一般设备费也较高等教育部分配的高。至于建筑安装工程，由于各校所提出的要求较高，分配结果也略超出高等教育部的控制数。除交通大学以外，分配给17所院校的各项经费控制数为：额定教学设备费2579580元，一般设备费366944.4元，专业设备费仍旧按高等教育部的规定分配为7540000元，农场设备分配为200000元，以上共计10680524.4元。此外，部分学校感到额定教学设备费及专业设备费不敷应用，要求增加。如华东水利学院要求增加103090元，浙江大学要求增加23492元，安徽农学院要求增加8885元。以上三校的设备购置计划，高等教育部表示会进一步审核再做决定。[②]

以交通大学西迁为例说明一下新校区的建设情况。为配合"一五"计划，国家对高等教育提出了新的要求，即"高等教育建设必须符合社会主义建设及国防建设的要求，必须和国民经济的发展计划相配合；学校的设置分布应避免过分集中，学校的发展规模，一般不宜过大；高等工业学校应逐步地和工业基地相结合"[③]。1955年国务院决定将交通大学迁往西安，1955年5月，校址选定后，各项筹备和建设工作随之紧锣密鼓地启动。8月20日，学校在西安成立办事处，着手整理和各种筹备工作，征地工作十分顺利。截

---

① 《上海市高等教育局所属各高校的学校章程、教育、基建、劳动等统计情况》，1955年11月—1956年3月，上海市档案馆馆藏档案：B243-2-5。
② 《上海市高等教育局所属各高校的学校章程、教育、基建、劳动等统计情况》，1955年11月—1956年3月，上海市档案馆馆藏档案：B243-2-5。
③ 李富春：《关于发展国民经济的第一个五年计划的报告》，《中华人民共和国重要教育文献（1949—1975）》，海南出版社1998年版，第492页。

至当年 11 月底，已顺利完成征地 734 亩。[①]

与此同时，上海华东建筑工程设计院组成设计组到西安进行现场设计。新学校的建设和总体规划按功能分成教学区、学生生活区、教工生活区。教学区和学生生活区占地 1000 余亩，教工生活区占地约 260 亩。新校址将建造总面积 30 余万平方米的建筑，共计 26 项：中心大楼、运输起重采矿大楼、机制大楼、电制大楼、动力大楼、图书馆、实习工厂、诊疗所、工会俱乐部、风雨操场、体育馆、大会堂、学生食堂、浴室、学生宿舍及员工单身宿舍、福利房屋、幼儿园、小学、托儿所、锅炉房、车库、教工住宅及其他房屋若干。[②]

1955 年 10 月 26 日，交通大学西安新校址破土动工。第一批建设项目为教职工宿舍、学生宿舍、中心大楼和饭厅等。根据既定的迁校方案，这些工程必须在 1956 年暑假前完成。承担工程的西安市第三建筑工程公司组织了 1000 多名（最多时达 2000 多名）建筑工人夜以继日、争分夺秒地施工，无论刮风、下雨、下雪，甚至除夕之夜都没有停止施工。

1956 年 6 月 1 日，5000 平方米的学生食堂、17 幢教职工宿舍、14 幢学生宿舍基本竣工。到当年暑假，已完成了 10 万平方米的建筑。至 1956 年年底，中心大楼和各系的教学大楼以及商店等配套设施也相继落成。1957 年 1 月，运动场完工。绿化工作也同步展开，从 1955 年 12 月起，在中心大楼四面沿路和校园周围已种植梧桐树、白杨和洋槐树达千棵，还开辟苗圃，种植碧桃、苹果、丁香、刺柏等各种树苗。西安新校址的建设速度之快，出乎人们想象。[③]

再以同济大学为例。1954 年下半年计划征用土地四块，拟建电工馆、运动场、学生饭厅、教职员宿舍，共计面积 179894 亩。吸收来校做工农民计 26 人，[④] 准备投入紧张的基础建设进程。表 7-7 为 1954 年同济大学第二批征地费用统计表。

---

① 《交大校刊（合订本）》，1955 年 2 月至 1956 年 6 月，上海交通大学档案馆馆藏档案：永久-0104。

② 《交大校刊（合订本）》，1955 年 2 月至 1956 年 6 月，上海交通大学档案馆馆藏档案：永久-0104。

③ 王宗光：《上海交通大学史（1949—1959）》，第 5 卷，上海交通大学出版社 2016 年版，第 72~73 页。

④ 《上海市高等教育局关于高校基本建设和教学设备情况及有关财务、征地等》，1955 年，B243-1-55。

表 7-7　1954 年同济大学第二批征地费用统计表

区域	费用（元）								备注
	地价	青苗	棺柩	房屋	照顾	粪坑	其他	合计	
电工馆	7170.40	764.24	426.00	—	2600.00	32.00	—	10992.64	—
运动场	8002.64	1187.55	2654.70	577.98	2474.00	64.00	722.56	15683.43	其他栏，包含登报费414元，生活费286.56元
学生饭所	4339.68	2067.19	528.16	661.00	20.00	230.00	292.30	8138.33	—
教职宿舍	514.78	385.44	640.00		35.00	84.00	20.00	1679.22	—
合计	20027.50	4404.42	4248.86	1238.98	5129.00	410.00	1034.86	36493.62	

资料来源：《上海市高等教育局关于高校基本建设和教学设备情况及有关财务、征地等》，1955 年，上海市档案馆馆藏档案：B243-1-55。

可见，在 20 世纪 50 年代，各高校的基本建设项目规划及经费的预算、划拨、使用，包括教职工的住房等福利待遇等都是由国家统一管理并掌握，深刻体现了计划经济时代的特点，也反映了当时国民经济处于恢复和发展时期国家经费使用比较精打细算的一面。

二、教育经费的支出与管理

教育经费支出是高校将各项教育经费收入所带来的资金用于学校整体发展、维持学校正常运转、培养各类人才等过程中发生的各类费用开支。根据各类经费支出的最终经济用途区分，学校的教育经费支出分为人员支出、公用支出和自筹基建支出三大类。[①]

20 世纪 50 年代初期，人员费用包括工资、供给生活费、工资补助费，公用费用包括公杂费、旅差费、文教补助费、图书购置费、科学教育实验用品购置及修理、器具设备购置费、修缮费。不属于上述人员费用或公用费用的支出都纳入其他费用。随着教育经费收入的增长，学校的教育经费支出也

---

① 薛明扬：《上海高等教育志》，上海社会科学院出版社 2010 年版，第 583~584 页。

在不断增长。从 20 世纪 50 年代中期开始，人员经费范围主要包括工资（标准工资、生活补贴费、保留工资）及补助经费（临时工工资、各种补贴及津贴）、副食品价格补贴、职工福利费（工会经费、工作人员福利费、职工探亲车船费、退休金、退职金、抚恤费）、人民助学金等，公用经费主要包括公务费、设备购置费、修缮费、业务费、其他费用等。

高校对教育经费的管理主要是通过建立一些切实可行的财务管理制度和加强预算计划的执行来实现的。从 1950 年开始，教育经费分为预算内资金和预算外资金两部分。预算内资金是国家财政资金，通过预算编制、申报核拨、预算执行直至编报决算，是学校财务管理的主要内容。预算外资金一般不纳入国家预算管理，由学校自收自支的资金，如科研三项经费、代管科研经费、学校基金、捐赠款等。这两部分资金均须按照国家财政部门和业务主管部门有关的财务制度、财经纪律进行管理。新中国成立初期在用款制度上确立了"按计划用款、专款专用，先请示后用，严格支报手续"的原则，并根据年度预算计划从财务上加强对各部门的财务监督。[1]

以上海第一医学院[2]为例，从 20 世纪 50 年代起，学校的预算管理工作在中央卫生部财政部门的指导下，根据不同年份的高等教育事业费预算编审及管理办法进行预算的编报和决算的送审。在实际工作中，逐步形成符合医学院实际情况的编制程序。其程序大致上是：卫生部下达预算年度的预算草案编制的注意事项、编制要求、定额标准、报表格式等，由学院负责人亲自组织、部署预算编制工作。财务部门负责预先统计各项资料，如人员增减、现有学生和毕业生人数、房屋需要修缮等情况，以及各项主要费用开支规律和定额等。待接到卫生部颁发的事业与财务指标后，即由财务科分别与教育、基建、人事、行政管理、材料、图书馆等部门联系，根据招生任务和有关定额标准，结合学校当时条件，从财务上进行平衡核算，再经院领导审核确定后，按照规定报表格式及要求编制预算草案，上报卫生部。为了便于预算申报、编制、分配和执行，学校还规定：公杂费由总务处事务科掌握，各个行政、业务科凡属于办公用品、纸张等均需向事务科编报预算，事务科将属于教学需要的费用编入教学经费，属于行政管理需要的费用编入行政办公

---

①　薛明扬：《上海高等教育志》，上海社会科学院出版社 2010 年版，第 585 页。
②　1985 年，上海第一医学院定名为上海医科大学；2000 年，上海医科大学和复旦大学合并办学，学校在原上海医科大学的架构上建立了复旦大学医学院；2002 年，学校将"复旦大学医学院"更名为"复旦大学上海医学院"。

经费；教学经费由教务处掌握，包括仪器设备、标本模型、实验器械修理养护、教材印刷、体育文娱用品等，由教务处汇总送材料科核算初审，再报教务处审核处由材料科编报预算；木器家具由总务处校产科掌握，由各使用部门在预算准备阶段编报计划送校产科审核汇编；图书杂志由图书馆掌握。[①]

1955年，国务院颁布《关于发行新的人民币和收回现行的人民币的命令》，确定1955年3月1日起发行新的人民币，上海第一医学院财务会计数据随即进行相应调整。1956年，学校执行《各级国家机关单位预算会计制度》，对预算科目、会计科目、会计报表做了修改和调整。[②]

再以交通大学财务管理工作为例进行说明。学校的财务管理部门为财务科，隶属总务处。整体上采取"统一领导、分工管理"的原则，专业设备、科学研究、教学实验的经费划拨由仪器设备科统筹掌握，图书经费划拨由图书馆掌握，办公费、修缮费、一般设备费划拨由总务科统筹掌握，资料费划拨由各系掌握。在年度预算的编制方面，先由财务部门根据学校事业发展计划，与各有关部门调查协商，提出预算方案，由校领导审查决定后上报上级主管单位核准。经上级单位核定下达经费后，再由财务部门提出经费使用分配方案，校务委员会审定后分别划拨各有关部门管理与使用。[③]

20世纪50年代，高等教育的经费投入主要靠政府单一拨款，并不似如今的多渠道办学经费筹措的局面。长期以来，在计划经济体制下我国高等院校逐渐形成"大而全"的办学规模和方式，致使非专业教学人员（主要是教辅人员、行政人员、工勤人员）在高等学校职工总数中所占比例较高，而专业教师比例很多时候都没有超过50%，在新中国成立后的头几年，非专业教学人员甚至接近专任教师的2倍。以上海高校为例，1949年专任教师1889人，教辅人员、行政人员、工勤人员（以下教辅人员、行政人员、工勤人员简称教行工）共计3114人；1953年专任教师为3438人，教行工4515人；1957年专任教师6619人，教行工7618人。[④]

1978年改革开放之后，计划经济条件下的高等教育运行机制正在发生深刻变化，与社会主义市场经济体制相适应的高等教育运行机制正在逐渐形

① 薛明扬：《上海高等教育志》，上海社会科学院出版社2010年版，第595页。
② 薛明扬：《上海高等教育志》，上海社会科学院出版社2010年版，第596页。
③ 上海交通大学财务科：《1959年财务工作总结》，1960年1月7日，上海交通大学档案馆馆藏档案：永久−258。
④ 上海市高等教育研究所：《上海高等教育年鉴（1949—1983）》，上海外语教育出版社1989年版，第255页。

成。这两种制度背景下的高等教育系统运行机制有着本质区别。计划经济条件下人力、物力、财力资源配置的主体是政府，由政府制定计划，政府直接管理，高等学校、学生个人、用人单位在使用资源时都必须根据政府计划并与政府发生联系，它们相互之间是脱节的。而在市场经济条件下，资源配置的主体是市场，政府起到的作用是间接管理和宏观调控，并维持社会公平。同时由于高等教育的准公共产品特性，高等教育部门与私人产品部门不同，其资源配置不可完全依赖市场运作，在很大程度上需要政府干预。政府与大学的关系既不是计划经济条件下的直接管理的关系，也不是完全市场化的关系。由此在市场经济条件下，在经费来源上，高校尤其是一些名校已经不仅仅局限于国家财政拨款，而是通过校友、企业等捐款的方式来募集进一步发展的资金，这已成为当下高校多渠道筹措发展资金的重要来源。

第三节　高等教育投资体制的特征与评价

在中华人民共和国成立初期，高等教育虽然面临着巨大发展的需求，但此时期由于国家经济需要恢复和发展，计划经济体制下国家高等教育经费来源渠道单一，虽然经费投入整体上升，但当时国力有限，尚需精打细算。

一、国家对高校的投入虽逐年增加，但总量不足

新中国成立以来，我国经济的恢复和发展一直保持较快势头，然而教育投入却与此不相协调，教育经费占 GNP（国民生产总值）的比例和预算内教育经费占财政支出的比例一直处于较低水平。迅速发展的高等教育事业也给国家财政带来了较大的负担，国家对高校的投入远远满足不了发展的需求。这一阶段国家财政性教育经费投入占国家财政总支出的比重虽然整体上有所增长，但与国家其他项目相比占比仍然很小。尤其是在我国当时公立高等院校占绝大多数、高等教育经费投入仍主要依靠国家财政的投资体制下，国家总体教育投入的不足，极大地限制了高等教育的投入。

由表 7-8 可以看出，1950—1957 年的 8 年中，虽然国家财政总支出由1950 年的 68.08 亿元增长到 1957 年的 304.21 亿元，几乎翻了 4 倍多，但是教育事业费占国家财政总支出的比重整体上始终维持在 5%～7%，最低的年份是 1952 年，教育事业费占国家财政总支出的 5.09%；最高的年份是1957 年，教育事业费占国家财政总支出的 6.42%。可见，国家财政总支出

中每年用于教育事业支出的经费总额虽呈增长趋势，但事实上，考虑大学生的人数增长、物价上涨等诸多因素，抵消了其经费投入的大部分绝对增长数。这说明当时国家对高等教育的发展虽然迫切，但其投入还是远远不够。

表 7—8　1950—1957 年国家教育事业费支出及其所占比重情况表（单位：亿元）

年度	国家财政总支出	其中：文教科学、卫生事业费支出		教育事业费支出比重（％）	
		计	其中：教育事业费支出	占国家财政总支出	占文教事业费支出
1950	68.08	5.02	3.76	5.52	74.90
1951	122.49	10.56	7.42	6.06	70.27
1952	175.99	13.47	8.95	5.09	66.44
1953	220.12	19.03	12.80	5.81	67.26
1954	246.32	19.70	13.77	5.59	69.90
1955	269.29	19.82	14.08	5.23	71.04
1956	305.74	23.90	16.47	5.39	68.91
1957	304.21	27.76	19.52	6.42	70.32

说明：1. 各项绝对数均系根据国家统计局《建国三十年国民经费统计提要》及财政部决算支出整理的。

2. 财政总支出中包括基本建设拨款，文教事业费和教育事业费支出中不包括基本建设拨款。

3. 文教事业费支出和教育事业费支出都不包括各业务部门在各自的事业费中开支的中等技术学校、技工学校经费，也不包括厂矿企业开支的办学经费。

4. 此教育费用包括大、中、小学的费用。

资料来源：《中国教育年鉴》编辑部：《中国教育年鉴（1949—1981）》，中国大百科全书 1984 年版，第 98 页。

二、经费来源渠道单一

计划经济体制指令型经济，是对生产、资源分配以及产品消费事先进行计划的经济体制。在这种体系下，生产、资源分配以及产品消费各方面都是由政府事先进行计划。由于几乎所有计划经济体制都依赖于指令性计划，因此计划经济也被称为指令型经济。

新中国成立后，国家实行的是计划经济体制，高校作为国家实施教育事业任务的政府职能的延伸，属于政府投资办学，理所当然接受政府高度集中统一管理，教育经费亦由国家根据指令性计划统一拨款安排。因而，20 世纪 50 年代的中国，其高校资金来源只有国家和地方财政拨款，经费来源渠道单一，其余民间资金甚少。可以说，国家包办高等教育的时期可以看作是高等教育成本分担筹资的一种极端情况，即只有政府这一个主体承担高等教育发展的成本。计划经济体制下，我国的高等教育事业一直被视为由政府支出的公益性福利事业。

这一时期，国家财政全额拨款，高校办学经费来源渠道单一。政府是唯一的办学主体，理所当然承担高校所产生的一切费用，这种长期以来的国家投资体制，形成了高等学校在经费来源上"等、靠、要"的思想。

计划经济时代办学经费短缺，如何积极主动广开经费来源之道，已成为市场经济条件下中国高等教育必须面对的一个重要问题，也始终是高校校长需要高度重视和亟待解决的问题，高校为了自身的生存与发展必须拓宽正常运转与继续发展所需的资金来源，为此，高校和科研人员开始通过市场行为获取其他资源，而不再是单纯地一味地依靠政府来投入。传统的"等、靠、要"思想已经演变为积极、主动，多渠道、多举措面向市场筹措高校发展经费，单一的政府投资体制正逐步走向改革。

三、教育产出效率不高

对一个国家而言，高等教育是一种社会服务，所以国家对高等教育的投资可以说是能获得巨大经济效益和社会效益的。一方面，高等教育从广义上来说，应该属于准公共产品。另一方面，发展高等教育已经成为增强综合国力的重要途径。国家政治的稳定、经济的发展和文化的繁荣都离不开高等教育的发展。另外，接受过高等教育的公民，其文化素质、专业技能与没有受过高等教育的公民相比都有明显的提高，因此这些人对于社会道德以及社会生产率的提高都会产生巨大的影响。

20 世纪 50 年代，我国教育经费既有严重短缺的一面，又存在使用效率不高的一面。长期以来，在传统的计划经济体制的管理制度下，高等学校形成的是以行政人员为中心的封闭式的师资管理模式，不同程度地损害了教师的主观能动性，影响其创新的积极性，降低了教育的产出效益及其影响力。而且计划经济体制下，高等学校不直接面向社会、面对行业一线办学，因此不需要进行人才需求的市场调研。

计划经济体制下的高等教育是政府指令性计划经济的产物，其行为在计划的统一要求下有着明显的计划约束性。计划经济体制下的高等教育虽满足了特定时代下的人才需求，其他方面也有发展，但总体效率不高。市场经济体制下的高等教育，其经济性、竞争性、创造性、服务性和动态性体现出它的时代特征，也为它注入了生命活力。

随着市场经济体制的建立与完善和高等教育改革的进一步深入，高等教育人才培养、科学研究功能的实现主要依靠教师的创造性劳动已被人们所接受，教师是高校办学的主体、是高等教育的主导者已成为共识。所以，加强师资队伍建设和有效地使用人才是提升我国高等教育产出效益、促进高等教育繁荣发展的重要任务。

在高等教育规模的不断扩大与国家财政性教育经费投入总量不足的背景下，如何通过优化高校内部的资产资源配置，以提高高校办学效益，是政府、社会和高校极为重视和亟须解决的问题。资产资源的合理配置是提高资产效率的有效手段，绩效是评价资产配置的重要工具。因此，对高校资产资源配置进行绩效研究很有必要性。学科作为高校构成的基本单元，承载着高校的人才培养、科学研究和社会服务三大功能；学科的建设汇集了人力、物力、财力的共同投入，牵动着高水平大学建设的每一个环节，其发展水平是衡量高校办学水平和综合实力的重要标志。因此，以促进学科建设发展水平为评价目的，对高校资产资源配置的绩效进行评价研究具有重要的理论意义和现实意义。

充分利用现有条件提高办学效益。教育经济学理论认为，教育通过生产劳动能力而成为社会再生产运动的一个环节。教育生产劳动能力是一个教育投入与教育产出的过程。以最小的投入取得最大的产出是发展教育的基本原则，高等教育如何做到以最小的投入取得最大的产出，这就是高等教育如何提高办学效益的问题。在教育投入一定的情况下，高校采取各种有效措施，充分利用现有教育资源，全面提高办学效益，实质上就是对教育投入的增加。对于高校来说，办大学重要的是把市场机制和理念引入办学机制，学会经营大学。要高度关注办学成本和投资的成本效益；要适应经济建设和社会发展的需要，在着重提高社会效益的同时提高经济效益。

教育投资，也是一种战略性投资，尤其是高等教育的投资，已经构成当代评价一个国家教育发展水平的重要指标和重要变量。当代高等教育迫切需要树立教育投资是基础性、生产性和战略性投资的现代观念，切实把发展高等教育作为最必需和最有效的基础设施建设。为此，高校在依赖政府主渠道投入的同时，应主动拓宽多种形式的教育投入，并充分利用现有条件，提高办学效益，实现学校的跨越式发展。

第八章 结语：中国现代高等教育制度的形成

1949—1957年，是新中国在社会主义历史条件下自主发展高等教育并取得巨大成就的9年。中华人民共和国成立后，人民政府即着手接管国民党政权留下的文化教育事业，加以恢复、整顿，稳定学校秩序。1952年下半年开始，我国开始学习苏联，进行了全国范围内的院系调整工作。院系调整改变了新中国成立之前旧大学各自为政、庞杂重叠、教学内容陈旧、脱离国家建设实际的局面，使高等教育适应了当时国家大规模建设事业的需要。1953—1957年第一个五年计划期间，高等教育在院系设置、学科专业发展、教学改革、基本设施建设等方面都取得了长足发展，建立了与社会主义计划经济体制相适应的一整套现代高等教育制度，并对我国高等教育管理体制进行了积极性探索，基本构建了新中国高等教育制度发展的格局与框架，成为有中国特色的现代高等教育制度的源流。

第一节 1949—1957年新中国高等教育的基本成就

1949—1957年，在中国共产党的领导下，无论是在数量的发展还是质量的提高上，都是新中国在社会主义历史条件下自主发展高等教育并取得巨大成就的时期，为社会主义高等教育事业奠定了基础，开拓了光明的前景。

一、初步构建了比较完整的社会主义高等教育体系，为国家培养了各类专门人才

院系调整以前，全国共有210所高等学校。经过院系调整，截至1957年全国共有高等学校229所，设置专业323种。高等学校分为综合性大学、工业、师范、农林、医药卫生、财经、政法、艺术、语言、体育和少数民族

院校。[①] 1953 年 10 月，中央人民政府政务院颁布《关于修订高等学校领导关系的决定》，全国高等学校各类专业实行统一教学计划、教学大纲和统编教材。至 1955 年 4 月为止，先后制订了 193 个专业的统一教学计划，其中工科 119 个，理科 11 个，农科 19 个，医科 5 个，文科 5 个，政法 2 个，财经 12 个，师范 20 个。修订教学大纲 348 种，其中工科基础课、基础技术课和部分专业课的教学大纲 210 种，农科 44 种，医科 57 种，理科、文科 11 种，师范 21 种。采用苏联教材的课程，共有 620 门。[②]

到改革开放初期，中国高等教育已经建立了全日制研究生、大学本科、大学专科的社会主义高等教育体系。据 1981 年统计，全国有高等学校 704 所，在校本专科学生达到 127.95 万人，比 1949 年增加 9 倍多；有教职工 66.63 万人，其中专任教师 24.99 万人；在高等学校中有教授 4231 人，副教授 19680 人，讲师 118275 人。[③]

以上海为例，1949 年上海解放时有高等学校 41 所，占全国 205 所高校的 20%。共有在校学生 20330 人，其中研究生 122 人，本科生 17406 人，专科生 2802 人。理、工、农、医类学生占 38.9%，师范类学生占 3.4%，财经、政法类学生占 40.5%。有教职员工 5003 人，其中专任教师 1889 人；专任教师中教授、副教授共 1138 人，讲师、助教 751 人。[④] 到 1957 年，上海有高等院校 18 所，教职工 14237 人，专任教师 6619 人。[⑤] 在校大学生 39274 人，毕业生 7278 人；在校研究生 611 人。[⑥] 这些成绩的取得，为改革开放之后高等教育的持续发展奠定了基础，具体情况见表 8—1。

---

① 《中国教育年鉴》编辑部：《中国教育年鉴（1949—1981）》，中国大百科全书出版社 1984 年版，第 234 页。
② 《中国教育年鉴》编辑部：《中国教育年鉴（1949—1981）》，中国大百科全书出版社 1984 年版，第 234 页。
③ 《中国教育年鉴》编辑部：《中国教育年鉴（1949—1981）》，中国大百科全书出版社 1984 年版，第 86 页。
④ 《上海高等教育志》编纂委员会：《上海高等教育志》，上海社会科学院出版社 2010 年版，第 8 页。
⑤ 《上海高等教育志》编纂委员会：《上海高等教育志》，上海社会科学院出版社 2010 年版，第 262 页。
⑥ 《上海高等教育志》编纂委员会：《上海高等教育志》，上海社会科学院出版社 2010 年版，第 401 页。

表 8-1　1949—1957 年上海市高校、教职员工及研究生、本专科大学生数一览表

年份	学校（所）	教职工（人）	专任教师（人）	毕业生数			招生数			在校学生数		
				研究生（人）	本科（人）	专科（人）	研究生（人）	本科（人）	专科（人）	研究生（人）	本科（人）	专科（人）
1949	41	5003	1889	—	—	—	99	—	—	122	17406	2802
1950	36	4860	2045	2	3549	859	—	—	—	31	17997	4890
1951	27	5821	2159	6	2782	1007	4	—	5854	23	16652	5433
1952	17	6207	2592	—	3815	1989	—	4975	2090	1	14425	7877
1953	15	7953	3438	4	4980	1959	44	5425	2687	197	15043	8364
1954	16	8476	3683	40	2039	3670	121	7110	2997	315	19944	7422
1955	16	9422	4111	98	3306	3788	277	8455	1535	460	24984	5133
1956	20	13641	5967	172	172	4212	2108	14045	3140	805	35714	4145
1957	18	14237	6619	355	5247	1676	94	8687	585	611	35631	3032

资料来源：根据《上海高等教育志》编纂委员会：《上海高等教育志》，上海社会科学院出版社 2010 年版，第 262 页、第 401 页数字整理计算所得。

同时，新中国成立以来高等教育的发展为我国社会主义现代化建设培养出了一支社会主义知识分子队伍。高等学校培养的人才遍及全国各地，不少人成为各个部门的骨干力量，有的已担任各级领导职务，有的已是学科领域的学术带头人，他们是新中国成立后高等学校培养出来的一批出类拔萃的人才，在国内外都有一定的影响力。他们是中国持续发展的生力军。

二、发挥了高等学校科学研究方面的作用

新中国成立前，上海原有高等学校师资力量分散，设备简陋，除编写一些教材和学术专著以外，很少开展科学研究。新中国成立初期，高等学校科学研究的基础也是十分薄弱的。1953 年 9 月教育部召开全国综合性大学会议，提出了高等学校开展科学研究的号召，周恩来同志提出高等学校要大力开展科学研究工作。复旦大学、交通大学、华东师范大学、同济大学、华东化工学院、上海第一医学院、上海第二医学院等校积极开展了新学科、新技术的研究，并在此基础上开设了一批新专业，取得了不少科学研究成果，如研制出我国第一只晶体管、第一台质子静电加速器、第一套三厘米微波测试

设备、第一台人工心肺机，第一次治愈了大面积烧伤病人等。①

20 世纪 50 年代，在国家政策的号召和支持下，高等学校通过自身的努力，初步搭建了高校科学研究的制度框架，并取得了一系列成果，为日后高校的科学研究创造了必要的条件。

三、建立了一支社会主义高等教育的师资队伍

20 世纪 50 年代的高等学校师资，经过新中国成立后 9 年的不断充实、提高，已经基本形成一支学科比较齐全、素质比较好、能够基本适应当时高等教育事业发展需要的队伍。

高等学校师资队伍的形成，经历了一个发展过程。1949 年，全国 205 所高等学校的教师共计 16059 人。中华人民共和国成立以后，国家对原有高等学校教师采取了"包下来"的政策。同时，从各个方面有计划有步骤地充实和加强高等学校教师队伍。后来，也有一些侨居国外的学者，陆续回到祖国任教。由表 8-1 可见上海教职工数量的逐年增长。同时，为了使高等学校教师适应社会主义高等教育事业发展的需要，更好地为培养社会主义建设人才服务，贯彻党对知识分子的团结、教育、改造的政策，在整个 20 世纪50 年代，广大教师不仅通过学习马克思列宁主义、毛泽东思想，学习苏联教育经验，参加各项政治运动、社会改革和实际工作，社会主义思想政治觉悟普遍提高，而且还通过教学、科研的实践以及培养、进修，业务水平也有所提高。1956 年 1 月，中共中央召开的关于知识分子问题会议明确指出，旧时代的知识分子，他们中间的绝大部分已经成为国家工作人员，已经为社会主义服务，已经是工人阶级的一部分。会议还规定了对知识分子的教育、科学、文化工作的一系列正确政策，号召知识分子进一步团结在中国共产党的周围，向现代科学进军，争取在一年内使我国最急需的科学部门能够接近世界先进水平。这次会议，对广大知识分子作了正确估计，高等学校教师由此受到极大鼓舞，教学质量、科研水平也有显著提高。

四、建立了社会主义教育的计划管理制度

1956 年社会主义改造的完成，中国成为建立在生产资料公有制基础上

---

① 上海市高等教育研究所：《上海高等教育年鉴（1949—1983）》，上海外语教育出版社 1989年版，第 6 页。

的社会主义国家，国民经济建设有计划按比例地发展，培养为现代化建设服务的"又红又专"的各种专门人才和熟练劳动力的教育，特别是高等教育，也要有计划按比例地发展。从 1952 年开始，全国高等教育按照国家建设计划需要实行统一招生。招生数都是作为国民经济计划中文教项目的主要指标列入计划的。高等学校毕业生由国家统一分配，统筹兼顾，全面安排，保证重点，照顾一般。例如，第一个五年计划期间，国家就将大学毕业生优先分配到鞍山钢铁公司等 156 项重点建设工程；第二个五年计划期间，又将大学毕业生优先分到第二和第七机械工业部以及大庆油田等大型建设项目，为我国制造原子弹、氢弹、洲际导弹、人造卫星，独立设计、建设国家重点工程发挥了重大作用。

在管理制度上，对于高等教育实行中央统一领导和中央与省、市、自治区的两级管理；对为"多快好省"地发展教育事业，省、市的工、农、医、师专门学院、综合大学等由省、市、自治区直接管理；在国家计划管理和党的教育方针指导下，实行国家办学与群众办学，中央办学与地方办学，教育部门办学与业务部门、厂矿企业办学两条腿走路的方针。随着时间的推移，实践证明，这种计划管理制度存在弊端，因此在改革开放之后逐步开始改革。

五、学校办学条件不断得到改善

首先是办学经费不断增长。以交通大学为例，1949 年新中国成立后，交通大学由中央教育部主管，其办学经费由中央教育部划拨，用于发放教职工工资及福利、学生助学金、教学维持费、教学实验经费、行政办公经费、修缮费、学生生产实习费等，但不包括校园扩大，教师、实验室、实习工厂、家属宿舍、学生宿舍、食堂、礼堂等的建造及实验室设备的购买费用。这部分经费，教育部要求根据学校的需要，经审查批准后另行下拨，称"基本建设费"，每年数量不一样，且变动较大。科学研究经费则根据科研项目专项下拨。1957 年，国家划拨的教育事业费比 1956 年增加一倍，达1248.57 万元。

其次是校园面积扩大。1949 年接管时，交通大学校园土地共有 505.314

亩，校舍总建筑面积 56510 平方米。[1] 到 1957 年，由于造船学院与南洋工学院并入交大，因此校舍情况统计如下：一是交通大学徐家汇老校舍 121166 平方米，二是柿子湾分部教学房屋 6497 平方米，三是造船学院新购、新租教员宿舍 6090 平方米，四是南洋工学院新购、新租教员宿舍 9581 平方米，以上共计 144590 平方米。另外交大校舍总计 112 幢房屋，面积 137244 平方米。[2]

再次是图书馆建设力度加强。新中国成立后，上海市军管会在接管交通大学的时候曾对全部校产进行过清查。校图书馆藏有图书 107585 册，中文期刊 1500 种，西文期刊 814 种，报纸 55 种。[3] 经过一段时间的建设，到 1957 年，馆藏图书 13.8 万余册，期刊合订本 4000 余册，现期期刊 1750 种。[4]

此外，实验室建设也取得了长足进展。上海高校不仅增加了一批实验室设备，还新建立了一批实验室。如复旦大学的电光源、计算机、激光、质子静电加速器，交通大学的超高压实验装置，上海科技大学的电子加速器等，都是在这个时期筹建起来的，为进一步开展教学和科研提供了条件。

六、与国外高等学校建立了广泛的联系

中华人民共和国成立后，教育部门采取了一系列的步骤和措施，开展对外交流活动，增进我国人民、教育工作者与各国人民、教育工作者的了解和友谊，吸取外国的经验，以促进我国的社会主义教育事业。

在这个时期，我国对外交流活动的主要内容有：同苏联、东欧人民民主国家等一些国家互换留学人员；向东欧、亚洲、非洲一些国家和苏联派遣汉语专家和教师；根据政府间签订的文化合作协定，互派教育代表团、组，派遣我国教育界代表、学者参加一些国家著名大学的校庆以及其他国际文化友好活动，派遣教授、学者参加一些国家举办的国际学术讨论会；同时也聘请

---

[1] 《上海交通大学志》编纂委员会：《上海交通大学志》，上海交通大学出版社 1996 年版，第 580 页。

[2] 上海交通大学校史编纂委员会：《上海交通大学纪事（1896—2005）》，上卷，上海交通大学出版社 2006 年版，第 482 页。

[3] 上海交通大学校史编纂委员会：《上海交通大学纪事（1896—2005）》，上卷，上海交通大学出版社 2006 年版，第 420 页。

[4] 上海交通大学校史编纂委员会：《上海交通大学纪事（1896—2005）》，上卷，上海交通大学出版社 2006 年版，第 491 页。

外国文教专家来华工作。下表是全国 1950—1957 年派出国、毕业回国、外国来我国留学生人数总表。

表 8-2　中国 1950—1957 年派出国、毕业回国、外国来我国留学生人数表

年份	派出国的留学生人数 （人）	毕业回国的留学生人数 （人）	外国来我国留学生人数 （人）
1950	35	—	—
1951	380	—	—
1952	231	—	230
1953	675	16	504
1954	1518	22	324
1955	2093	104	327
1956	2401	258	473
1957	529	347	167
总计	7862	747	2025

资料来源：《中国教育年鉴》编辑部：《中国教育年鉴（1949—1981）》，中国大百科全书出版社 1984 年版，第 980~981 页。

除上面所述，高等教育在其他方面诸如调整教育机构、教材建设等方面都取得了较大的进展，提高了高等教育质量。

经过 1949—1957 年的建设，我国高等教育取得了长足发展，中国高等教育制度也得以基本确立。从接收和整顿旧有高等学校，接着进行院系调整，学习借鉴苏联高等教育经验，到经过第一个五年计划的探索与发展，高等学校的管理机构、教学、招生、分配、国际交流等方面全面结束了近代高等教育旧体系的历史，确立了以中国共产党意识形态为基础的社会主义性质的高等教育新的办学体系。

第二节　中国高等教育管理体制及其演变

所谓制度，就是权责关系的划分和规范，实质是利益分割。高等教育管理制度就是高等教育权责关系的划分和规范。高等教育管理制度分宏观管理制度和微观管理制度。高等教育宏观管理制度是指政府（包括中央政府和地方政府）、高等学校和社会权责关系的划分和规范。高等学校微观管理制度

是指大学内部关系包括大学与教师、大学与学生、教师与学生、管理人员与教师、学生之间权责关系的划分和规范。本章主要涉及宏观管理制度。

一、中国高等教育宏观管理体制的建立

我国高等教育自清末兴起，经过数次变革与创新。高等教育变迁历史总体趋势是向上发展的，但其道路曲折坎坷，有过兴旺亦有过衰落，呈螺旋上升状态。自 1949 年至 1957 年，中国高等教育的宏观管理模式主要是中央政府集中统一管理。

1949 年中华人民共和国成立，中央人民政府成立了教育部，国家首先接管并陆续改造了国民党遗留下来的各级高等学校。1950 年 7 月 28 日，中央人民政府政务院发布《关于高等学校领导关系的决定》，其中明确指出全国高等学校由中央人民政府教育部统一领导。1953 年 10 月，在 1952 年全国性的高等学校院系调整的基础上，政务院发出《关于修订高等学校领导关系的决定》，规定中央高等教育部和中央其他行业部门分工负责各高等学校。至 1955 年底，全国（除港、澳、台）共有高校 227 所，全部由高等教育部和中央其他业务部门领导和管理。

二、中国高等教育治理结构的演变

新中国成立以来，我国基本上采取的是政府统一管理高等学校的制度。伴随着政治、经济环境的变迁，高等学校内部的治理结构也发生了一系列的变迁。

（一）1950—1955 年，实行校长负责制

1950 年 2 月，新中国成立后的第一次全国高等教育会议在北京召开，通过了《高等学校暂行规程》，并于当年 8 月经国家政务院批准公布实施。该规程规定，高等学校一律实行校长负责制，校长由国家任命，直接向中央教育行政部门负责。学校各项工作，包括教师聘任、干部任免等，均由校长负责。1950 年 7 月 28 日，政务院颁布《高等学校领导关系问题的决定》，规定："大学及专门学院采取校（院）长负责制；大学设校长一人，设副校长一人或二人，协助校（院）长处理校（院）务。"① 据此，交通大学校务

---

① 何东昌：《中华人民共和国重要教育文献（1949—1975）》，海南出版社 1997 年版，第 45 页。

委员会于 1951 年 8 月 11 日向华东教育部呈递报告，请求早日实行校长制。1952 年 9 月 23 日，华东教育部提名山东省人民政府文教委员会主任彭康任交通大学校长，交大校务委员会副主任委员陈石英为副校长。11 月，提名获政务院批准，毛泽东主席于 11 月 15 日同时签署对彭康、陈石英的任命通知书。

（二）1956 年后，实行党委领导下的校务委员会负责制

1956 年 9 月，中共第八次全国代表大会通过的党章第 51 条规定："学校和部队中的党的基层组织，应当领导和监督本单位的行政机构和群众组织积极地实现上级党组织和上级国家机关的决议，不断改进本单位的工作。"①

1958 年 9 月，中共中央、国务院发布的《关于教育工作的指示》明确提出："一切教育行政机关和一切学校，应该受党委的领导。……在一切高等学校中，应当实行学校党委领导下的校务委员负责制，学校工作中的重大问题由党委决定，经校务委员会讨论通过，由校长负责组织实施。"② 根据这一指示，1959 年 2 月 25 日至 3 月 12 日，交通大学（上海部分）召开了交通大学（上海部分）、南洋工学院（筹）、上海造船学院三校合并后的第一次校务委员会会议，通过了《交通大学（上海部分）校务委员会组织简则》，规定"学校体制必须根据中央在一切高等学校中，应当实行学校党委领导下的校务委员会负责制"③。

1961—1965 年，高校治理机构又有所变化，即实行党委领导下的以校长为首的校务委员会负责制。

三、中国高等教育管理体制存在的问题

新中国成立后，社会处于转型时期，这是分析中国高等教育制度变革的重要背景和观念框架。社会转型的主体是社会结构，社会结构转型是指一种整体的和全面的结构状态的过渡，而不仅仅是某些单项发展指标的实现；社会转型的具体内容是结构转换、机制转换、利益调整和观念转变；在社会转型时期，人们的行为方式、价值体系都会发生明显的变化。这意味着，社会

---

① 人民出版社：《中国共产党第八次全国代表大会文件》，人民出版社 1956 年版，第 114 页。
② 《中共中央国务院关于教育工作的指示，一九五八年九月十九日》，《人民日报》，1958 年 9 月 20 日，第 1 版。
③ 王宗光：《上海交通大学史（1949—1959）》，第 5 卷，上海交通大学出版社 2016 年版，第 191 页。

转型的主题是社会结构的转型，而社会结构转型的实质是制度创新，因为机制转轨、利益调整、观念转变以及行为方式、生活方式和价值体系变革的成果只有固化下来成为一种制度，才能保证社会良性发展的持续性；反过来说，只有在制度创新中理解社会转型，才能促进社会转型顺利进行。否则，所谓的社会改革只会是昙花一现，而社会转型也不可能真正完成。因此，可以说中国高等教育的制度创新是解决中国高等教育发展中所有问题的关键所在。

　　1978年改革开放之后，随着社会转型，中国高等教育管理制度也在悄然发生着一系列变化。为何会发生这些变化？一方面表明高等教育制度需要继续发展，另一方面更重要的是高等教育制度确实在根本上存在这样或那样的问题。例如，在宏观管理上，由政府主导型向依法治教、依法行政转变；微观管理上，由行政管理为主导向寻求行政权力与学术权力的平衡转变；在办学体制上，由政府包揽办学格局向一主多元的办学模式转变；在人才培养上，由工业社会标准化人才培养模式向知识社会个性化人才培养模式转变；在教学活动上，由以教师为中心向以学生为中心转变；在学科建设和专业设置上，由重学理和现有资源向学理与应用、现有资源与社会需求并重转变等等。从现实看，以上这些变化毋庸置疑正在进行中，但不管如何，这种根本性的、实质性的制度变革可谓任重而道远。为何如此说呢？因为长期以来计划经济体制下形成的我国高等教育体系和制度的基本特征根深蒂固，具有强烈的"单一性"的特征。这种"单一性"具体表现为调控力量和手段的单一性、经费投入渠道的单一性、办学模式的单一性和评价体系的单一性。调控力量和手段的单一，即长期以来一直由政府实行高度集中统一的行政管理模式并没有得到根本改变；经费投入渠道的单一性，即高等教育经费投入基本上由政府包下来。调控力量和手段的单一导致了高等教育经费投入不足的问题；两级管理只是管理权限从中央部门转移到了地方政府，学校的办学自主权，教学、科研等多方面的评估体系、激励机制等问题并未从根本上认识并得到解决。如果说，这一管理模式曾经与精英高等教育相适应或者说两者并不严重冲突的话，那么，这一模式就难以适应高等教育平民化、大众化的进程了。

　　由于国家宏观管理的制度性障碍，直接导致高等教育的微观管理也难以适应社会主义市场经济的发展。20世纪50年代由于高校直接受政府领导和管理，所以在机构设置上已基本与政府机构——对应，这就使得作为学术单位的高校成了准政府组织。其后果是按行政管理方式管理学校，因而造成行政权力与学术权力的矛盾，教师的主体地位和主导作用难以得到正常确立和充分发挥，学生作为消费者和学习的主体也没有受到应有的尊重。再如，在专业设置中，所有高校如新设专业，都要履行报批手续，并且都要按照"专业目录"中的统一名称和主要课程设置专业。这会造成两个后果：一是宏观管理管得过细、统得过死，难以适应市场经济对高等教育的需求；二是造成学校把主要精力放到了如何获得上级主管部门的认可、审批和评级上，而恰恰忽略了市场和受教育者的要求，这是造成高等教育微观管理缺乏竞争力和效率低下的制度根源。可见，在当时体制下，宏观管理既不能有效调控、合理配置资源，微观管理也不能根据高校具体条件办出学校和专业特色。这是当时高等教育制度的症结之所在，也是后来国家对高等教育体制推行改革的重要缘由。

第三节　中国高等教育投资体制的效率评估与改革路径

中华人民共和国成立以来，国家建立了高度集中统一的计划经济体制，与之相伴产生的是中国高等教育投资体制，这个投资体制根据国家计划执行，并由政府作为唯一的投资主体，具有计划性和单一性的特征。探讨这种投资体制的效率以及后来高等教育的投资路径究竟如何改善是本部分的主要内容。

一、中国高等教育经费政策的演变

新中国成立以来，随着高校管理体制的变化，高等学校教育经费的政策和来源也经历了几个演变阶段。

1950 年 6 月 1 日，教育部召开第一次全国高等教育工作会议，讨论了改造高等教育的方针和新中国高等教育的建设方向，明确了新中国高等教育的服务目标，认为"工农"是新中国高等学校主要的服务对象。1952 年 7 月 8 日，政务院发布《关于调整全国高等学校及中等学校学生人民助学金的通知》，当年 7 月 23 日，教育部发布了《关于调整全国各级各类学校教职工资及人民助学金标准的通知》，其中规定，"高等学校的学生，毕业后即由国家统一分配参加各种建设工作，现在人数还很有限，为鼓励青年升入高等学校并保证其学习任务，规定全部给予人民助学金"①，这意味着我国建立了全面免除高等教育学费、以人民助学金解决生活费用的制度，这一制度基本延续到改革开放以后的十余年。

这一阶段的教育经费除了极少的科研经费来自企业外，几乎所有的资金都来源于政府的预算内拨款，主要特征为经费来源一元化。实践证明，这样的管理体制不仅给国家的财政带来了巨大的经济负担，也使高等教育缺乏活力，阻碍了高等学校的发展，也阻碍了经济的发展。

以高校科技经费发展为例。20 世纪五六十年代，即使是由国家财政拨款，这一项经费由于受国家财力影响，其经费获取渠道从依附到独立也经历了一个漫长曲折的历程。新中国成立后，教育部根据"以培养工业建设人才和师资为重点，发展专门学院、整顿和加强综合大学"的方针，以华北、东北、华东为重点，进行全国高等院校院系调整工作，直至 1953 年年底调整基本完成。此时期的科研工作并不是高校工作的重心，更谈不上快速发展。1956 年，我国开始建立国家科研工作体制，但在财政上却没能全面建立相应的科研经费拨款体制，1963 年以前中国科学院和产业部门的独立机构可以从国家科学支出或各部门的科学研究经费中获取科研费，唯独高等学校的事业费中不列"科技经费"，高等学校的科技经费一部分来自教育经费，另一部分来自中央各行业部门在部门的经费支出。为了方便高校开展科研，1963 年，中央文教小组和中央科学小组批准了教育部提交的《关于高等学校科技经费问题的报告》，同意高等学校承担科学计划任务所需的经费由国家科委审核后在国家科学事业中开支，自此高等学校科技经费纳入国家科学管理范围。这期间，科学研究活动属于计划体制，科技经费主要通过国家财政拨款，拨款的项目主要有科技三项费用、科学事业费、国防科学事业费等。

20 世纪 50 年代，中国高等教育投资体制的主要内容包括以下两个方面：

第一，经费由政府财政统一计划拨款，预算外资金只占很小的比重。政府的预算内拨款主要包括教育事业费拨款、教育基本建设费拨款、各种用于高等教育的专项支出资金、其他预算内用于高等教育的支出资金等。在这种

---

① 中央教育科学研究所：《中华人民共和国大事记（1949—1982）》，教育科学出版社 1984 年版，第 60 页。

拨款体制下，高等学校所需经费完全由国家财政下拨、专款专用，高等学校在年终决算后需要将年终结余返还国家。这样就致使高校在可支配的成本范围内加大了成本开支的力度，造成资金利用的低效。

第二，国家对高等教育财政拨款的依据是"基数＋发展"。"基数＋发展"即由政府按各高校的规模大小及日常开支需求核定一个拨款基数，以后各财政年度的经费开支预算便在上年基数上，按财政状况增减本年度的经费数。这种拨款机制，实施起来较为简单，但存在的弊端也是显而易见的。一是不利于修正之前不当的开支行为；二是投入基数的确定缺乏系统的精确的科学依据，各教育机构的拨款基数不一，学生人均经费支出差别较大，造成教育机构之间发展不平衡。这种预算分配方式由于没有考虑学校人数变动对教育机构的影响，有可能因教育机构招生增多造成每个学生平均经费相对下降的不合理现象，因此，这种资金分配方式不利于高等教育的规模发展，不利于教育机构的成本节约，也不利于高等院校之间的公平竞争，是一种比较低效的制度安排。

虽然，20 世纪 50 年代中国高等教育制度的发展取得了巨大成就，但不可回避的问题就是在当时的体制之下，教育机构资源使用效率低下、教育机构组织臃肿、人浮于事的现状无法克服，教育服务的社会问题、大学生失业现象亦无法解决。这些现象都表明中国高等教育制度存在问题，尤其是投资体制方面，而体制性问题只有通过体制改革来解决，这也是后来中国高等教育制度改革的历史走向。

二、中国高等教育投资体制的改革路径

"效率"这一定义在日常生活和学术研究中被广泛运用，通常是指在单位时间内完成的工作量或劳动的效果与劳动量的比率。从管理学角度来看，效率是指在特定时间内组织的各种投入与产出之间的比率，与产出之间成正比，与投入成反比。

在经济学中，效率一直是经济学研究的核心问题，不同学者从不同角度对效率进行了阐述。著名经济学家帕累托（Pareto）认为，效率的定义是"在某种资源分配是最优的，也是最优效率的"，也称为帕累托最优（Pareto Optimality）或帕累托效率（Pareto Efficientcy）。萨缪尔森（Samuelson）在《经济学》中对效率定义为"效率意味着不存在浪费，即经济在不减少一种物品生产的情况下，就不增加另一种物品的生产，它的运行便是有效率

的，有效率的经济位于其生产可能性边界上"①。我国经济学家樊纲认为："经济效率是指社会利用现有资源进行生产所提供的效用满足的程度，因此也可一般地称为资源利用效率，它是需要的满足程度与所费资源（成本）的对比关系。因此，需要明确的是，他不是生产多少产品的简单的物量概念、二十一个效用概念或社会福利概念。"② 在有的经济学论著中，又把经济效率概括为配置效率、组织效率、动态效率等。

近年来，国内外学者们基于不同的研究视角对教育效率进行了不同的定义。王善迈认为，从经济角度出发，可将教育纳入生产活动或经济活动的范畴，将教育效率称为教育资源的利用效率，主要是衡量教育资源的消耗（教育的投入）与教育的产出成果（教育的产出）之比，教育效率也可称为教育投资效率、教育资源利用效率、教育投资内部效率等。③

袁连生、袁强认为，教育投资的效率就是教育的长处与投入之比。教育投资是投入教育领域，用于培养学生的人力和物力的货币表现。④ 教育产出又可分为内部产出和外部产出，前者属于教育过程的直接结果，包括学生技能的提高、思想品德的变化、身体素质的增强，后者指教育对社会经济所起的作用和所做的贡献。教育的外部效率为外部产出与教育投入之比，内部效率为内部产出与教育投入之比。

计划经济时代，高等教育的资金来源主要依赖政府投资。政府的直接干预、政府拨款机制缺乏激励监督等导致政府投资的低效是计划经济时代投资体制的基本特征。

政府投资作为高等教育机构资金来源的主渠道，政府的直接干预弱化了教育机构服务的市场定位；另外由于政府的直接干预，高等教育机构承担了多重使命，由此必然弱化政府对高等教育机构效率的监督激励效应。政府可以作为高校产权所有者或作为教育服务消费需求者对公立教育机构进行监督和激励，两种监督激励都具有合理性，但对教育机构的质量和效率影响不同。因为政府是公立高校的产权所有者，对公立高校目前仍要采用直接干预的方式。高校虽然名义上具有独立的法人地位，并不是政府公共组织的组成

---

① 〔美〕保罗·萨缪尔森、威廉·诺德豪斯著，萧琛译：《经济学》，人民出版社 2008 年版，第 289 页。

② 樊纲、张曙光：《经济效率与经济潜在总供给》，《中国社会科学院研究生院学报》，1990 年第 5 期，第 14 页。

③ 王善迈：《教育投入与产出研究》，河北教育出版社 1996 年版，第 23 页。

④ 袁连生、袁强：《教育投资内部效率探讨》，《教育与经济》，1996 年第 1 期，第 18～22 页。

部分，但政府仍然是教育机构产权所有者和教育服务主要的消费需求者。为了确保政府投资的使用效率和使用方向，政府通常会从高校的财政、人事及规模扩张等方面介入高校的机构组织管理。政府对教育机构在人权、事权和财权方面具有很强的控制能力，高校始终是由政府控制并管理的格局。

我国公立高等教育的"事业单位体制"也没有发生根本变化。"事业单位制"具有非生产性激励效应，不利于高校效率的提高。高校组织内部也实行行政级别制，而行政级别作为一种内部激励机制及其考核的标准，并不是经济绩效而是行政行为，所以这种激励不具有经济效率的激励效应，不能将有限的资源用于激励教学、科研人员努力工作，为了解决机会成本问题，相关人员会采用从事第二职业等方式获得相应的补偿，精力的分散必然会降低教学和科研的质量，从而导致整个教育体系质量下降，不能满足产业快速升级和技术飞速发展的要求。

政府的非生产性干预也会造成高校低效。在计划经济体制下，人员工资是由国家财政拨付，所以，人员的增加会造成国家财政支出增加，同时也造成高校冗员多且效率低下的局面。

此外，还要优化政府公共拨款的激励效应。政府公共拨款通常强调资金分配的公平性，这也是一种社会公平的一种表现，但是这种公平的分配方式对高校只具有数量激励效应，不具有质量激励效应，所以在中国高等教育存在质量问题的情况下，政府拨款机制中应该增加对教育服务质量的激励成分。政府可以利用教育体系的评测系统，也可以利用社会中介对教育机构的质量进行评测，根据评测的结果单独给予一定的投资奖励，对于质量差的高校可以公开曝光，并在投资上有一定体现，形成"奖优罚劣"的投资机制，促进教育机构提高教育服务的质量。

总之，在高等教育资金主要依赖政府拨款的情况下，政府拨款资金的效率决定了高等教育投资体制的效率。由于来自政府拨款资金的监督与激励本身缺乏动力和效率。

第四节　中国现代高等教育制度的形成与走向

世界著名经济学道格拉斯·诺斯曾经提出了一个涵盖制度（institutions）与组织（organizations）的制度变迁理论。按照诺斯的解释，"制度"这一概念是指人为设计的规范人们交往的种种限制，而"组织"这一概念所指的是由某些个人组成的旨在实现特定目标的团体。而且还指出"典型的制度变迁具有改良性与路径依赖性（path-dependence）"。"路径依赖是过去对于现在与将来施加的有力影响。"① 后来的大多数制度派经济学家沿袭诺斯的理论，将"制度"这个概念界定为人为设计的体制与原则或者所谓游戏规则。

本书给"制度"这个概念赋予了一个不同的含义。在本书中，"制度"这个概念所指的不仅是界定与规范人们行为与交往的人为设计的体制与原则，也指体现这些体制与原则的组织结构。同时，人为设计的体制与原则与体现这些体制与原则的组织机构互为补充并且不可分离：世界上不存在没有其相应组织机构的体制与原则，也不存在没有其相应体制与原则的组织机构。一旦制度发生变化，人为设计的体制与原则与体现这些体制与原则的组织机构都会发生相应变化。

在这里，思想模型（mental models）对于理解制度变迁有着重要的意义。思想模型是"个人认知系统产生并用以解释外部环境的内在映象"，一旦属于不同团体的个人形成了同样的思想模型，这个思想模型就演变为意识形态。正如诺斯所指出的，人们通过交流来了解思想模型，反过来这种交流又使得意识形态与制度之形成成为可能。

因为制度作为人为设计的体制与原则和体现这些体制与原则的组织机构是建立在思想模型和意识形态的基础之上的，因此思想模型与意识形态的形成与修改便成为制度变迁的直接原因。

人类状况之改变一般分为两种形式：剧烈改变与正常改变。所谓"剧烈改变"系指非常变化，其典型特征是这种变化没有规律性并且难以预料。此外，通过暴露现存制度之缺陷或表明建立新制度的必要性，它还迫使人们修改其制度环境的现存思想模型和建立新的思想模型。最后，一旦发生人类状况之剧烈改变，这种改变不仅导致人们的思想模型之修改，反过来，这种根本上改变了的思想模型或其取代模型导致人们完全改变其制度环境，其最终结果是激进的与革命性的制度变迁。所谓"正常改变"系指普通改变。其典型特征是这种变化有规律性并且可以预料。通过暴露现存制度之缺陷，不仅凸显制度变迁的必要性，而且还要求人们修改其关于制度环境的现存思想模

---

① 〔美〕道格拉斯·C. 诺思著，杭行译：《制度、制度变迁与经济绩效》，格致出版社，上海三联书店、上海人民出版社 2008 年版，第 3～6 页。

型。虽然这种修改仅仅是有限的修改，但这种经过有限修改的思想模型往往导致人们对其制度环境进行部分调整，其最终的结果便是渐进的与改良的制度变迁。

在分析制度变迁时，对激进的与革命性的、渐进的与改良的这两种模式有必要加以区分。首先，这两种制度变迁的性质不同。前一种描述的是现存制度的根本改变或一种制度取代另外一种制度，后一种所解释的是现存制度的局部调整。一旦现存制度得到根本改变或被一个全新的制度所取代，这个新制度便无法与以前存在的制度相互兼容并蓄，尽管这个新制度可能容纳现存制度的某些因素。其次，有鉴于激进的与革命性的制度变迁来源于人类状况之突如其来与非常之改变，这种制度变迁可能发生在一个较短的或一个较长的时间内。最后，人类社会之演变通常在上述两种制度变迁的交替中进行，即一个社会在经历了渐进的与改良的制度变迁之后通常会经历激进的与革命性的制度变迁，反之亦然。

上述理论为理解中国高等教育制度之形成提供了一个基本理论框架。近代中国国内、国际环境所引发的人类状况之剧烈改变，导致中华民族遭遇了一场持续的全面的危机。暴露了现存制度之缺陷，表明了建立新制度的必要性。这场危机促使国民党统治的旧政权覆灭，中国共产党领导的新政权得以建立，并且从根本上改变其制度环境的现存思想模型和建立新的思想模型，导致他们创立一个新的高等教育制度来重新塑造其制度环境。"伴随着生产资料公有制占绝对优势的新的经济基础的建立，社会主义经济体制、政治体制、教育科学文化体制基本形成，经济建设和国家工作的各个方面都适应和服务于社会主义经济制度的建立而得到发展和改善。"① 这个新塑造的高等教育制度呈现出两大特征：一是政府行政治理机构的组织模式，二是具有鲜明特征的管理机制。

事实证明，这一具有计划经济时代鲜明特征的社会主义高等教育制度的形成在 20 世纪 50 年代的确推动了中国高等教育的发展，并取得了一定的成就。然而在此制度形成和发展的过程中，它也暴露出不可忽视的缺陷，因此必须随着时代和环境的发展，采取渐进的与改良的方式，对其进行持续有效的调整与改革。

---

① 中共中央党史研究室：《中国共产党历史（1949—1978）》，第 2 卷，上册，中共党史出版社 2011 年版，第 360～361 页。

　　1978 年改革开放之后，国家对 20 世纪 50 年代形成的中国高等教育体制进行了改革。其路径和方向是逐渐将高等教育推入市场经济的大潮之中，建立政府、市场与高校各司其职的关系，减少高等教育对政府的依赖关系，充分利用社会资本和社会资金带来的灵活的运行机制来改造高等教育体制与经济、社会发展相分离的现状，使高校能适应市场经济发展的需要。

　　高等教育发展水平是一个国家，一个民族发展程度和发展潜力的重要标志。办好高等教育，事关国家发展，事关民族未来。党的十九大报告指出"加快一流大学和一流学科建设，实现高等教育内涵式发展"，这是党和国家在中国特色社会主义进入新时代关键时期对高等教育提出的新要求，也是高等教育发展路径进一步清晰的重要体现。

　　当前，遵循渐进的与改良的模式，继续深化高等教育综合改革，既是实现我国高等教育治理体系与治理能力现代化的必要条件，也是加快构建中国特色现代大学制度体系的发展走向。

主要参考文献

一、档案

华东纺织工学院［A］. 上海市档案馆馆藏. 全宗号 A26.

华东交通专科学校［A］. 上海市档案馆馆藏. 全宗号 Q259.

华东教育部［A］. 上海市档案馆馆藏. 全宗号 Q241.

华东教育部院系调整委员会［A］. 上海市档案馆馆藏. 全宗号 Q250、256、257.

华东行政委员会［A］. 上海市档案馆馆藏. 全宗号 B44.

华东行政委员会、上海市高等教育管理局［A］. 上海市档案馆馆藏. 全宗号 B243.

上海交通大学党群、行政、教学、科研、外事、基建、财务档案［A］. 上海市档案馆馆藏. 1949—1957 年.

中共上海市高等学校委员会、毕业生统一分配委员会［A］. 上海市档案馆馆藏. 全宗号 A26.

中共上海市高等学校招生委员会［A］. 上海市档案馆馆藏. 全宗号 B167.

中共上海市教育局革委会［A］. 上海市档案馆馆藏. 全宗号 B105.

中共上海市人民委员会人事处，华东军政委员会［A］. 上海市档案馆馆藏. 全宗号 B23.

中共上海市人民政府高等教育处，上海市军事管制委员会，文化教育管理委员会［A］. 上海市档案馆馆藏. 全宗号 B1.

中共上海市委，上海市人民委员会［A］. 上海市档案馆馆藏. 全宗号 B76.

中共上海市委教卫部，上海市高等教育管理局［A］. 上海市档案馆馆藏. 全宗号 A23.

中共上海市文化局，上海市电影局，上海市体育运动委员会［A］. 上海市档案馆馆藏. 全宗号 B172.

中华人民共和国对外经济联络总局、中华人民共和国科学技术委员会 ［A］.
　上海市档案馆馆藏. 全宗号 B163.

中华人民共和国高等教育部 ［A］. 上海市档案馆馆藏. 全宗号 B3.

中华人民共和国高等教育部 ［A］. 上海市档案馆馆藏. 全宗号 B40、A108.

中央政务院、市教育局 ［A］. 上海市档案馆馆藏. 全宗号 B34.

二、文献资料

北京师范大学教育系，1977. 马克思恩格斯列宁斯大林论教育 ［M］. 北京：
　人民教育出版社.

边彦军，王莉，倪花，2002. 毛泽东邓小平江泽民论教育 ［M］. 北京：
　中央文献出版社.

陈学恂，1981. 中国近代教育大事记 ［M］. 上海：上海教育出版社.

高等教育部办公厅，1954. 高等教育文献法令汇编 ［M］. 北京：高等教育部
　办公厅.

刘光，1990. 新中国高等教育大事记：1949—1987 ［M］. 长春：东北师范
　大学出版社.

刘少奇，1981. 刘少奇选集 ［M］. 北京：人民出版社.

刘英杰，1993. 中国教育大事典（1949—1990）：（上下册）［M］. 杭州：
　浙江教育出版社.

毛泽东，1958. 毛泽东论教育工作 ［M］. 北京：人民教育出版社.

毛泽东，1977. 毛泽东选集（第 5 卷）［M］. 北京：人民出版社.

毛泽东，1983. 毛泽东书信选集 ［M］. 北京：人民出版社.

南京大学高等教育研究所校史编写组，1989. 金陵大学史料集 ［M］. 南京：
　南京大学出版社.

南京大学校庆办公室校史资料编辑组，1982. 南京大学校史资料选辑 ［M］.
　南京：南京大学出版社.

人民教育出版社教育室，1994. 毛泽东周恩来刘少奇邓小平论教育 ［M］.
　北京：人民教育出版社.

《上海劳动志》编委会，1998. 上海劳动志 ［M］. 上海：上海社会科学院
　出版社.

中共中央党史研究室，2011. 中国共产党历史：第 2 卷（1949—1978），
　上册 ［M］. 北京：中共党史出版社.

中共中央文献编辑委员会，1980. 周恩来选集 ［M］. 北京：人民出版社.

中共中央文献研究室，1992. 建国以来重要文献选编 ［M］. 北京：中央
　　文献出版社.

中共中央文献研究室，1995. 邓小平论教育 ［M］. 北京：人民教育出版社.

中国大百科全书总编辑委员会，1985. 中国大百科全书：教育 ［M］. 北京：
　　中国大百科全书出版社.

中国教育大系编纂出版委员会，1994. 历代教育制度考：下册 ［M］. 武汉：
　　湖北教育出版社.

《中国教育年鉴》编辑部，1984. 中国教育年鉴（1949—1981）［M］. 北京：
　　中国大百科全书出版社.

中国社会科学院，中央档案馆，1996.1949—1952　中华人民共和国经济
　　档案资料选编，工业卷 ［M］. 北京：中国物资出版社.

中华人民共和国教育部计划财务司，1984. 中国教育成就（1949—1983）
　　［M］. 北京：人民教育出版社.

中央教育科学研究所，1984. 中华人民共和国大事记（1949—1982）［M］.
　　北京：教育科学出版社.

中央教育科学研究所，1988. 中国现代教育大事记 ［M］. 北京：教育科学
　　出版社.

中央教育科学研究所，1998. 刘少奇论教育 ［M］. 北京：教育科学出版社.

周恩来，1984. 周恩来教育文选 ［M］. 北京：教育科学出版社.

三、研究性著作

安树芬，彭诗琅，1997. 中华教育历程（上下卷）［M］. 北京：光明日报
　　出版社.

北京大学高等教育研究室，1982. 高等教育研究 ［M］. 北京：北京大学
　　出版社.

陈学飞，1999. 中国高等教育 50 年（1949—1999）［M］. 北京：教育科学
　　出版社.

陈郁，1998. 所有权、控制与激励——代理经济学文选 ［M］. 上海：上海
　　三联书店，上海人民出版社.

陈元晖，1979. 中国现代教育史 ［M］. 北京：人民教育出版社.

程凯，1999. 当代中国教育思想史 ［M］. 郑州：河南大学出版社.

董宝良，2007. 中国近现代高等教育史 ［M］. 武汉：华中科技大学出版社.

方晓东，李玉非，毕诚，等，2002. 中华人民共和国教育史纲 ［M］. 海口：海南出版社.

高奇，1992. 中国高等教育思想史 ［M］. 北京：人民教育出版社.

高奇，1999. 新中国教育历程 ［M］. 石家庄：河北教育出版社.

何东昌，1996. 当代中国教育（上下册）［M］. 北京：当代中国出版社.

胡赤弟，2008. 教育产权与现代大学制度构建 ［M］. 广州：广东高等教育出版社.

胡绳，1991. 中国共产党七十年 ［M］. 北京：中共党史出版社.

季飞，2014. 中国高校内部管理"去行政化"研究 ［M］. 北京：世界图书上海出版公司.

季啸风，1992. 中国高等学校变迁 ［M］. 上海：华东师范大学出版社.

金一鸣，1998. 中国特色社会主义教育研究 ［M］. 济南：山东教育出版社.

金一鸣，2000. 中国社会主义教育的轨迹 ［M］. 上海：华东师范大学出版社.

凯洛夫，1955. 苏联的国民教育 ［M］. 北京：人民教育出版社.

李国钧，王炳照，2000. 中国教育制度通史（第8卷）［M］. 济南：山东教育出版社.

李均，2014. 中国高等教育政策史 ［M］. 广州：广东高等教育出版社.

李庆刚，2006. "大跃进"时期"教育革命"研究 ［M］. 北京：中共中央党校出版社.

刘露茜，陈贻芳，1996. 交通大学校史（1949—1959）［M］. 北京：高等教育出版社.

刘志国，2007. 政府权力与产权制度变迁：公有产权及其转型的政治经济学分析 ［M］. 北京：中国财政经济出版社.

鲁照旺，2006. 产权制度与企业治理 ［M］. 北京：中国政法大学出版社.

陆有铨，1997. 躁动的百年——20世纪的教育历程 ［M］. 济南：山东教育出版社.

吕型伟，1994. 上海普通教育史（1949—1989）［M］. 上海：上海教育出版社.

潘懋元，2003. 中国高等教育百年 ［M］. 广州：广东高等教育出版社.

曲士培，1993. 中国大学教育发展史 ［M］. 太原：山西教育出版社.

盛洪，2004. 现代制度经济学 [M]. 北京：北京大学出版社.

王炳照，周玉良，宋荐戈，2000. 中华人民共和国教育历史传统与基础 [M]. 海口：海南出版社.

王国平，1994. 公有产权论 [M]. 上海：立信会计出版社.

王红岩，2004. 20 世纪 50 年代中国高等学校院系调整的历史考察 [M]. 北京：高等教育出版社.

熊明安，1983. 中国高等教育史 [M]. 重庆：重庆出版社.

杨德才，2016. 新制度经济学 [M]. 南京：南京大学出版社.

杨东平，2003. 艰难的日出：中国现代教育的 20 世纪 [M]. 上海：文汇出版社.

杨凤城，2005. 中国共产党的知识分子理论与政策研究 [M]. 北京：中共党史出版社.

杨宏雨，2005. 困顿与求索——20 世纪中国教育变迁的回顾与反思 [M]. 上海：学林出版社.

伊钟植，2000. 中国高等教育 50 年回顾与展望 [M]. 沈阳：辽宁民族出版社.

余风政，2001. 改造——1949—1957 年的知识分子 [M]. 郑州：河南人民出版社.

余立，1994. 中国高等教育史 [M]. 上海：华东师范大学出版社.

张维迎，2005. 产权·激励与公司治理 [M]. 北京：经济科学出版社.

郑谦，1999. 被"革命"的教育："文化大革命"中的"教育革命" [M]. 北京：中国青年出版社.

朱巧玲，2007. 产权制度变迁的多层次分析 [M]. 北京：人民出版社.

四、译著

大塚丰，1998. 现代中国高等教育的形成 [M]. 黄福涛，译. 北京：北京师范大学出版社.

科斯，阿尔钦，诺斯，等，2005. 财产权利与制度变迁——产权学派与新制度学派译文集 [M]. 刘守英，译. 上海：上海三联书店，上海人民出版社.

麦克法夸尔，费正清，1990. 剑桥中华人民共和国史（上卷）. 革命的中国的兴起 1949—1965 年 [M]. 谢亮生，杨品泉，黄沫，等译. 北京：中国社会科学出版社.

诺思, 2008. 制度、制度变迁与经济绩效 [M]. 杭行, 译. 上海：格致 出版社, 上海三联书店, 上海人民出版社.

许美德, 2000. 中国大学 1895—1995：一个文化冲突的世纪 [M]. 许洁 英, 主译. 北京：教育科学出版社.

五、论文

（一）学术论文

卜华仁, 1985. 苏联高等工程教育教学计划的内容及其结构分析 [J]. 高等 工程教育研究 (1)：32—40.

陈玉琨, 戚业国, 1999. 论我国高校内部管理的权力机制 [J]. 高等教育 研究 (3)：38—41.

耿化敏, 吴起民, 2016. 苏联专家与新中国高校政治理论课程的建立 [J]. 中共党史研究 (6)：55—67.

顾明远, 2001. 中国高等教育传统的演变和形成 [J]. 高等教育研究 (1)： 9—16.

顾明远, 2004. 论苏联教育理论对中国教育的影响 [J]. 北京师范大学学报 (1)：5—13.

胡建华, 2000. 关于建国头 17 年高等教育改革的若干理论分析 [J]. 南京 师大学报 (4)：55—62.

黄福涛, 2002. 苏联高等教育模式形成的历史考察 [J]. 清华大学教育研究 (5)：57—64.

黄兆康, 彭安玉, 1998. 胜利的接管成功的改造——从国民党中央政治大学 到中共江苏省委党校 [J]. 唯实 (1)：47—50.

姜树卿, 2002. 关于学习苏联教育经验的认识与评价 [J]. 中国高教研究 (7)：80—81.

蒋纯焦, 2010. 20 世纪 50 年代高校教学改革学习苏联经验的史与思 [J]. 河北师范大学学报 (9)：15—21.

李刚, 2003. 大学的终结——1950 年代初期的"院系调整" [J]. 大学改革 (8)：36—37.

李立匣, 2005. 建国初期教育制度变迁与私立高等教育消亡过程 [J]. 清华 大学教育研究 (S1)：91—97.

李佩珊，1989. 1949 年以后归国留学生在中国科学、技术发展中的地位和作用 [J]. 自然辩证法通讯（4）：26—34.

李琦，2002. 建国初期全国高等学校院系调整述评 [J]. 党的文献（6）：71—77.

李涛，2004. 关于建国初期留苏教育的历史考察 [J]. 西安电子科技大学学报（2）：73—78.

李涛，周全，2004. 对建国初期吸引海外留学生归国工作的回顾——兼论其对我国文教事业的影响 [J]. 党史文苑（4）：10—13.

刘颖，2010. 北平军管会对清华大学的接管 [J]. 当代中国史研究（4）：63—68.

欧阳军喜，刘文渊，徐心坦，等，1992. 解放初期教育改造的意义 [J]. 清华大学教育研究（2）：78—84.

庞守兴，2012. 20 世纪 50 年代初我国高校院系调整的几点辩证 [J]. 河北师范大学学报（1）：35—40.

苏渭昌，1984. 二十一所教会大学始末简介 [J]. 上海高教研究（2）：39—48.

苏渭昌，1989. 五十年代的院系调整 [J]. 高等教育学报（4）：9—19.

唐静，李鹏，2015. 建国初期选拔高中毕业生留学工作的历史考察 [J]. 中国浦东干部学院学报（5）：110—114，136.

王红岩，2004. 新中国对教会大学接收与改造述评 [J]. 许昌学院学报（3）：98—102.

王世岳，2015. 一次教学功能最大化的尝试——论 20 世纪 50 年代中国高校的院系调整 [J]. 河北师范大学学报（5）：45—50.

王硕，2013. 建国初期高等教育从自主招生到统一招生的发展述论 [J]. 华北电力大学学报（5）：137—140.

王瑜，周川，2018. 20 世纪 50 年代院系调整中江苏高等院校的变化研究 [J]. 江苏高教（2）：98—102.

吴惠凡，刘向兵，2013. 苏联专家与中国人民大学学科地位的形成——1950—1957 年苏联专家在中国人民大学的工作与贡献 [J]. 中国人民大学学报（6）：143—151.

杨德广，姚栋华，2009. 60 年来中国高校招生就业制度的改革 [J]. 江苏高教（6）：1—5.

曾繁辂，1999. 对建国初期高等教育学习苏联经验的历史回顾和思考 ［J］. 中国高等教育（23）：28－29.

张德祥，方水凤，2017. 1949 年以来中国大学院（系）治理的历史变迁——基于政策变革的思考 ［J］. 中国高教研究（1）：1－7.

张绍春，2012. 论马叙伦的高等教育思想 ［J］. 湖南师范大学教育科学学报（1）：83－85.

张应强，2012. 新中国大学制度建设的艰难选择 ［J］. 清华大学教育研究（6）：25－35.

郑刚，兰军，2007. 20 世纪 50 年代高等教育界聘请苏联专家发展历程、特点及其影响 ［J］. 吉首大学学报（1）：124－129，150.

郑刚，余子侠，2005. 20 世纪 50 年代湖北省高校院系调整及其影响 ［J］. 高等教育研究（6）：83－87.

周远清，2001. 高等教育体制的重大改革与创新 ［J］. 中国高等教育（1）：4－11.

左玲，2016. 新中国建立初期归国留学生群体政治认同的模式与特点 ［J］. 郑州大学学报（4）：122－127.

后　记

　　历史如镜，鉴往知来。中国现代高等教育史就是这样一面镜子。通过研究中国现代高等教育制度形成、发展和演变的历史，从中发现它的客观规律，不仅可以获得现代高等教育发展的知识，还可掌握规律，启迪未来，有助于当前"双一流"背景下高等教育现代化的推进。

　　在写作本书过程中，笔者努力将 20 世纪 50 年代中国高等教育形成和发展的历史置于中国近当代社会政治、经济、文化的巨大背景之中进行研究。全书紧扣当时高等学校转型发展的主要内涵，全方位、多角度、有侧重地对新中国高等教育，特别是对构成其形态的诸多方面做出比较全面的论述，展示新中国高等教育制度基本体系在不同方面的确立。

　　多年来，笔者一直对中国高等教育的研究前沿有所关注，尤其是新中国成立初期的高等教育史。为了搜集相关档案文献等第一手资料，笔者曾多次利用寒暑假和周末时间前往档案馆、图书馆等单位。有时候带上笔记本电脑，直接在档案馆、图书馆边查阅，边输入资料；有时候甚至手工摘抄。无论酷暑盛夏还是严寒隆冬，在图书馆或档案馆的一角总有笔者和一个小孩的身影，此情此景，历历在目，至今回想起来仍倍感亲切。而这些来之不易的资料的大部分，已然构成了本书的研究基础。

　　一般地，人们评价 20 世纪 50 年代中国高等教育这一段历史，在肯定中国高等教育所取得的成绩的同时，也会批判其弊端。由于高等教育制度内涵丰富多彩，史料浩如烟海，因此本书主要探讨在当时特殊的时代背景下，中国现代高等教育制度实现变革的这一重要历史进程。对它的考察和理解，构成了 20 世纪 50 年代中国现代高等教育制度源流研究的基本框架。然而，本书的面世，并不是中国现代高等教育制度研究工作的终结。随着研究的深入，笔者发现，对于中国现代高等教育制度形成的必要性、可能性及现实性问题，尤其是与当今社会主义市场经济体制下高等教育制度改革和发展的关联性等问题，尚存在许多值得继续探讨的空间。当然，这也是我们未来的努力方向。

　　突如其来的新冠肺炎疫情，让 2020 年的春夏显得分外不同。暂别步履匆匆和车水马龙，感受亲情陪伴，偷闲伏案耕耘，在快乐怡然和孤独静然之中百转千回。始终相信，没有一个严冬不会逾越，没有一个暖春不会来临，愿柳暗花明，四海疾患永散，愿春暖花开，八方希望永存。谨此纪念。

刘岸冰

2020 年 6 月于上海